Kohlhammer

Der Autor

Univ.-Prof. Dr. Dipl.-Psych. Jörg Zumbach (Jahrgang 1973) studierte Psychologie an der Universität Heidelberg und arbeitet seit 2006 als Universitätsprofessor für fachdidaktische Lehr-Lernforschung mit Schwerpunkt Neue Medien an der Universität Salzburg. In seiner Forschung befasst er sich u. a. mit digitalem Lehren und Lernen in unterschiedlichen Bildungskontexten, Blended Learning, kollaborativem Lernen, Medien und Aggressivität, Hochschuldidaktik sowie Didaktik der Naturwissenschaften.
Jörg Zumbach ist Autor zahlreicher Publikationen in diesen Bereichen und wirkt als Herausgeber sowie als Mitglied im Editorial Board bei verschiedenen nationalen wie internationalen Fachzeitschriften. Zudem ist er Gutachter der Deutschen Forschungsgemeinschaft, des Deutschen Bundesministeriums für Bildung und Forschung, des OeAD sowie Berater des Österreichischen Bundesministeriums für Bildung, Wissenschaft und Forschung.

Jörg Zumbach

Digitales Lehren und Lernen

Verlag W. Kohlhammer

Dieses Werk einschließlich aller seiner Teile ist urheberrechtlich geschützt. Jede Verwendung außerhalb der engen Grenzen des Urheberrechts ist ohne Zustimmung des Verlags unzulässig und strafbar. Das gilt insbesondere für Vervielfältigungen, Übersetzungen, Mikroverfilmungen und für die Einspeicherung und Verarbeitung in elektronischen Systemen.

Pharmakologische Daten, d. h. u. a. Angaben von Medikamenten, ihren Dosierungen und Applikationen, verändern sich fortlaufend durch klinische Erfahrung, pharmakologische Forschung und Änderung von Produktionsverfahren. Verlag und Autoren haben große Sorgfalt darauf gelegt, dass alle in diesem Buch gemachten Angaben dem derzeitigen Wissensstand entsprechen. Da jedoch die Medizin als Wissenschaft ständig im Fluss ist, da menschliche Irrtümer und Druckfehler nie völlig auszuschließen sind, können Verlag und Autoren hierfür jedoch keine Gewähr und Haftung übernehmen. Jeder Benutzer ist daher dringend angehalten, die gemachten Angaben, insbesondere in Hinsicht auf Arzneimittelnamen, enthaltene Wirkstoffe, spezifische Anwendungsbereiche und Dosierungen anhand des Medikamentenbeipackzettels und der entsprechenden Fachinformationen zu überprüfen und in eigener Verantwortung im Bereich der Patientenversorgung zu handeln. Aufgrund der Auswahl häufig angewendeter Arzneimittel besteht kein Anspruch auf Vollständigkeit.

Die Wiedergabe von Warenbezeichnungen, Handelsnamen und sonstigen Kennzeichen in diesem Buch berechtigt nicht zu der Annahme, dass diese von jedermann frei benutzt werden dürfen. Vielmehr kann es sich auch dann um eingetragene Warenzeichen oder sonstige geschützte Kennzeichen handeln, wenn sie nicht eigens als solche gekennzeichnet sind.

Es konnten nicht alle Rechtsinhaber von Abbildungen ermittelt werden. Sollte dem Verlag gegenüber der Nachweis der Rechtsinhaberschaft geführt werden, wird das branchenübliche Honorar nachträglich gezahlt.

Dieses Werk enthält Hinweise/Links zu externen Websites Dritter, auf deren Inhalt der Verlag keinen Einfluss hat und die der Haftung der jeweiligen Seitenanbieter oder -betreiber unterliegen. Zum Zeitpunkt der Verlinkung wurden die externen Websites auf mögliche Rechtsverstöße überprüft und dabei keine Rechtsverletzung festgestellt. Ohne konkrete Hinweise auf eine solche Rechtsverletzung ist eine permanente inhaltliche Kontrolle der verlinkten Seiten nicht zumutbar. Sollten jedoch Rechtsverletzungen bekannt werden, werden die betroffenen externen Links soweit möglich unverzüglich entfernt.

1. Auflage 2021

Alle Rechte vorbehalten
© W. Kohlhammer GmbH, Stuttgart
Gesamtherstellung: W. Kohlhammer GmbH, Stuttgart

Print:
ISBN 978-3-17-036571-1

E-Book-Formate:
pdf: ISBN 978-3-17-036572-8
epub: ISBN 978-3-17-036573-5
mobi: ISBN 978-3-17-036574-2

Geleitwort

Die großen internationalen Vergleichsstudien zu Schul- und Schülerleistungen vom Beginn des Jahrhunderts haben spürbare Innovationen im gesamten Bildungssystem bis hinein in die konkreten unterrichtlichen Praktiken mit sich gebracht. Auch die Forschungslandschaft rund um das Lehren und das Lernen wurde durch diese Impulse nachhaltig beeinflusst und wirkt ihrerseits weiter auf die Entwicklung von Schule und Unterricht ein.

Eine der Lehren aus diesen Studien war die Anerkennung der Notwendigkeit von Interdisziplinarität: Lehren und Lernen, wissenschaftlich betrieben, kann nur durch das Zusammenspiel pädagogischer, psychologischer, fachwissenschaftlicher und fachdidaktischer Theorien und Befunde befriedigend erklärt und gesteuert werden. In der pädagogischen Praxis kann keine Lerntheorie ohne Bezug auf eine konkrete Inhaltsdomäne und keine Lehrmethode ohne Curriculumsbezug und ohne Beachtung der individuellen Lernvoraussetzungen erfolgreich sein. Die je eigenen Perspektiven und Erkenntnisse der Psychologie, der Pädagogik und der beiden schulisch zentralen Fachdidaktiken Mathematik und Deutsch, vertreten in den Disziplinen der Herausgebenden, sollen in den einzelnen Bänden dieser Reihe jeweils zu einem kohärente Gesamtbild zusammengeführt werden. Neben der Interdisziplinarität liegt besonderer Wert auf einer – weit verstandenen – Empirie: Erfahrungswissenschaftlich gewonnene Erkenntnisse zum Lehren und Lernen stehen jeweils im Mittelpunkt der Darstellung. Schließlich fokussieren alle Bände der Reihe den Anwendungsbezug: Die entfalteten Themen, Diskurse und Fachgebiete sind jeweils unmittelbar bedeutend für Schule und Unterricht. Insgesamt präsentieren die Bände die wichtigsten unterrichtlich relevanten Forschungsthemen und -ergebnisse aus den unterschiedlichen Disziplinen.

Die vorliegende Reihe umfasst thematisch den Vorschul-, Grundschul- und weiterführenden Schulbereich bis etwa zur zehnten Klassenstufe. Konzipiert ist sie für (zukünftige) Lehrende, auch für PädagogInnen und PsychologInnen in weiteren Anwendungsfeldern im Bildungssystem. Mit dem »Lehren und Lernen« werden die oben angesprochenen politisch-praktischen Veränderungen im pädagogischen und fachlichen Feld und in der Aus- und Weiterbildung von Lehrerinnen und Lehrern aufgegriffen, indem die Ergebnisse der empirischen Forschung in den zentralen Bereichen des Lehrens und Lernens aus interdisziplinärer Perspektive für professionelle Anwenderinnen und Anwender verständlich und kompakt dargestellt werden.

Andreas Gold, Cornelia Rosebrock, Renate Valtin & Rose Vogel

Inhalt

Geleitwort		5
Vorwort		9
1	**Einleitung – Lernen mit digitalen Medien**	**11**
	1.1 Lernen mit digitalen Medien: Einfluss von Technologie und Gesellschaft	13
	1.2 Grenzen traditioneller Medien: Warum digitale Medien unabdingbar sind	15
	1.3 Lernen mit digitalen Medien: Historischer Abriss	20
	1.4 Lernen mit digitalen Medien: Didaktische Ansätze	22
	Zusammenfassung und Fazit	25
2	**Interaktivität und Adaptivität**	**26**
	2.1 Interaktivität	26
	2.2 Interaktivität und Lernen	29
	2.3 Adaptivität	37
	2.4 Adaptivität und Intelligente Tutorielle Systeme bzw. adaptive Hypermedien	38
	2.5 Adaptivität und Lernen	41
	Zusammenfassung und Fazit	42
3	**Lernen mit Multimedia**	**43**
	3.1 Kognitive Grundlagen des Lernens mit Multimedia	44
	3.1.1 Informationsverarbeitung und Arbeitsgedächtnis	46
	3.1.2 Der Multimedia-Effekt: Speicherung von verbalen und bildhaften Informationen	48
	3.1.3 Der Modalitätseffekt: Speicherung von auditiven, verbalen und piktoralen Informationen	55
	3.1.4 Der Split-Attention-Effekt, der Redundanzeffekt und der Expertise-Reversal-Effekt	60
	3.2 Motivationale und affektive Aspekte multimedialen Lernens	62
	3.2.1 Der Seductive-Details-Effekt	63
	3.2.2 Pädagogische AgentInnen	65
	Zusammenfassung und Fazit	66

4	**Lernen mit Simulationen und Game-Based Learning**	67
	4.1 Exploratives und hypothesentestendes Lernen mit Simulationen	67
	4.2 Übendes Lernen mit Simulationen	75
	4.3 Game-Based Learning	76
	Zusammenfassung und Fazit	79
5	**Computerunterstütztes kollaboratives und kooperatives Lernen**	81
	5.1 Eigenschaften und Besonderheiten der computervermittelten Kommunikation	81
	5.2 Lernen in Kleingruppen: Begriffsbestimmungen und didaktische Modelle	85
	5.3 Computerunterstütztes kollaboratives Lernen in Kleingruppen	89
	5.4 Massive Open Online Courses	94
	5.5 Kollaboratives Schreiben im Internet: Blogs und Wikis	95
	Zusammenfassung und Fazit	98
6	**Hybride Lernformen**	100
	6.1 Hybrides Lernen und Blended Learning	100
	6.2 Mobiles Lernen	105
	6.3 Vod- und Podcasts	106
	6.4 Flipped Classrooms	109
	6.5 E-Portfolios	110
	Zusammenfassung und Fazit	111
7	**Augmented und Virtual Reality**	113
	7.1 Augmented Reality	113
	7.2 Virtual Reality	117
	Zusammenfassung und Fazit	119
Literatur		121
Stichwortverzeichnis		143

Vorwort

In der Phase, in der dieses Buch entstand, hat die Corona-Pandemie die Welt verändert. Durch verschiedene Maßnahmen wurde digitales Lehren und Lernen quasi von heute auf morgen zur Notwendigkeit und auch Praxis – sei es gekonnt oder weniger gekonnt. Dieses Buch soll einen Ein- und Überblick darüber geben, wie und in welcher Form digitales Lehren und Lernen umgesetzt werden kann, und was die Forschung zur jeweiligen Effektivität bzw. Förderung sagen kann. Damit soll ein Beitrag zu der Frage geleistet werden, wie und in welcher Form sinnvolle digitale Lernangebote geschaffen bzw. angeboten werden können.

In verschiedenen Bereichen schließt dieses Buch an seinen Vorgänger (Zumbach, 2010) an. Allerdings zeigt sich gerade hier, wie die technologische Entwicklung – und damit auch die Nutzung dieser Entwicklung für Lehr- und Lernzwecke – voranschreitet: Während des Verfassens des Vorgängerwerks kam das erste Smartphone auf den Markt und veränderte damit nachhaltig die Nutzung digitaler Medien. Auch andere Entwicklungen, wie etwa die Virtuelle Realität, haben deutlich an Bedeutung zugenommen, während weitere Technologien (z. B. DVDs oder CD-ROMs) kaum noch Berücksichtigung finden. Diese technischen Entwicklungen und deren Nutzung im Sinne von Bildungstechnologien schreiten weiter rapide voran, und es lässt sich nicht abschätzen, was uns diesbezüglich in zehn Jahren erwartet. Nach wie vor zeigt sich in der Nutzung von Technologien für Bildungszwecke eine Eigendynamik, die nicht immer wissenschaftlich begründet oder theoriegeleitet ist. Dementsprechend wichtig ist es, zu zeigen, dass grundlegende lernpsychologische Theorien und Befunde hinsichtlich der Verwendung digitaler Medien zur Förderung von Lehr- und Lernprozessen immer unabdingbar sind. Ich hoffe, dies ist mit diesem Buch gelungen, und es trägt dazu bei, einem reinen, unreflektierten Aktionismus vorzubeugen.

Für verschiedene Inspirationen möchte ich mich bei den aktiven und ehemaligen Mitgliedern meiner Arbeitsgruppe an der Universität Salzburg bedanken, insbesondere bei Frau Dr. Stephanie Moser, Frau Dr. Ines Deibl und Frau Dr. Viola Geiger.

Erneut eine große Inspiration beim Verfassen dieses Buches waren Jonathan und Johanna. Es war nicht nur interessant zu sehen, wie sich Kinder Bildungstechnologien zu eigen machen, sondern zudem, welche Chancen und Risiken damit verbunden sind. Aber gerade auch zu sehen, wie Schule nicht die Herausforderungen an einen digitalen Unterricht meistern kann, welche professionellen Kompetenzen Lehrkräften hier fehlen und wie schlecht Schulen in Bezug auf digitale Technologien ausgestattet sind, war und ist eine Inspiration. Während für jüngere Generationen der Umgang mit digitalen Medien nichts Neues ist, so scheint es für Lehrkräfte hier teilweise massiven Entwicklungsbedarf zu geben – in Schule wie auch Hochschule. Dieses Werk soll einen Beitrag dazu leisten, dass digitale Technologien den Alltag unserer Lernenden nachhaltig und positiv gestalten.

Salzburg im Frühjahr 2021
Jörg Zumbach
∴

1 Einleitung – Lernen mit digitalen Medien

Warum Lernen mit digitalen Medien? Auf diese Frage gibt es unzählige Antworten, die jeweils aus den Perspektiven resultieren, mit denen man sich diesem Bereich annähert. Zunächst kann dies eine kulturelle und gesellschaftliche Perspektive sein: In unserem Bildungswesen wurden und werden fortwährend verschiedene Medien integriert und für Lehr- und Lernzwecke genutzt. Prominente Beispiele sind etwa Bücher vor und nach Einführung des Buchdrucks, das Bildungsfernsehen, Tageslichtprojektoren oder digitale Technologien, seien es Laptops, Desktop-Computer oder Smartphones. Auch der gesellschaftliche Wandel und die damit einhergehende Verbreitung und Nutzung von Medien geben implizit Antwort auf die Frage, warum digitale Medien immer mehr Einzug in das Bildungswesen halten: Die Technologien stehen zur Verfügung und werden genutzt; die Verbreitung und Verfügbarkeit von Informationen über Datennetze erfolgt mit einer Geschwindigkeit, die vor etwa 20 Jahren noch nahezu undenkbar schien.

Es sind allerdings nicht nur Kultur und Gesellschaft, die eine wesentliche Rolle bei der Nutzung neuer Informations- und Kommunikationstechnologien spielen. Aus psychologischer Sicht ist die Frage nach der Interaktion zwischen Mensch und Medium ein spannendes Feld, in welchem grundlegende Mechanismen der menschlichen Informationsverarbeitung, der Motivation und Emotion sowie der sozialen Ebene in den Vordergrund rücken.

Des Weiteren ist auch die Schnittstelle zwischen psychologischen Variablen und gesellschaftlicher Entwicklung ein spannender Bereich. Gerade wenn die Technologie durch portable Geräte immer und überall zur Verfügung steht, kann sich hieraus eine eigene Kultur entwickeln. Ein Beispiel ist etwa die Nutzung von Smartphones, welche aus unserem Alltag nicht mehr wegzudenken sind. Heute ersetzen sie viele traditionelle Medien wie etwa gedruckte Landkarten, bzw. verdrängen auch ältere digitale Geräte (z. B. Tablets anstelle von Laptops).

Die hier skizzierten Perspektiven verdeutlichen, welche Fragenkomplexe rund um das Thema »Lernen mit digitalen Medien« aufgebaut werden können. In diesem Buch stehen insbesondere Aspekte der Interaktion zwischen Menschen und Medien sowie deren Inhalten im Vordergrund. Diese Schnittstelle ist nicht mehr jung, so dass die Bezeichnung »Neue Medien« mittlerweile nicht mehr verwendet wird, sondern stattdessen vom Lernen mit digitalen Technologien gesprochen wird. Bereits mit der Verbreitung digitaler Technologien in Haushalten und Schulen gegen Ende der 70er und Anfang der 80er Jahre des 20. Jahrhunderts beginnt eine annähernd 50-jährige Erfahrung im Umgang mit Computern und anderen digitalen Technologien.

1 Einleitung – Lernen mit digitalen Medien

Mittlerweile ist ein Leben in unserer Gesellschaft ohne digitale Technologien kaum mehr vorstellbar. Der Einbezug von Smartphones und anderen Technologien, die über Geräte vernetzten Menschen, all jene Produkte technischer Entwicklungen kommen auch bei formellen und informellen Lerngelegenheiten zum Einsatz. Gerade dabei dürfen die Inhalte und deren Darstellung in der digitalen Vermittlung nicht vernachlässigt werden. Insbesondere die Kombination von (fach-)didaktisch und mediendidaktisch aufbereiteten Inhalten ermöglicht Lernerfahrungen, die ohne die Digitalisierung kaum oder gar nicht denkbar wären. Sei es die interaktive Simulation wie beim Flugsimulator, die graphische Visualisierung von mathematischen Gleichungen oder der Weltraumspaziergang in der virtuellen Realität. All dies sind Entwicklungen und Angebote, die mittlerweile einfach zugänglich sind und die vor dem digitalen Zeitalter und neueren Entwicklungen im Hard- und Softwarebereich nicht möglich waren. Auch wird deutlich, dass technische, inhaltliche und gesellschaftliche Entwicklungen Hand in Hand gehen und Einfluss auf die Mediennutzung nehmen.

Gerade die rasante technologische Entwicklung in den vergangenen Jahrzehnten wie auch gegenwärtig trägt dazu bei, dass das Lernen mit digitalen Medien mittlerweile einen hohen Stellenwert einnimmt: Es geht einfach nicht mehr ohne.

Das übergeordnete Ziel dieses Buches ist es nun, unterschiedliche Chancen und Grenzen des Lernens mit digitalen Medien zu erörtern. Dabei soll die Brücke zwischen etablierten Theorien der pädagogischen und kognitiven Psychologie und praktischen Anwendungen bzw. didaktischen Ansätzen geschlagen werden. Konkret eröffnen sich damit die folgenden Leitfragen:

1. Was kennzeichnet das Lehren und Lernen mit Medien und was sind Gemeinsamkeiten mit bzw. Unterschiede zu analogen Medien?
2. Wie können digitale Lernmedien gestaltet werden?
3. Welche Lehr-Lernszenarien sind mit digitalen Medien möglich und welche Wirkung haben diese?

Ausgehend von diesen zentralen Fragen werden verschiedene Eigenschaften digitaler Medien analysiert und hinsichtlich ihrer Wirksamkeit auf Basis empirischer Forschungsarbeiten betrachtet (vgl. hierzu auch Stegmann, Wecker, Mandl & Fischer, 2018; Wecker & Stegmann, 2019). Dabei stehen neben kognitiven Lerneffekten auch Auswirkungen auf motivationaler und emotional-affektiver Ebene bzw. deren Wechselwirkungen im Zentrum. Neben Studien zu unterschiedlichen Gestaltungsmöglichkeiten und -merkmalen digitaler Medien, werden teilweise auch Studien zu Vergleichen zwischen analogen und digitalen Lehr-Lernszenarien. Solche Vergleiche sind nicht immer unproblematisch, da bisweilen die Vergleichbarkeit unterschiedlicher Vorgehensweisen nur unzureichend gegeben ist (vgl. hierzu u. a. das Media-Comparison-Paradigma; Bluemke & Zumbach, 2018). Aber auch diese Befunde können Aufschluss über günstige bzw. ungünstige Gestaltungsmerkmale von Lernumgebungen geben, werden jedoch sorgfältig diskutiert. Weniger problematisch sind theoretisch wie auch empirisch gesicherte Befunde zur Gestaltung digitaler Lehr- und Lernmedien, die zentral zur Beantwortung der o. a. Fragen sind.

Entsprechend orientiert sich auch der Aufbau dieses Buches zunächst an der Frage, was digitale Medien sind und welche Besonderheiten sie gegenüber analogen Lernszenarien aufweisen (▶ Kap. 1). Mit zwei zentralen Eigenschaften digitaler Medien, der Interaktivität und Adaptivität, beschäftigt sich das zweite Kapitel. Zentral ist hier die Möglichkeit, dass Lernende mit digitalen Medien interagieren können und wie sich digitale Medien an die Bedürfnisse und Eigenschaften von Lernenden anpassen können (▶ Kap. 2).

Das dritte Kapitel beschäftigt sich mit der Frage, wie unterschiedliche Gestaltungsmerkmale (z. B. Text, Audio, Bilder, Animationen, Videos) in ihrer Kombination als sog. Multimediales Lernen verwendet werden können. Dabei spielt insbesondere die Art und Weise, wie wir uns die Funktionsweise der menschlichen Informationsverarbeitung vorstellen, eine zentrale Rolle (▶ Kap. 3). Das vierte Kapitel ist dem Lernen mit Simulationen und dem Game-Based Learning gewidmet. Simulationen erlauben es u. a., bestimmtes Verhalten in einer sicheren Umgebung zu üben, oder auch selbst Dinge zu simulieren (z. B. in naturwissenschaftlichen Kontexten). Beim Game-Based Learning sind nicht nur der Lernprozess, sondern auch spielerisch-unterhaltende Aspekte zentral (▶ Kap. 4).

Anschließend erörtert das fünfte Kapitel, wie das Lernen mit Gruppen im und über das Internet gestaltet werden kann und welche Förderansätze sowie Gestaltungsmöglichkeiten es hier gibt (▶ Kap. 5). Hybride Lernformen, also Kombinationen von analogen und digitalen Lehr-Lernszenarien sind Gegenstand des sechsten Kapitels (▶ Kap. 6). Schließlich beschäftigt sich das siebte und letzte Kapitel mit Ansätzen zur Erweiterung der analogen Realität durch Anreicherung mit digitalen Informationen (sog. Augmented Reality) und der Nutzung von virtueller Realität in digitalen Bildungsszenarien (▶ Kap. 7).

1.1 Lernen mit digitalen Medien: Einfluss von Technologie und Gesellschaft

Unsere Gesellschaft hat sich über Länder und Kontinente hinweg von einer Industrie- zu einer Informations- und teilweise dominierenden Dienstleistungsgesellschaft gewandelt (Zumbach, 2010). Betrachtet man die Entwicklung des Internets und auch neuer Informations- und Kommunikationstechnologien, so zeigt sich eine rasante Entwicklung. Bauernhansl (2014) spricht gerade im und für den Industriebereich auch von einer vierten industriellen Revolution, welche nicht nur den gewerblichen, sondern nahezu alle Bereiche unseres Lebens beeinflusst. Neben Menschen und Industrieanlagen werden mit dem sog. »Internet der Dinge« auch verschiedenste Alltagsgegenstände wie Kühlschränke, Fernseher, Beleuchtungen, Smartphones etc. miteinander vernetzt. So kann der Kühlschrank automatisch Lebensmittel nachbestellen, der Sprachassistent im Haus die Beleuchtung dimmen. Das Fernsehprogramm wird nach eigenen Wünschen zusammengestellt. Auch der Zugriff auf Informationen jeglicher Art ist in den meisten Regionen (ohne sog. »Funklöcher«) rund um die Uhr möglich. Für beinahe jedes vermeintliche Problem stehen im Internet Anleitungen zur Lösung zur Verfügung; die Nachhilfe kann online gebucht werden und Fachzeitschriften werden nicht mehr in gedruckter, sondern in digitaler Form gelesen. Die Entwicklung in diesen Bereichen schreitet rasant voran und so ist kaum abzusehen, wie sich digitale Technologien weiterentwickeln und welchen Einfluss sie auf unseren Alltag im Allgemeinen und auf Lehr-Lernprozesse im Spezifischen nehmen werden. Gerade im Bildungsbereich haben sich Begriffe wie jener der »Wissensexplosion« oder der »Halbwertszeit von Wissen« etabliert. Diese Vergleiche der Entwicklung der Informationsbreite und -dichte mit physikalischen Ereignissen wird zwar kritisch hinterfragt (z. B. Wolff, 2008), dennoch deuten solche Vergleiche an, dass Umfang, Spezialisierung und Zugang zu digitalen Informationen in den vergangenen Jahren drastisch zugenommen haben. Dies ist nicht immer unproblematisch, wie etwa das Beispiel der »fake news« zeigt: Nicht immer sind die AutorInnen von digitalen Dokumenten eindeutig zu bestimmen und auch die Glaubwürdigkeit bzw. Korrektheit von Inhalten kann und muss hinterfragt werden (vgl. Tandoc Jr, Lim & Ling, 2018). Zudem ranken sich immer wieder verschiedene »Mythen« um das Lernen mit digitalen Medien. Einer dieser Mythen ist beispielsweise, dass der Einsatz von PowerPoint im Klassenzimmer grundsätzlich lernförderlich wirkt; eine Aussage, die weder theoretisch noch empirisch begründet ist (Holmes, 2016).

Konkret deuten diese Entwicklungen an, dass die Möglichkeiten zum Lernen mit digitalen Medien deutlich zugenommen haben. Auch tragen spezifische mediendidaktische Weiterentwicklungen zu einer Qualitätssicherung solcher Angebote bei. Allerdings haben sich durch verschiedene technische Entwicklungen auch die Ansprüche an die Lernenden weiterentwickelt. So müssen diese über entsprechende Kompetenzen des selbstregulierten Lernens und des kritischen Umgangs mit digitalen Medien verfügen.

Tatsache ist es, dass das Lernen mit digitalen Medien immer unabhängiger von Ort und Zeit und auch vom klassischen Computer selbst geworden ist und dass auch der Austausch zwischen den Lernenden durch Datennetze immer mehr zur Regel wird. Lernen mit digitalen Medien ist mittlerweile also üblich geworden und stellt keine Ausnahme mehr dar. Allerdings ist dies nicht in allen Lebensbereichen der Fall: Analysen zeigen, dass der Einsatz digitaler Medien gerade in formalen Bildungskontexten wie etwa Schulen nach wie vor eine Ausnahme ist, anstatt flächendeckend zum Einsatz zu kommen (vgl. Petko, 2012; Petko, Prasse & Döbeli Honegger, 2018). Allerdings gibt es auch zentrale Initiativen, welche die Förderung der Digitalisierung in Schule und Hochschule betreiben. Zu diesen Initiativen gehört in Deutschland etwa die Strategie der Kultusministerkonferenz »Bildung in der digitalen Welt« (KMK, 2017). In dieser Initiative wird nicht nur das Potenzial digitaler Medien als Alternativen zum Präsenzunterricht betont, sondern auch die Notwendigkeit des Ausbaus von Infrastrukturen und didaktischer Konzepte. Zentral ist dabei auch die Entwicklung eines Kompetenzrahmens für »Kompetenzen in der digitalen Welt«. Dieser Rahmen umfasst die sechs Kompetenzbereiche Suchen, Verarbeiten und Aufbewahren von digitalen Informationen, Kommunizieren und Kooperieren mit digitalen

Medien, Produzieren und Präsentieren digitaler Inhalte, Schützen und sicher Agieren, Problemlösen und Handeln sowie Analysieren und Reflektieren des Agierens mit digitalen Technologien. Zentral ist dabei, dass die Kultusministerkonferenz (KMK) die Notwendigkeit zur Förderung des Umgangs mit digitalen Technologien nicht nur für die schulische und berufliche Bildung sieht, sondern auch im Bereich der Hochschulen und der Weiterbildung. Vergleichbare Ansätze finden sich auch in Österreich, wo etwa für unterschiedliche Zielgruppen (u. a. Volkschule, Sekundarstufen, PädagogInnen) entsprechende Kompetenzmodelle entwickelt wurden (»digi.komp: Digitale Kompetenzen Informatische Bildung«; BMBWF, 2016).

Zusammenfassend zeigen diese Entwicklungen, dass das Lernen mit digitalen Medien nicht nur implizit, sondern auch explizit auf verschiedenen Ebenen fester Bestandteil deutschsprachiger Bildungssysteme und -angebote ist. Aber neben rechtlichen Bestimmungen sind es eben auch spezifische Merkmale digitaler Medien, welche Lernerfahrungen ermöglichen, die mit traditionellen Medien kaum oder gar nicht möglich sind und ihren Einsatz im Bildungsbereich unabdingbar machen.

1.2 Grenzen traditioneller Medien: Warum digitale Medien unabdingbar sind

Das Lernen mit digitalen Medien ermöglicht Lernerfahrungen, die mit traditionellen Medien und herkömmlicher Lehre so nicht möglich wären. Diese Grenzüberschreitung macht den Einsatz von digitalen Technologien aus (lern-)psychologischer Perspektive interessant: Zum einen lässt sich untersuchen, inwiefern sich gleiche oder ähnliche Sachverhalte mit unterschiedlichen Medien (z. B. als gedrucktes Buch oder als digitales E-Book) vermitteln lassen und welche Auswirkungen dies etwa auf kognitive oder motivationale Parameter Lernender haben kann. Zum anderen kann untersucht werden, welche Effekte mit Lernangeboten einhergehen, die mit analogen Medien nicht realisierbar sind bzw. mit diesen kombiniert werden können. Die folgenden Beispiele zeigen einige Aspekte auf, die für das Lernen mit digitalen Medien sprechen.

- *24/7/365*: Diese Abkürzung besagt, dass man mithilfe von Informations- und Kommunikationstechnologien 24 Stunden am Tag, sieben Tage die Woche und 365 Tage im Jahr auf Lernressourcen zurückgreifen kann. Man ist nicht mehr von Öffnungszeiten abhängig und kann jederzeit – soweit verfügbar – auf digitale Lernressourcen wie Bücher, Videos, Online-Kurse etc. zurückgreifen.
- *Kosten*: Mittels standardisierter Lernangebote kann mit Online-Kursen eine Vielzahl von Lernenden erreicht und – wenn vergleichbare Lernvoraussetzun-

gen (z. B. Vorwissen) vorliegen – gemeinsam geschult werden. Gerade in der Wirtschaft können so Kosten für Präsenzseminare gespart oder reduziert werden (z. B. bei Blended-Learning-Angeboten). Darüber hinaus bieten bestimmte Anwendungen, die aus der beruflichen Ausbildung nicht mehr wegzudenken sind, die Möglichkeit, mit Ressourcen umzugehen, die in traditioneller Form so gar nicht zur Verfügung ständen. Im Flugsimulator etwa können verschiedene Situationen trainiert werden, die in der Realität nicht nur aus Kostengründen nicht zu realisieren sind (ein Airbus A380 kostet ca. 445,6 Millionen Euro; vgl. FlugRevue, 2020). Aber auch Experimente, bei denen normalerweise teure Chemikalien oder andere Substanzen zum Einsatz kommen, können mit Hilfe von Computertechnologien simuliert werden und so zur Einsparung von Kosten beitragen.

- *Gefahrenvermeidung*: Das Beispiel des Flugsimulators lässt sich auch bei der Gefahrenvermeidung anführen. Computertechnologien ermöglichen es, in Gefahrensituationen bestimmte Verhaltensweisen gezielt zu üben, ohne dass bei Fehlern reale Konsequenzen resultieren. Dies betrifft auch andere Bereiche, wie etwa die Anlagensteuerung (z. B. Kraftwerkssimulatoren) oder die Produktionstechnik.
- *Ortsunabhängigkeit*: Lernen wird immer unabhängiger von bestimmten Orten. Statt etwa Vorlesungen zu besuchen, kann man die entsprechenden Audio- oder Videoaufzeichnungen betrachten oder live online verfolgen (als Pod- oder Vodcasts). Smartphones, Tablets oder auch Notebooks ermöglichen dies nahezu überall (z. B. Pettit, 2018).
- *Globalität*: Das Lernen bleibt nicht auf einen eingrenzbaren Kulturkreis beschränkt. Viele Online-Programme von Universitäten oder größeren Konzernen ermöglichen weltweite Aus-, Fort- und Weiterbildungen mit zugehörigen Zertifizierungsprogrammen. Verschiedene Videoplattformen (z. B. »YouTube«) erlauben den Zugriff auf Videos, die weltweit produziert wurden.
- *Synchronizität*: Informationen können jederzeit und je nach Bedarf abgerufen werden. So kann man einem unmittelbaren Bedarf mit entsprechenden Informationen begegnen. Auch lassen sich Online-Inhalte zeitlich direkt ergänzen oder korrigieren.
- *Darstellung von Phänomenen*: Verschiedenste Vorgänge lassen sich nicht mit traditionellen Medien erschließen, etwa wenn deren direkte Beobachtung nicht möglich ist. Dies betrifft beispielsweise Bereiche im Mikro- wie auch Makrokosmos. So lässt sich mittels Animationen oder virtueller Realität eine Kamerafahrt durch unser Sonnensystem darstellen, was mit Hilfe herkömmlicher Filmmedien unmöglich ist. Mit Hilfe sog. erweiterter Realität lassen sich analoge Gegenstände mit digitalen Informationen anreichern. So kann der Stein von Rosetta aus dem Geschichtsbuch etwa interaktiv und in dreidimensionaler Form betrachtet werden. Virtuelle Realität erlaubt uns, Welten plastisch zu erkunden, und so Eindrücke zu erhalten, die mit analogen Medien nicht vermittelbar wären. Die virtuelle Realität lässt räumliche Erfahrungen zu, welche die BetrachterInnen in eine scheinbar andere Welt eintauchen lassen.
- *Interaktivität und Adaptivität*: Einen wesentlichen Unterschied zu analogen Medien stellt die Eigenschaft der Interaktivität und damit einhergehend auch

1.2 Grenzen traditioneller Medien: Warum digitale Medien unabdingbar sind

Adaptivität digitaler Medien dar. Digitale System erlauben es, direkte Rückmeldung auf die Handlungen von BenutzerInnen zu geben, und ermöglichen dadurch nahezu unbegrenzte Möglichkeiten an Aktion-Reaktionssequenzen. Hier ist auch eine Anpassung an das jeweilige Verhalten der BenutzerInnen (Adaptivität) möglich. So können sich digitale Lernumgebungen etwa an das individuelle (Vor-)Wissen einzelner Lernender anpassen und beispielsweise Übungsaufgaben mit angemessenem Schwierigkeitsgrad präsentieren, um eine Unter- oder Überforderung zu vermeiden. Bei größeren Gruppen wie etwa Schulklassen ist dies logistisch deutlich aufwändiger.

Beispiel 1: Visualisierung verborgener Vorgänge mit Hilfe von Animationen

Mithilfe von Animationen und digitaler Bildverarbeitung können Einblicke in Vorgänge geschaffen werden, die in der realen Welt nur schwer oder gar nicht beobachtbar sind. Ein Beispiel für eine Sammlung frei verfügbarer naturwissenschaftlicher Animationen und Simulationen ist das Angebot »PhET« der University of Colorado Boulder (2020). Die unterschiedlichen interaktiven Lernangebote bieten dabei einen aktiven Zugang zu Inhalten der Mathematik bzw. der Naturwissenschaften. Abbildung 1.1 zeigt exemplarisch eine solche interaktive Animation, die erklärt, welche Prozesse im Neuron nach einer Stimulation erfolgen (► Abb. 1.1).

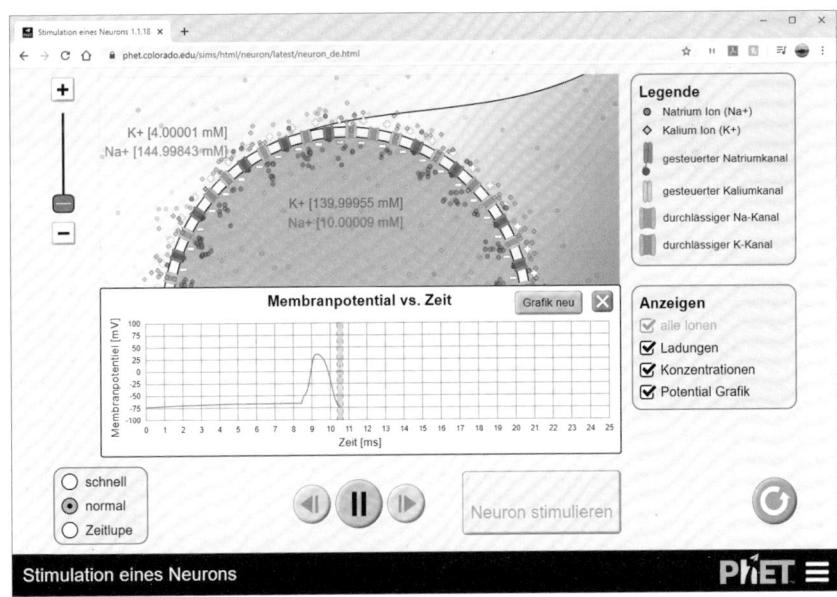

Abb. 1.1: Animation der Stimulation eines Neurons (PhET Interactive Simulations, University of Colorado Boulder, https://phet.colorado.edu, Lizenz: CC BY 4.0)

Die Animation zeigt einen Vorgang, der in dieser Form so nicht direkt beobachtet werden kann. Es wird visualisiert, wie ein elektrischer Impuls den Austausch eines Neurons an der Synapse mittels Kalium- und Natrium-Ionen initiiert. Bei den Ionen handelt es sich um Teilchen, die nur schwer abzubilden sind und deren Austausch über die skizzierten Kanäle lediglich metaphorisch und vereinfacht dargestellt ist. Die Dauer dieses Prozesses liegt im Millisekunden-Bereich. Der Vorteil der Animation ist hier, dass der Prozess zeitlich stark gedehnt dargestellt werden kann.

Beispiel 2: Ressourcennutzung

Ein weiteres Beispiel für die Vorteile digitaler Medien gegenüber analogen Medien ist der Umgang mit natürlichen Ressourcen. Bei der naturwissenschaftlichen Lernsoftware »Froguts« (The Science Bank, 2020) ist es die Aufgabe der Lernenden, eine Frosch-Sektion durchzuführen (▶ Abb. 1.2).

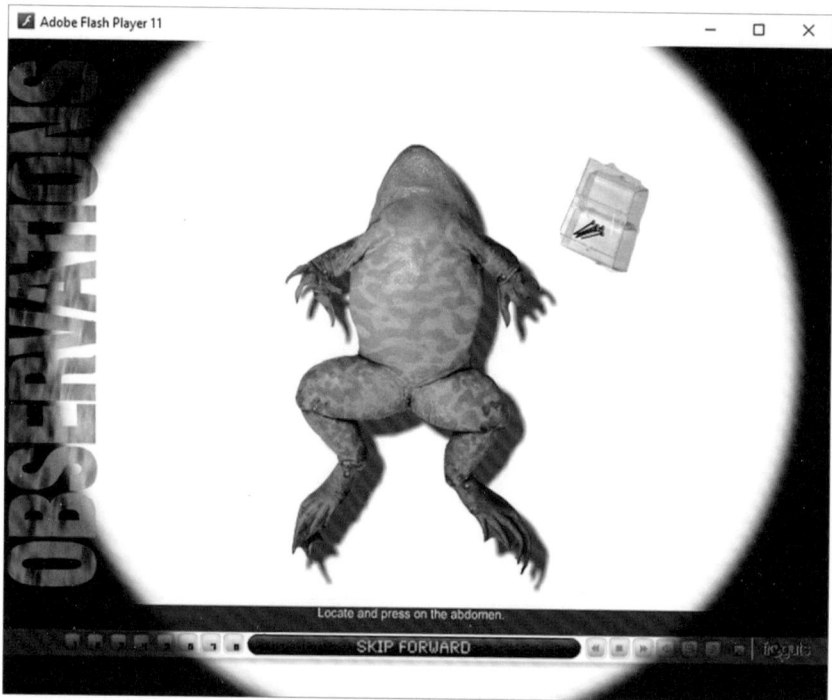

Abb. 1.2: Virtuelle Frosch-Sektion (Froguts virtual dissection, © Froguts Inc., 2015, verfügbar unter: https://thesciencebank.org)

Durch geleitetes Üben kann man so mehr über die Vorgehensweise bei einer Sektion und über die Anatomie der Frösche lernen. Hier ermöglichen digitale

1.2 Grenzen traditioneller Medien: Warum digitale Medien unabdingbar sind

Medien einen ressourcenschonenden Umgang mit unserer Umwelt, und es entfällt auch ein etwaiger logistischer Aufwand wie bei der Sektion echter Frösche.

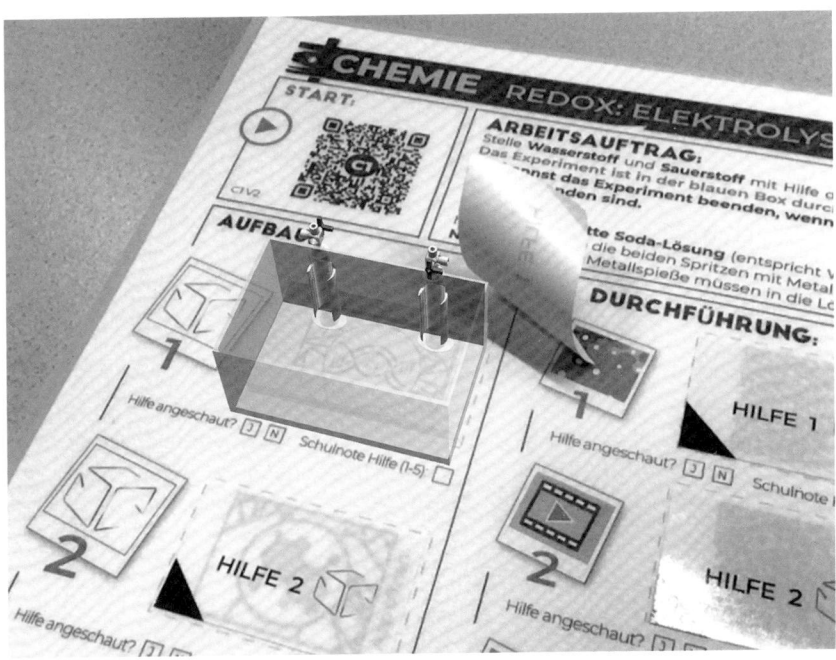

Abb. 1.3: Lernen mit erweiterter Realität (Quelle: Universität Salzburg. http://exbox.uni-salzburg.at/)

Bei den sog. »Exboxen« stehen verschiedene Experimente aus den Bereichen Physik und Chemie für den Einsatz in der Sekundarstufe zur Verfügung (vgl. Fleischer et al., 2020). Lernende können hier interaktiv die Grundlagen von Experimenten erlernen und sich dadurch in verschiedene Teilbereiche der Chemie und Physik einarbeiten. Zusätzlich zu den »echten« Experimenten, welche nach wie vor mit realen Versuchsmaterialien durchgeführt werden, stehen einführend adaptive, digitale Lernprogramme zur Verfügung. Zudem können unterschiedliche Hilfen beim Experimentieren mittels erweiterter Realität/Augmented Reality (AR) angefordert werden. Abbildung 1.3 zeigt die experimentelle Anordnung, welche zur Durchführung einer Elektrolyse aufgebaut werden muss. Lernende können diese dann anhand der verfügbaren »echten« Objekte nachbauen und ein entsprechendes Experiment durchführen (▶ Abb. 1.3).

Die Beispiele illustrieren, wie man mit digitalen Technologien Alternativen zu bisherigen Lernumgebungen schaffen bzw. völlig neue Lerngelegenheiten bieten kann. Dennoch kann man sich fragen, wo denn nun der innovative Charakter beim Lernen mit digitalen Medien liegt. Hier können verschiedene Definitionen herangezogen werden, die sich auch aus der Geschichte des Einsatzes von Computern für Lehr- und Lernzwecke ergeben.

1.3 Lernen mit digitalen Medien: Historischer Abriss

Digitale Technologien wie etwa der Computer, das Internet oder auch das Smartphone haben mittlerweile einen festen Platz in unserer Gesellschaft gefunden und sind aus dem Alltag nicht mehr wegzudenken. Nach wie vor findet sich bisweilen die Bezeichnung »Neue Medien«, wenn digitale Technologien zum Einsatz kommen. Gerade im Bildungsbereich gibt es für sie damals wie heute die verschiedensten Einsatzmöglichkeiten. Die Nutzung sogenannter *Bildungstechnologien* ist dabei nicht neu, sondern geht eng einher mit der Entwicklung von Computern und anderen digitalen Technologien. Lernen mit digitalen Medien beginnt mit dem Computereinsatz für Lehr- und Lernzwecke. Dieser Einsatz schreibt bereits eine über 50-jährige Geschichte, denn schon in den 50er Jahren des 20. Jahrhunderts wurden die damaligen Großrechner auch in der (universitären) Lehre verwendet (einen Überblick über die historischen Entwicklungen und zugrunde liegenden Paradigmen geben etwa van Merriënboer & de Bruin, 2014; oder Tulodziecki, Herzig & Graf, 2019). Im vorliegenden Buch soll weniger die historische Entwicklung im Vordergrund stehen, sondern vielmehr der aktuelle Stand der Forschung hinsichtlich des Lernens mit Informations- und Kommunikationstechnologien beleuchtet werden. Diese Ausführungen verdeutlichen, dass es weniger die Technologie ist, die digitale Medien für Lehr- und Lernzwecke attraktiv macht, sondern vielmehr andere Ursachen und Wechselwirkungen zu beachten sind, die dabei eine Rolle spielen. Dies betrifft in erster Linie die Art und Weise, in der Lehr-Lernszenarien in Kombination mit Informationstechnologien genutzt werden. Gerade diese Wechselwirkung zwischen der Technologie, der Gestaltung von Lernumgebungen und deren Nutzung charakterisiert das Lernen mit digitalen Technologien. Folglich besteht hier eine Vielfalt an Begriffen, wie das E-Learning (für »electronic learning« als Überbegriff) oder das M-Learning (»mobile learning«) neben weiteren Bezeichnungen. Gegenwärtig lassen sich verschiedene Trends und Schwerpunkte skizzieren, die in diesem Buch aufgegriffen werden und in den jeweiligen Kapiteln näher erläutert werden:

- Lernen mit Multimedia (▶ Kap. 3)
- Lernen mit Simulationen (▶ Kap. 4)
- Game-Based Learning (▶ Kap. 4)
- Gestaltung spezifischer computerunterstützter oder computerbasierter Lernumgebungen (▶ Kap. 5)

- Kollaboratives Lernen mittels computervermittelter Kommunikation (▶ Kap. 5)
- Blended Learning bzw. Hybrides Lernen (▶ Kap. 6)
- Mobiles Lernen (▶ Kap. 6)
- Lernen mit erweiterter Realität/Augmented Reality (AR) (▶ Kap. 7)
- Lernen mit virtueller Realität (VR) (▶ Kap. 7)

Diese Bereiche sind nicht ganz trennscharf, zumal gerade die Gestaltung spezifischer computerunterstützter oder computerbasierter Lernumgebungen wie auch das Hybride Lernen verschiedene der zuvor genannten Elemente kombinieren können. Grob lassen sich diese Bereiche dennoch wie folgt darstellen:

Lernen mit Multimedia bedeutet, dass das (digitale) Lernmaterial aus einer Kombination von Worten (geschriebener oder gesprochener Text) und Bildern (Diagramme, Illustrationen, Fotos, Videos, Animationen etc.; vgl. Mayer, 2014a) besteht. Entsprechend hat sich der Begriff des multimedialen Lernens als Sammelbegriff für verschiedene Theorien und Ansätze des multikodalen und multimodalen Lernens etabliert. In diesem Sinne kann multimediales Lernen auch das Lernen mit gedrucktem Material (Text und Bild), das Lernen am Bildschirm mittels Animationen oder Videos, oder das Lernen in einer Vortragssituation mit Präsentation umfassen.

Lernen mit Simulationen stellt einen wesentlichen Ansatz zur Verdeutlichung komplexer Zusammenhänge und zum Einüben komplexer Verhaltensmuster dar. Mit Hilfe von Simulationen können die Lernenden selbst den Einfluss verschiedener Variablen aufeinander oder auch auf andere Variablen erkunden; dies in zeitlich geraffter oder auch zeitlich ausgedehnter Form (z. B. das Verhalten eines Ökosystems im Falle des Eindringens umweltbelastender Stoffe). Es können aber auch die Reaktionen eines Systems auf verschiedene Aktionen durch die Lernenden in Echtzeit simuliert werden, bzw. Lernende können sich darin üben, auf die Vorgaben einer Simulation zu reagieren (wie etwa beim Flugsimulator). Simulationen zeichnen sich im Wesentlichen durch ihre Interaktivität und Adaptivität aus: Einerseits können Lernende mit diesen Systemen in Interaktion treten. Dabei passt sich andererseits die Simulation in der Regel adaptiv den Handlungen der Lernenden an.

Eng verbunden mit dem Lernen mit Simulationen ist das *Game-Based Learning*. Hier geht es in erster Linie darum, Computerspiele so zu entwickeln, dass im Rahmen des Spiels auch bestimmte Lernziele erreicht werden. Sehr häufig kommen dabei simulationsartige Spiele zur Anwendung. Bei manchen Anwendungen steht der Spielcharakter tendenziell im Hintergrund. Dabei ist häufig von Serious Games, also »ernsten Spielen«, die Rede. Gerade hier werden zumeist Simulationen verwendet.

Ein »Klassiker« des E-Learning umfasst die *Gestaltung spezifischer computerunterstützter oder computerbasierter Lernumgebungen*. Insbesondere didaktische Planung und Umsetzung spielen eine zentrale Rolle. Auch die Frage der Einsatzmöglichkeiten hinsichtlich Interaktivität und Adaptivität sind zentral.

Die Nutzung des Internet als *kollaboratives Lernmedium* findet sich insbesondere beim sog. Computer Supported Collaborative Learning (CSCL) wieder. Hier arbeiten Lernende mithilfe der *computervermittelten Kommunikation* miteinander.

Blended Learning bzw. *Hybrides Lernen* bezeichnet alle Mischformen, bei denen »analoges« und »digitales« Lernen kombiniert werden.

Beim *mobilen Lernen* wird zunehmend auf stationäre Technologie verzichtet. Mithilfe von Tablets, Notebooks oder Handheld-Technologien können Lernende in nahezu allen Situationen ihres täglichen Lebens auf Lerninhalte zurückgreifen. Dies wird häufig auch beim *Lernen mit erweiterter Realität/Augmented Reality* (AR) verwendet, bei dem analoge Inhalte durch digitale Inhalte erweitert werden.

Das *Lernen mit virtueller Realität* (VR) spielt in der großen Breite derzeit noch keine wesentliche Rolle, wobei in spezifischen Bereichen (z. B. in der Medizin) bereits breitere Anwendungen von VR bestehen. Dennoch handelt es sich hier um eine Technologie, die das Lernen mit digitalen Medien mit großer Wahrscheinlichkeit nachhaltig beeinflussen wird.

Zusammen weisen alle diese Ansätze auf einen besonderen Aspekt von Lernen hin: Lernen ist ein aktiver Prozess, der in weiten Teilen selbstgesteuert erfolgt. Digitale Medien unterstützen sowohl diese aktive Tätigkeit als auch den Aufbau eigener Wissenskonstruktionen. Diese Auffassung über Lehr- und Lernprozesse ist nicht selbstverständlich, insbesondere dann, wenn man die Entwicklung von Lehr-Lernparadigmen über die vergangenen Jahrzehnte hinweg betrachtet.

1.4 Lernen mit digitalen Medien: Didaktische Ansätze

Die Nutzung digitaler Technologien für das Lehren und Lernen hing und hängt auch immer mit den jeweiligen (didaktischen) Auffassungen hinsichtlich der Funktionsweise beider Prozesse zusammen. Bereits in den 1970er Jahren wurden Großrechner erstmals und zunächst systematisch zu Lehr-Lernzwecken eingesetzt. Ein erstes Beispiel stellte das an der University of Illinois (USA) entwickelte »Programmed Logic for Automatic Teaching Operation«-System (PLATO) dar, mit dessen Hilfe unterschiedlichste Anwendungen umgesetzt werden konnten (Saettler, 1990). Zumeist gelang dies auf Basis einfacher Texte und simpelster Graphik (auf monochromen Terminal-Bildschirmen). Aus didaktischer Sicht orientierten sich die ersten Einsätze digitaler Technologie noch wesentlich am *Behaviorismus* (einen Überblick über den Behaviorismus und andere Lehr-Lernparadigmen gibt bspw. Urhahne, 2019). Zentral am Behaviorismus ist die Auffassung, dass Menschen bei ihrer Geburt kaum über angeborene Mechanismen und Kompetenzen verfügen und diese erst im Lauf des Lebens erworben werden. Lernen findet dabei durch Mechanismen der Verstärkung statt und beinhaltet immer eine beobachtbare Verhaltensänderung (Gerrig, 2015). In der behavioristischen Tradition standen die ersten sog. *Drill & Practice*-Programme bzw. der *Programmierte Unterricht* (vgl. Skinner, 1971). Hier wurde Information zunächst

1.4 Lernen mit digitalen Medien: Didaktische Ansätze

in kleinen Einheiten präsentiert und danach geprüft, ob das Präsentierte gelernt worden war. Erst nach einer erfolgreichen Überprüfung wurde die nächste Information präsentiert usw. Ähnliche Vorgehensweisen finden sich auch heutzutage noch. Ein Beispiel sind Apps, mittels derer man zur Vorbereitung der theoretischen Führerscheinprüfung die entsprechenden Fragen »pauken« kann, oder auch einfache Vokabeltrainer.

Eine Weiterentwicklung dieses Ansatzes ist das sog. *Verzweigte Lernen*. Auch hier werden die zu erlernenden Bereiche auf kleinste Einheiten reduziert. Allerdings besteht die Möglichkeit, entsprechend individuelle Rückmeldung auf bestimmte (vordefinierte) Fehler zu geben und Lernende dadurch gezielter zu fördern (vgl. Crowder, 1959; einen Überblick geben hier etwa Niegemann et al., 2008). Grundsätzlich darf man sich diese Ansätze primär textbasiert vorstellen, zumal graphische Darstellungen schon aufgrund monochromer Bildschirme deutlich eingeschränkt waren. Andererseits stellen das verzweigte Lernen und dessen Möglichkeit zur individuellen Förderung bereits ein Umdenken dar, welches sich auch durch die sog. Kognitive Wende zeigt (vgl. Zoelch, Berner & Thomas, 2019). Verschiedene Entwicklungen führten dazu, dass die grundlegenden Annahmen des Behaviorismus nicht umfassend dazu beitragen können, menschliches Lernen und menschliche Informationsverarbeitung in der gesamten Komplexität der dabei zugrunde liegenden Vorgänge zu erklären.

Mit der Weiterentwicklung digitaler Technologien und der Möglichkeit, menschliche Informationsverarbeitungs- und Entscheidungsprozesse mithilfe von Software zu modellieren, begann die Ära des *Kognitivismus*. Auch hier wurden verschiedene didaktische Ansätze in Form digitaler Lernprogramme entwickelt. Zu diesen Ansätzen gehören Tutorielle Programme, Intelligente Tutorielle Systeme (ITS), aber auch Simulationen. Bei einfachen tutoriellen Programmen wurden abweichend vom Programmierten Unterricht größere Mengen an Informationen präsentiert, es wurde aber auch hier – ähnlich wie beim verzweigten Lernen – die Möglichkeit zur Überprüfung des Gelernten gegeben. Auf Basis der Antworten Lernender (in der Regel Einsatz von Multiple-Choice-Fragen oder einfachen offenen Fragen) konnte ein individuelles, systemgeneriertes Feedback erzeugt werden, bzw. konnten entsprechende Inhalte vertieft oder wiederholt werden. Intelligente Tutorielle Systeme zeichnen sich in erster Linie dadurch aus, dass sie über Algorithmen verfügen, mit denen der Wissensstand Lernender kontinuierlich diagnostiziert wird, dass die Lernziele eindeutig definiert sind und dass die Methoden zum Erreichen der Lernziele in Abhängigkeit von Lernziel und Leistungsstand der Lernenden adaptiert werden können (Psotka & Mutter, 1988). Ein Beispiel für ein ITS aus dem Bereich der Elektrizitätslehre ist das Online-Angebot »ElectronixTutor« (https://etv2.org/; Graesser et al., 2018), bei welchem das System adaptiv auf die Eingaben Lernender reagiert, um letztere nach und nach gezielt zum Erreichen der Lernziele zu bringen. Die Metaanalyse von VanLehn (2011) zu Intelligenten Tutoriellen Systemen zeigt, dass diese ähnliche (und damit starke) Effektstärken erreichen ($d = 0{,}76$) wie menschliche TutorInnen ($d = 0{,}79$).

Gegen Ende der 1980er Jahre wurde der pädagogische *Konstruktivismus* populär und bereicherte die Landschaft digitaler Lernangebote um neue didaktische

Ansätze (vgl. Kollar & Fischer, 2019). Zentral für diese Ansätze ist die Annahme, dass jedes Individuum seine eigenen Erfahrungen und sein Vorwissen mit sich bringt und auch neue Informationen individuell und subjektiv verarbeitet. Entsprechend wurden hier Lernumgebungen konzipiert, welche ein aktives, exploratives und erfahrendes Lernen ermöglichen und Lernenden ein hohes Maß an Freiheit gewähren. Zu solchen Lernumgebungen gehören etwa hypermediale Lernumgebungen, in denen Lernende frei navigieren können (z. B. Zumbach, 2009). Auch Ansätze wie die *Anchored Instruction* (Cognition and Technology Group at Vanderbilt, 1991, 1992), bei denen das Erkunden von Informationen anhand von navigierbaren Videos zentral war (hier anhand von Videodiscs, einem Vorgänger der DVD), wurden populär. Neben der zunehmenden Berücksichtigung individueller Einstellungen und Voraussetzungen nahm im Konstruktivismus auch die Bedeutung kooperativer und kollaborativer Wissenskonstruktionsprozesse zu (Kollar & Fischer, 2019). Im neuen Jahrtausend wurde dies erneut aufgegriffen und das neue Paradigma des *Konnektivismus* nach Siemens (2005; vgl. auch Siemens & Matheos, 2010) propagiert. Hierbei wird das »Wissen, wo?«, also das Wissen um die Ressourcenallokation in einer zunehmend vernetzten Welt, als zentrale Kompetenz im digitalen Zeitalter in den Vordergrund gestellt. Prinzipiell wird dabei zwar ein neues Lernparadigma postuliert, bei genauerer Betrachtung finden sich aber keine nennenswerten theoretischen Weiterentwicklungen (vgl. Bremer, 2013) gegenüber bisherigen konstruktivistischen Ansätzen, wie denen der *Situated-Cognition*-Bewegung und der *Communities of Practice* (vgl. Lave & Wenger, 1991; Resnick, 1991). Gerade aber die Einbindung von Individuen in soziale Netzwerke (also soziale Strukturen im eigentlichen Sinne) ist hier zentral, wie Lave und Wenger betonen (1991, S. 29; vgl. auch Zumbach & Astleitner, 2016):

> »Learning viewed as situated activity has its central defining characteristic a process that we call legitimate peripheral participation. By this we mean to draw attention to the point that learners inevitably participate in communities of practitioners and that the mastery of knowledge and skills requires newcomers to move toward full participation in the sociocultural practices of a community.«

Mittlerweile zeigt sich, dass die Grenzen zwischen diesen Paradigmen bei der Gestaltung digitaler Lernangebote immer mehr verschwinden bzw. ein eklektischer, kognitivistisch orientierter Zugang dominiert. Rein konstruktivistische Ansätze wie etwa die Anchored Instruction (aber auch die *Cognitive Flexibility Theory* zum Einsatz von Hypermedien; vgl. Spiro & Jehng, 1990) sind mittlerweile praktisch bedeutungslos. Vielmehr stehen heutzutage eine gezielte Anpassung an die Eigenschaften von Lernenden und die zu erreichenden Lehrziele bzw. Kompetenzen sowie die daraus resultierende lernendengerechte Gestaltung digitaler Lernangebote im Vordergrund. Neben klassischen digitalen Trainingsprogrammen (z. B. Web-Based-Trainings) kommen auch explorative Lernumgebungen (z. B. Simulationen oder Spiele) zum Einsatz, wenngleich den Lernenden hier zumeist auch eine feste Struktur vorgegeben wird, um Überforderung zu vermeiden. Prinzipiell könnte man von einem Neo-Kognitivistischen Paradigma sprechen, in dessen Rahmen sowohl die Berücksichtigung individueller Eigenschaften der Lernenden und deren aktive Rolle beim Lernen als auch eine kontrollierend-anleitete didaktische Gestaltung von Lernangeboten zentrale Aspekte sind.

> **Zusammenfassung und Fazit**
>
> Lernen mit digitalen Medien und Technologien ist nicht neu, sondern hat sich in vielen Bildungsbereichen bereits fest etabliert. In einigen Bereichen besteht sicherlich noch weiterer Entwicklungsbedarf hinsichtlich der didaktisch-planvollen Nutzung von Technologien für Bildungszwecke. Dennoch kommen analoge Medien an ihre Grenzen, bzw. können digitale Medien Lernumgebungen anbieten, die mit analogen Medien nicht realisierbar sind (z. B. Simulationen). Die Entwicklung von Bildungstechnologien, also Technologien, die für Lehr- und Lernzwecke herangezogen werden, ist dabei nicht neu, sondern kann mittlerweile auf einige Dekaden der Entwicklung zurückblicken. Entsprechend haben sich auch eigene (medien-)didaktische Zugänge entwickelt, die teilweise eng mit allgemeinen Lehr-Lern-Paradigmen ihrer Zeit verbunden waren und sind. Manche Entwicklungen haben sich mittlerweile selbst überlebt. Das wiederum zeigt, dass hier, wie in vielen Bereichen, eine permanente Entwicklung vorliegt, bei denen sich bestimmte Ansätze und Bildungstechnologien etablieren und manche wiederum nicht.

2 Interaktivität und Adaptivität

Interaktivität und Adaptivität sind zwei zentrale Eigenschaften, die digitale Medien im Vergleich zu analogen Medien für Lehr- und Lernzwecke interessant machen. Mit Interaktivität ist dabei das Potenzial gemeint, mit dem eine Software oder eine App auf Eingaben von Lernenden reagieren kann. Adaptivität beschreibt den Grad der Anpassung digitaler Medien an die Nutzenden.

2.1 Interaktivität

Die Interaktion zwischen Lehrenden und Lernenden gilt als zentrales lernförderliches Element: Durch Informationsvermittlung und Rückmeldung entsteht ein Lernprozess, der dialogisch sowohl die Lernenden als auch die Lehrenden informiert und motiviert. Diese Art der Interaktion ist nicht allein auf die Präsenzlehre beschränkt, sondern kann auf beliebige Kommunikationsweisen erfolgen, also auch computervermittelt in Online-Kursen oder durch soziale Medien. Die Analyse von Hattie (2008, 2012) zeigt für den schulischen Bereich, dass gerade die Rückmeldung von Lehrenden an Lernende zu den zehn einflussreichsten Faktoren für erfolgreiches (schulisches) Lernen gehört (mit einer durchschnittlichen Effektstärke von $d = 0{,}79$).

Im Bereich digitaler Medien bezeichnet die *Interaktivität* das Potenzial bzw. die Möglichkeit, mit dem Medium selbst in Interaktion zu treten. Nutzende machen demnach eine Eingabe (via Tastatur, Gestensteuerung, Berührung, Sprache etc.; vgl. Karpov & Yusupov, 2018), auf die das jeweilige Medium reagiert. Im Bereich der Lernmedien übernehmen je nach Gestaltung der Lernumgebung die Medien selbst die Lehrfunktion (z. B. durch Lernsoftware). Interaktivität lässt sich hier allgemein als Eigenschaft des Mediums verstehen, die Nutzenden Eingriffs- und Steuermöglichkeiten eröffnet. Aufbauend auf dieser grundlegenden Definition findet sich mittlerweile eine Vielzahl von Beschreibungen und Kategorien, in denen Interaktivität in unterschiedlichen Szenarien beschrieben und klassifiziert wird. Viele solcher Ansätze kommen dabei aus dem Bereich der *Human-Computer-Interaction-Forschung* (HCI; vgl. Dahm, 2006). In der Tat sind das Design von Software oder Apps, insbesondere das des Interfaces, und die Gestaltung möglicher Interaktionen untrennbar miteinander verbunden (Strzebkowski & Kleeberg, 2002): Ein interaktives Geschehen ermöglicht erst die Gestaltung verschiedener Manipulationsmöglichkeiten durch Nutzende (im spezifischen Fall: durch Lernende) auf Interfaceebene. Durch den Wechsel zwischen den (Re-)Aktionen seitens der Lernenden und den (Re-)Aktionen seitens des Programms entsteht letztlich das, was als Interaktivität zu verstehen ist. Digitale Lernmedien enthalten eine Vielzahl möglicher Aktivitäten, die Lernende ausführen können. Strzebkowski und Kleeberg (2002) unterteilen diese Aktivitäten in sechs Bereiche:

1. Lernumgebungs-Aktivitäten: Hierzu zählt u. a. die Wahl einer Lernstrategie, wie etwa das Sammeln von Informationen, das Speichern oder Öffnen von Dateien oder das Aufrufen der Hilfefunktion. Diese Aktivitäten stehen auf einer übergeordneten Ebene, die sich durch die nachfolgenden Aktivitäts-Dimensionen weiter eingrenzen lässt.
2. Navigations- und Dialogfunktionen: In diesen Bereich fallen alle Aktionen, mit denen sich Lernende innerhalb einer Lernumgebung bewegen, so etwa das Einschlagen bestimmter Lernpfade, das Stöbern nach Informationen innerhalb eines Informationsarchivs, das Abrufen kontextspezifischer Hilfen etc.
3. Aktivitäten bei der Informationspräsentation: Zu dieser Kategorie zählt z. B. die Wahl einer bevorzugten Präsentationsform, wie Text, Bild, Audio, Video, oder die Wahl der Variablen einer Präsentation, wie Lautstärke und Geschwindigkeit.
4. Aktivitäten, mit denen die präsentierten Inhalte bearbeitet werden können: Dies umfasst etwa das Markieren bestimmter Stellen durch Lesezeichen, den Export von Informationen oder das Markieren von Stellen in audiovisuellen Präsentationsformaten.
5. Die Bearbeitung der Datenbasis eines Lernprogramms: Darunter fällt das Verändern, Hinzufügen oder Löschen von Informationen bzw. von deren Verknüpfungen.
6. Aktivitäten der Anwendung und des Transfers von Gelerntem: Als eine weitere Ebene betrachten Strzebkowski und Kleeberg (2002) außerdem solche Aktivitäten, bei denen beispielsweise das Wissen überprüft werden kann, etwa durch das Ergänzen von Informationen oder das Bedienen von Simulationen.

Insgesamt zeigen diese Ebenen und die dabei exemplarisch geschilderten Beispiele ein breites Spektrum dessen, was innerhalb digitaler Lernmedien an Interaktivität ermöglicht werden kann. Allerdings sind diese Dimensionen noch weitgehend an technischen Kriterien orientiert, welche eher indirekt denn tatsächlich in direkter, didaktisch geplanter Form Einfluss auf den Aufbau von Wissensstrukturen nehmen. Entsprechend vage sind die Auswirkungen der geschilderten Aktivitäten hinsichtlich der Gestaltung digitaler Lernumgebungen.

Einen eher praktisch orientierten Zugang zur Beschreibung von Interaktivität bzw. des Ausmaßes der Interaktion von Lernenden und Medium wählt Haak (2002). Auf der »untersten Ebene« steht die implizite Interaktion (»covert interaction«) von Lernenden mit einem Instruktionsmedium, die sich als passive Rezeption der Lerninhalte durch Lernende charakterisieren lässt. In aller Regel erfolgt diese in einer durch AutorInnen festgelegten Reihenfolgen (etwa Seite für Seite beim Lesen eines Buches oder beim Betrachten einer Präsentation). Eine stufenweise Erweiterung ergibt sich durch zunehmende Entscheidungs- und Navigationsfreiheiten, die Lernenden zur Verfügung stehen (vgl. auch Hannafin & Peck, 1988):

- Der lernendengesteuerte Zugriff auf Informationen und deren Sequenz: Dazu gehören die freie Informationsauswahl sowie das Blättern, Suchen und Zugreifen bezüglich der gewünschten Informationen.
- Die interaktive Zugriffsform, basierend auf einfachen Rückmeldemechanismen: Hierzu zählt die Verfügbarkeit einer verzweigten Navigation, bei der verschiedene Navigationsmöglichkeiten zur Auswahl stehen, die zu unterschiedlichen Informationen führen. Darüber hinaus sind in dieser Rubrik Multiple-Choice-Fragen anzusiedeln, deren Beantwortung ein Feedback des Lernprogramms an Lernende nach sich zieht.
- Die direkte Manipulation von Informationen: Diese umfasst das Markieren bestimmter Abschnitte, Passagen, oder den Vermerk von Zusatzinformationen.
- Der Austausch mit einem Lernprogramm unter Einbezug einer automatisierten inhaltlichen Auswertung der Eingaben Lernender: Letztere erfolgt in der Regel durch die Repräsentation einer Wissensbasis in einem Lernprogramm und den kontinuierlichen Vergleich mit der individuellen Wissensstruktur der Lernenden. Dadurch wird ein sokratischer Dialog ermöglicht, bei dem ein Intelligentes Tutorielles System (ITS) beispielsweise Fehleranalysen durchführen kann und gezielt Hinweise zur Förderung bzw. Überwindung von Misskonzeptionen gibt.
- Der freie, ungebundene Dialog mit anderen Lernenden oder Lehrenden: Dieser erfolgt gewöhnlich durch die Nutzung computervermittelter Kommunikation (z. B. über soziale Netzwerke oder Lernplattformen).

Diese Grundformen stellen keine exklusiven Kategorien dar, sondern können vielmehr in Lernumgebungen miteinander kombiniert werden.

Auch hinsichtlich der technischen Gestaltung von Interaktion gibt es eine Vielzahl an Möglichkeiten: Diese reichen von einfachen, »klassischen« Eingabemöglichkeiten mittels Tastatur und Maus über tangible Oberflächen (z. B. bei Smartphones und Tablets), Sprachsteuerung (z. B. bei Apples »Siri« oder Amazons »Alexa«) und Gebärdenerkennung (z. B. »Xbox Kinect«) bis hin zu anderen Zugängen wie Tonhöhen- bzw. -längenerkennung (z. B. bei »UltraStar«), Elektroenzephalogramm-Steuerung etc. (vgl. z. B. Evans & Rick, 2014; Karpov & Yusupov, 2018).

Zusammenfassend zeigt sich, dass es durchaus unterschiedliche Zugänge und Möglichkeiten zur Gestaltung von Interaktivität gibt. Interaktivität umfasst verschiedene Dimensionen instruktioneller Software. Diese erstrecken sich von technischen bis hin zu didaktischen Interaktionen, wobei beide untrennbar miteinander verbunden sind. Auf die Frage nach einer Definition für didaktische Interaktivität bleibt festzuhalten: Es sind die verschiedensten Möglichkeiten der gegenseitigen Beeinflussung zwischen digitalen Lernmedien und den Lernenden mit ihren individuellen Merkmalen gemeint, die in einem steten Wechselspiel stehen und die u. a. Wissenserwerbsprozesse optimieren sollen.

Die Wahl des Interaktivitätsgrads, also jener Freiheitsgrade, die Lernenden zur Verfügung stehen, hängt stark vom gewählten didaktischen Ansatz und damit auch von der Zielgruppe und den Zielvorstellungen bei der Gestaltung ab. Um eine Lehr-Lern-Optimierung zu erreichen, bedarf es letztlich einer Abwägung der Vor- und Nachteile eines interaktiven Programmdesigns. In welchem Verhältnis Interaktivität und Lernprozesse zueinander stehen oder stehen sollten, ist eine weitere grundlegende Frage, die im folgenden Abschnitt thematisiert wird.

2.2 Interaktivität und Lernen

Interaktivität unterstützt in erster Linie eine grundsätzlich aktive Lernform. Je größer das Potenzial an interaktiven Handlungen innerhalb einer Lernumgebung ist, desto mehr können und müssen Lernende tun, um an Informationen zu gelangen bzw. in einer Lernumgebung voranzukommen. Ein grundlegender Vorteil der Interaktivität liegt primär in der Individualisierung des Lernens, also in der Anpassung digitaler Medien an die Bedürfnisse, Wünsche und Vorstellungen Lernender. Das Konzept von Interaktivität geht somit über eine grundlegende technische Definition hinaus. Ziel der Gestaltung interaktiver Lernumgebungen ist es im übergeordneten Sinne, Lernende interaktive Erfahrungen machen zu lassen, indem sie ihr Lerngeschehen aktiv beeinflussen und verfolgen können (vgl. Rieber, 1996). Interaktivität ermöglicht somit einen Zugang zu Informationen, der auch in der Tradition eines pädagogisch-psychologischen Konstruktivismus steht. Demzufolge ist Lernen ein aktiver Prozess, bei dem die Lernenden neue Ideen oder Konzepte auf Basis ihres (Vor-)Wissens konstruieren. Die Lernenden wählen Informationen aus und führen diese in ihre Wissensstruktur über, konstruieren Hypothesen und treffen Entscheidungen auf Basis ihrer eigenen kognitiven Strukturen (vgl. Bruner, 1990). Jonassen (2000) folgend lernt eine Person nicht mehr *von* einem Computer bzw. *von* digitalen Medien, sondern vielmehr *mit* der betreffenden Technologie. Lernende rücken damit ins Zentrum des Lerngeschehens. Digitale Lernmedien stehen Lernenden einerseits zur Unterstützung, Anregung und Hilfestellung bei der Exploration und Konstruktion von Wissen, andererseits auch zum Aufbau von Tiefenverständnis zur Seite.

Hannon und Atkins (2002) schlagen ein übergreifendes Modell vor, das die Interaktivität in Form von Wirkungen auf die Lernenden beschreibt. Dazu werden drei Wirkungsbereiche postuliert:

1. Interaktivität fördert die Involvierung Lernender in den Lernprozess: Die Technologie greift die Aktionen von Lernenden auf, wertet sie aus und zeigt auf Basis dieser Auswertung responsives Verhalten. Diese Rückmeldung eröff-

net Lernenden wiederum das Potenzial zur Durchführung weiterer Aktionen usw.
2. Interaktivität fördert den Verständnisaufbau und gibt dem Lerngeschehen Bedeutung: Durch interaktives Handeln wird eine Verbindung zwischen realer Welt und Lernsituation geschaffen. Diese Authentizität begünstigt den Aufbau eines Erfahrungsschatzes, welcher auf Alltagssituationen angewandt werden kann und dadurch Verständnis vermittelt. Wissen erhält somit eine Bedeutung.
3. Interaktivität vermittelt den Lernenden ein Gefühl von Kontrolle: Lernende sind aktiv, und durch das aktive Handeln wird zugleich auch die Relevanz eigener Aktionen bewusst. Dies führt im günstigsten Falle zu Gefühlen der Eigenverantwortung und Befriedigung.

Diese drei Bedingungen bilden den Rahmen eines lernzentrierten Modells der Interaktivität. Lernen erfolgt dabei in aktiver und authentischer Form (▶ Abb. 2.1). Diesem Modell zufolge müssen alle drei Bedingungen erfüllt sein, damit Lernende Interaktivität erleben können.

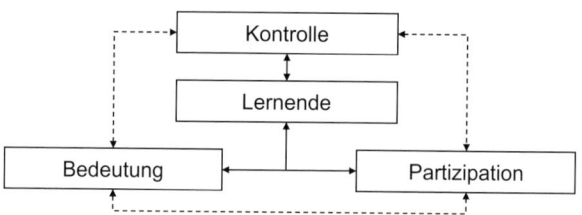

Abb. 2.1: Interaktivität in einem lernzentrierten Modell

Moreno und Mayer (2007) definieren Interaktivität je nach deren Funktion. So unterscheiden sie zwischen der Dialogfunktion (Lernende bekommen Fragen oder Antworten und Feedback), der Kontrollfunktion (Kontrolle über den zeitlichen Verlauf, z. B. bei Videos), der Manipulationsfunktion (Kontrolle über die Präsentation spezifischer Inhalte), der Suchfunktion und der Navigationsfunktion (die Frage betreffend, welche Informationen in welcher Reihenfolge zur Verfügung stehen sollen).

Allerdings bleibt in den skizzierten Modellen weiterhin offen, welche psychologischen Wirkmechanismen im Detail durch interaktive Lernumgebungen in Gang gesetzt werden können. Ein Ansatz, der in diesem Zusammenhang übergreifender ist, wird von Domagk, Schwartz und Plass (2010) vorgeschlagen. Die Definition von Interaktivität bezieht sich hier auf Feedbackschleifen zwischen:

- der Lernumgebung selbst
- dem Verhalten der Lernenden
- den kognitiven und metakognitiven Aktivitäten
- der Motivation

- der Emotion
- den Lernendeneigenschaften
- dem Lernergebnis (mentales Modell)

Alle diese Komponenten stehen in Wechselwirkung miteinander und werden durch das Verhalten, also die Eingabe von Lernenden initiiert und in weiterer Folge beeinflusst. Der Vorteil dieses Modells liegt darin, dass hier weniger der technische Aspekt im Vordergrund steht, sondern vielmehr die Wechselwirkung psychologischer Variablen mit Merkmalen der Lernumgebung beleuchtet wird (vgl. auch Lajoie, 2014).

Der primär selbstgesteuerte Zugriff auf digitale Lernmedien, bei denen ein System interaktiv mit Lernenden agiert bzw. reagiert, wird auch als Lernendenkontrolle verstanden. In diesem Sinne entscheiden Lernende hier, welche Informationen sie wie und an welcher Stelle abrufen. Scheiter (2014) spricht auch von *Learner Control Principle* und setzt dabei die Lernendenkontrolle mit jener des Lernens mit Hypermedien gleich. Dies ist eigentlich nicht zulässig, da Lernendenkontrolle auch in anderen Formen der Gestaltung digitaler Lernmedien zentral ist (z. B. in Simulationen). Dennoch spielen Hypermedien eine Rolle, da hier zumeist ein interaktives Nutzungsvorhalten vorliegt.

> Als *Hypermedien* bezeichnet man digitale Informationsangebote, die nicht nur in einfachen linearen Sequenzen abgerufen werden können (wie im Falle eines Buches etwa Seite für Seite), sondern die mittels *Hyperlinks* oder *Links* auch einen nicht-linearen Informationsabruf ermöglichen, je nachdem wie die entsprechenden Informationen gestaltet wurden. Das Online-Informationsportal Wikipedia ist ein Beispiel für ein solches Hypermedium. Zwar kann ein Eintrag dort auch linear (hier in der Regel von oben nach unten) rezipiert werden, allerdings bietet sich durch zahlreiche Links zumeist auch die Möglichkeit, innerhalb eines Beitrags zu springen oder zu anderen Beiträgen zu wechseln.

Im Zuge des pädagogischen Konstruktivismus (▶ Kap. 1.4) wurden Hypermedien mit Bezug auf die *Cognitive Flexibility Theory* (Jacobson & Spiro, 1995; Spiro & Jehng, 1990, 1992) als Mittel der Wahl favorisiert. Die Cognitive Flexibility Theory besagt im Kern, dass lineare Informationsmedien Inhalte ggf. zu vereinfacht darstellen und der Komplexität der Realität bisweilen nicht angemessen sind. Durch Hypermedien wird ein nicht-linearer Zugriff ermöglicht, mit dem man Inhalte unter multiplen Perspektiven immer wieder aus einer neuen Sichtweise heraus betrachten kann. Hieraus soll eine gewisse kognitive Flexibilität resultieren und Übervereinfachungen vermieden werden. In verschiedenen Evaluationsstudien konnte jedoch kein nennenswerter Vorteil dieses Ansatzes gefunden werden (z. B. Jacobson, Maouri, Mishra & Kolar, 1996; Lowrey & Kim, 2009; vgl. auch Scheiter, 2014). Auch die Verwendung von Hypermedien als Lernumgebungen ohne direkten Bezug zur Cognitive Flexibility Theory zeigt, dass diese

Form des Lernens im Vergleich zu stärker angeleiteten Lernformen eher schlechtere Lernergebnisse bewirkt, wenn Lernende in einem Bereich über wenig Vorwissen und/oder über niedrige Kompetenzen im Bereich des selbstregulierten Lernens verfügen (vgl. Chen, Fan & Macredie, 2006; Chen & Rada, 1996).

Wie bereits am Beispiel der Hypermedien deutlich wird, ist eine pauschale Bewertung des Einflusses unterschiedlicher Interaktivitätsgrade auf Lernprozesse unmöglich (vgl. auch Bos, 2009). Vielmehr nehmen zahlreiche Faktoren, wie das Vorwissen der Lernenden, deren bevorzugter Lernstil oder der Lerngegenstand bzw. die Eignung desselben zur interaktiven Betrachtung, Einfluss auf Wissenserwerbsprozesse. Die Interaktivität unterstützt primär Lernumgebungen in pädagogisch-konstruktivistischer Tradition, bei denen die Exploration von Informationen wie auch deren Bewertung und Synthese eine essenzielle Rolle spielen (vgl. Wise & Pepple, 2008). Darüber hinaus ist Interaktivität in computerbasierten Lernumgebungen dann unabdingbar, wenn authentisches Lernen gewährleistet werden soll, und wenn sich die Authentizität beispielsweise auf das Abbilden von Vorgängen der realen Welt bezieht, in welcher ohnehin mit der Umwelt interagiert werden muss (z. B. bei Simulationen).

Beim Design interaktiver Lernumgebungen muss also zwischen zwingenden, sachlogischen Gründen und dem optionalen Einsatz einer alternativen Gestaltung differenziert werden. Bei Letzterem muss aus Sicht von Lehrenden geklärt werden, welchen (kognitiven) Mehrwert ein größeres Maß an möglichen Interaktionen für den Lernprozess liefert. Dies ist im Wesentlichen davon abhängig, welche Interaktionsform zur Auswahl steht. So repräsentiert ein Test mit Multiple-Choice-Fragen, der zusätzlich zu einem Informationsangebot zur Verfügung gestellt wird, einen Zuwachs an Interaktivität. Eine automatische Auswertung der Antworten Lernender ermöglicht hier die Analyse von Fehlern oder Wissenslücken und bietet darauf aufbauend die Möglichkeit zu remedialem Lernen (»Nachhilfe«). Des Weiteren können optionale Hyperlinks Lernenden in digitalen Informationsangeboten die Möglichkeit zur Elaboration bieten. Umgekehrt kann es sinnvoll sein, die Interaktivität zu begrenzen: Beim Lernen mit Simulationen müssen nicht alle Interaktionsmöglichkeiten der »realen« Welt zur Verfügung stehen, insbesondere dann nicht, wenn Lernende mit wenig Vorwissen in einen Themenbereich eingeführt werden sollen. Bei entsprechender Indikation führt hier ein weniger komplexes Lernangebot schneller zum gewünschten Lernerfolg, da zu viele Interaktionsangebote Lernende überfordern könnten (der Cognitive Load Theory zufolge kann durch zu viele Handlungsalternativen das Arbeitsgedächtnis zusätzlich zur eigentlichen Informationsverarbeitung belastet werden; die Ressourcen für den eigentlichen Lernprozess werden dadurch eingeschränkt; vgl. Paas & Sweller, 2014; Wise & Pepple, 2008; vgl. auch ▶ Kap. 3).

Interaktivität kann je nach Ausprägung und Zielgruppe sowie didaktischem Ansatz positive wie negative Auswirkungen haben, bzw. zwingend notwendig oder auch nur aufgesetzt sein. Eine Simulation ohne Interaktivität ist keine Simulation, sondern allenfalls ein Video oder eine Animation. Bei E-Books mit linearem Handlungsstrang können zusätzliche interaktive Elemente ggf. eher ablenkend denn hilfreich sein. Entsprechend komplex ist auch die Befundlage. Daher können die im Folgenden geschilderten Befunde zu den Auswirkungen unterschiedlicher Interaktivitätsgrade nur exemplarisch sein und sich auf spezifische Bereiche beschränken.

In einer Studie von Zumbach und Schwarz (2014; vgl. auch Zumbach & Moser, 2016) wurde untersucht, inwieweit sich unterschiedliche Ausmaße an Interaktivität beim Lernen mit auditiven versus textuellen Lernumgebungen auswirken. Konkret wurde hier ein lose strukturierter Text (vergleichbar mit einem Lexikon mit wenigen Einträgen) mit einem hochstrukturierten linearen Text (einem Märchen von Hans Christian Andersen) verglichen. Die Texte wurden einerseits als linearer Bildschirmtext mit geringer Interaktivität, andererseits als hypermediale Lernumgebung mit hohem Interaktivitätsausmaß präsentiert. Als zusätzliche Bedingung wurden die Texte in rein auditiver Form sowohl als lineares Audiobook als auch als hypermediales Audio (sog. Hyperaudio) präsentiert. Die Ergebnisse zeigen, dass gerade bei einem Text mit primär linearem Handlungsstrang ein hohes Maß an Interaktivität zu schlechteren Lernleistungen führt, während dies im Falle lose strukturierten Inhaltsmaterials keine signifikanten Unterschiede macht. Die rein auditive Präsentation führte zu allgemein leicht schlechteren Lernleistungen, bewirkte aber gerade in einem hoch-interaktiven, auditiven Präsentationsformat von primär linearem Inhalt die schlechtesten Lernergebnisse.

In einer Studie von Wenga, Otangaa, Wengb und Coxa (2018) wurden die Auswirkungen eines interaktiven E-Books im Vergleich zu einem nicht-interaktiven E-Book untersucht. Bei der interaktiven Variante wurden den Lernenden zusätzliche Navigationsmöglichkeiten sowie Quiz und andere zusätzliche Optionen zur Verfügung gestellt. Dabei zeigte sich, dass die interaktive Variante des E-Books zu objektiv schlechteren Lernergebnissen führte als die statische Variante. Die Lernenden in der interaktiven E-Book-Variante überschätzten ihren subjektiven Lernerfolg in diesem Kontext.

Auch außerhalb des Bereichs, in dem Interaktivität mit dem Ausmaß an Navigationsmöglichkeiten in Informationsangeboten gleichgesetzt ist, finden sich Beispiele, in denen Interaktivität positive wie negative Auswirkungen auf das Lernen mit digitalen Medien haben kann. So stellt die Nutzung manipulierbarer Animationen einen Einsatzbereich interaktiver Anwendungen dar. Der Mehrwert interaktiver Animationen oder Simulationen liegt zumeist darin, dass durch das Handlungspotenzial Lernender eine aktive und konstruktive Auseinandersetzung mit den zugrunde liegenden Inhalten erreicht wird (vgl. Bodemer, Plötzner, Feuerlein & Spada, 2004). So ist es zumeist ein wesentliches didaktisches Ziel von Simulationen, Lernenden durch aktives Eingreifen, Manipulieren und Ändern verschiedener Größen das jeweilige Modell verständlich zu machen. Lernende können sich das hinter der Simulation stehende Modell erschließen, indem sie Variablen des Systems verändern, die Systemreaktionen systematisch beobachten und lernendengenerierte Hypothesen testen. Allerdings wird dieses Handlungspotenzial von Lernenden nicht immer ausgeschöpft: Findet keine aktive Auseinandersetzung mit einer derartigen interaktiven Lernanwendung statt, so droht eine oberflächliche Verarbeitung, bei der kein klares Ziel verfolgt wird und das systematische Testen von Hypothesen ausbleibt (de Jong & van Joolingen, 1998).

Einen Vergleich verschiedener Arten der Nutzung von Simulationen, bei dem der das Lernen unterstützende Mehrwert eines interaktiven Handlungspotenzials gezeigt werden konnte, geben Bodemer et al. (2004). Die AutorInnen untersuchten in einem zweifaktoriellen Experiment, wie sich das interaktive versus nicht-interaktive Bearbeiten von Animationen einerseits, und das primär selbstgesteuerte Lernen gegenüber angeleitetem explorativen Lernen andererseits auf Wissenserwerbsprozesse auswirken (der Lerngegenstand umfasste das Verstehen der Funktionsweise einer einfaktoriellen Varianzanalyse). Es wurde verglichen, wie sich das aktive Zuordnen von Beschreibungen und algebraischen Sachverhalten via »drag & drop« zu Teilen der Animation gegenüber rein rezeptiven Bedingungen ohne Zuordnungsaufgabe auswirkt. Es zeigte sich im Wissensnachtest ein signifikanter Vorteil der interaktiven Aufgabe, bei der sich die Lernenden bei Bedarf auch entsprechendes Feedback zu ihrer Performanz durch das System geben lassen konnten. Hinsichtlich des zweiten untersuchten Faktors – freies versus angeleitetes Explorieren mit einer interaktiven, dynamischen Simulation zur Varianzanalyse – fanden die AutorInnen einen minimalen Vorteil des angeleiteten Explorierens: ProbandInnen mit der Möglichkeit zur freien Exploration konnten mit dem Programm selbstgesteuert lernen, indem sie beispielsweise Varianzanalysen anhand selbst erstellter Daten generierten, oder die Fehlerwerte anhand eines Schiebereglers modifizierten. In der zweiten Bedingung wurden den Lernenden vier Datensätze vorgegeben, anhand derer sie sich die wesentlichen Zusammenhänge der unterschiedlichen Algorithmen einer Varianzanalyse erschließen sollten. Zudem wurden die ProbandInnen aufgefordert, Hypothesen zu formulieren und zu testen, indem sie anhand eines Schiebereglers die Datensätze analysierten sowie die resultierenden Graphiken miteinander verglichen. Dadurch sollte die Aufmerksamkeit der Lernenden jeweils nur auf einen relevanten Aspekt pro Zeitpunkt gelenkt werden. Es zeigte sich, dass das konzeptuelle Verständnis in der zweiten Bedingung durch die eingeschränkte Interaktivität im Vergleich zur freien Exploration signifikant gesteigert werden konnte.

In der Studie von Homer und Plass (2014) wurden zwei Varianten einer Simulation aus dem Bereich Chemie miteinander verglichen. In einer explorativen Variante mussten sich die Lernenden primär selbstgesteuert mit den Inhalten der interaktiven Simulation auseinandersetzen, während die Lernenden in einer angeleiteten Version systematische Anleitungen zum Arbeiten mit der Simulation in Form von Lösungsbeispielen erhielten. Die Ergebnisse zeigten, dass Lernende mit einem höheren Maß an selbstregulativen Kompetenzen eher von der explorativen Simulation profitierten, während jene Lernenden mit eher geringen Selbstregulationskompetenzen tendenziell von der angeleiteten Version profitierten.

In die Metaanalyse von Yang und Shen (2018) wurden 63 Studien zur Analyse der Effekte von Interaktivität einbezogen. Die Studie kommt dabei zu dem Ergebnis, dass sich Interaktivität durchaus positiv auf emotionale und motivationale Variablen wie etwa Spaß oder positive Einstellungen auswirkt. Allerdings zeigen sich keine positiven Effekte im Bereich kognitiver Ergebnisse, sofern diese objektiv erfasst werden. Subjektiv überschätzen Lernende ihren Lernerfolg in interaktiven Lernumgebungen eher.

Ein Beispiel für eine »traditionelle« Lernumgebung, welche durch ein geringes Maß an Interaktion bzw. Interaktivität gekennzeichnet ist, ist die klassische Vorlesung an Universitäten. Eine Möglichkeit zur Erhöhung der Interaktivität sind sog. *Classroom-Response-Systeme* (auch *Audience-Response-Systeme*, oder auch sog. *Clicker*), bei denen Lernende u. a. mithilfe mobiler Geräte auf vorgegebene Fragen reagieren, Feedback geben und Feedback erhalten können.

In einer Studie von Blasco-Arcas, Buil, Hernández-Ortega und Sese (2006) wurde untersucht, wie sich Clicker auf die Lernleistung auswirken. Die AutorInnen konnten zeigen, dass Response-Systeme zu einer erhöhten Zusammenarbeit unter Studierenden und zu einem höheren Engagement bei diesen führen, wenn sie die Interaktion mit Lehrenden und Mitlernenden steigern. Dies wiederum schlägt sich in besseren Lernleistungen nieder. In der Metaanalyse von Hunsu, Adesope und Bayly (2016) konnten die VerfasserInnen zeigen, dass der Einsatz von Audience-Response-Systemen sich positiv auf den Lernerfolg auswirkt, wenngleich auch nur mit geringer Effektstärke. Deutlich größere Vorteile bringen diese Systeme in nicht-kognitiven Bereichen mit sich. So wird beispielsweise das Selbstwirksamkeitsempfinden der Studierenden deutlich gesteigert, ebenso die Beteiligung und das Engagement in den Lehrveranstaltungen, die Besuchshäufigkeit derselben sowie die wahrgenommene Qualität der Lehrveranstaltungen, in denen Clicker zum Einsatz kommen.

Zusammenfassend zeigen diese Befunde, dass ein hohes Maß an Interaktivität sowohl positive als auch negative Auswirkungen auf verschiedene Aspekte des Lernens haben kann. Bezieht sich die Interaktivität – etwa bei Hypermedien – auf die Navigationsfreiheit, dann deuten die Befunde darauf hin, dass ein hohes Vorwissen sowie ein hohes Maß an Selbstregulation notwendig sind, damit keine Nachteile resultieren. Im Bereich der Förderung von Motivation scheint Interaktivität vorteilhaft zu sein, weil Lernende etwa ein gesteigertes Autonomieerleben empfinden (ein wesentlicher Motor der Motivationsförderung im Rahmen der Self-Determination Theory; vgl. Ryan & Deci, 2017). Dies wird allerdings durch die Analyse von Moos und Marroquin (2010) relativiert: Die AutorInnen finden nur in einem Bruchteil der von ihnen analysierten Studien tatsächlich positive Auswirkungen von Interaktivität auf Interesse, extrinsische und intrinsische Motivation, Selbstwirksamkeit und Zielorientierung. Interaktivität kann somit einen aktiven und explorativen Lernprozess unterstützen und fördern. Gleichzeitig kann sie aber auch zu einer Überforderung führen (i. S. eines Cognitive Load; d. h. durch ein »Zuviel« an Interaktivität können Ressourcen des Arbeitsgedächtnisses okkupiert werden, die folglich nicht mehr zur eigentlichen Informationsverarbeitung zur Verfügung stehen; vgl. Scheiter, 2014). Dies ist insbesondere dann der Fall, wenn Lernende über nur unzureichende Kompetenzen selbstregulierten Lernens verfügen.

Um diese Lücke zu schließen, bzw. um Lernende beim selbstgesteuerten Lernen mit digitalen Medien zu unterstützen, haben sich mittlerweile eine Vielzahl an Unterstützungsmaßnahmen etabliert, welche als *Scaffolding* (»Gerüst«) bezeichnet werden (vgl. Belland, 2014). Solche Scaffolding-Methoden können unterschiedliche Ziele verfolgen. Ein solches Ziel ist etwa die Förderung kognitiver Verarbeitungsprozesse.

In einer Studie von Demetriadis, Papadopoulos, Stamelos und Fischer (2008) wurden bei einem Online-Lernangebot an verschiedenen Stellen Aufgaben zur vertieften Auseinandersetzung mit den präsentierten Inhalten gegeben (ein sog. *Prompting* – Lernende bekommen eine Anleitung bzw. Hinweise, also Prompts, zu einer lernförderlichen Aktivität). Die Lernergebnisse fielen für die Prompting-Maßnahmen deutlich besser aus als für die Bedingung ohne diese Unterstützung. Allerdings können solche Maßnahmen auch über das Ziel hinausgehen.

In der Studie von Zydney (2010) wurden unterschiedliche Prompts gegeben (einer zur inhaltlichen Organisation der vorgegebenen Informationen, einer zur kognitiven Elaboration der präsentierten Inhalte, und eine Kombination dieser beiden Prompts). Die Ergebnisse zeigten hier, dass eine Kombination beider Unterstützungen eher negative Auswirkungen hatte und dass nur die Organisationsunterstützung deutlich positive Auswirkungen auf den Lernerfolg hatte. Offenbar waren die Lernenden durch die Kombination der unterschiedlichen Unterstützungsformen eher überfordert.

Neben kognitiven Unterstützungsmaßnahmen gibt es auch diverse Ansätze zur Förderung metakognitiver Strategien und Kompetenzen. Mit Metakognitionen sind dabei gedankliche Prozesse gemeint, die das eigene Denken überwachen bzw. regulieren (vgl. Nett & Götz, 2019).

Die Förderung metakognitiver, selbstregulativer Kompetenzen beim Lernen mit Hypermedien wurde etwa von Bannert, Hildebrand und Mengelkamp (2009) untersucht. Hier zeigt sich, dass sich die wiederkehrende Aufforderung zur Reflexion und zur Planung des eigenen Vorgehens beim Lernen signifikant positiv auf den Lernerfolg auswirkt. Ähnliche Befunde zeigen auch Moos und Azevedo (2008) im Bereich des hypermedialen Lernens.

Auch andere interaktive Lernangebote können durch kognitive und metakognitive Unterstützungshilfen in Form von Prompting optimiert werden.

So zeigt die Studie von Moser, Zumbach und Deibl (2017), dass metakognitive Prompts auch beim Lernen mit Simulationen die Lernleistung steigern, sofern diese durch Lernende auch entsprechend genutzt werden. In der Studie von Zumbach, Rammerstorfer und Deibl (2020) wurde metakognitives Prompting bei einem digitalen Planspiel unterstützend integriert. Auch hier zeigten sich in Bezug auf den Lernerfolg deutliche Vorteile verglichen mit einem Planspiel ohne eine solche Unterstützung.

Der Einsatz solcher Hilfen in interaktiven Lernumgebungen kann auch gezielt an die Bedürfnisse von Lernenden angepasst werden (vgl. Azevedo, Cromley, Winters, Moos & Greene, 2005). In diesem Fall liegt dann über die Interaktivität hinaus noch das Merkmal der Adaptivität vor.

2.3 Adaptivität

Neben der Interaktivität ist insbesondere die *Adaptivität* ein wesentliches Merkmal, welches das Lernen mit digitalen Medien gegenüber traditionellen Lernmedien auszeichnet (vgl. van Merriënboer & Kester, 2014). Mit dem Begriff der Adaptivität ist dabei die Anpassung eines Systems (d. h. etwa einer multimedialen Lernumgebung) an bestimmte Merkmale oder Bedürfnisse von BenutzerInnen gemeint. Da hier kein einfaches Reagieren stattfindet, sondern tatsächlich eine Anpassung zwischen Software und Lernenden erfolgt, geht dies über die Interaktivität hinaus. Die Anpassung der didaktischen Strategie und damit der Lernumgebung an Lernende hat verschiedene Vorteile. Bereits Glaser (1977) nennt drei wesentliche Aspekte:

- Erstens bietet eine adaptive Instruktion den Lernenden einerseits verschiedene Alternativen des Lernens, andererseits auch unterschiedlich wählbare Lernziele an.
- Zweitens werden durch die Anpassung die Fertigkeiten Lernender aufgegriffen und weiterentwickelt. An diese Kompetenzen und Stärken, aber auch Schwächen kann bestmöglich angeknüpft werden.
- Drittens wird hier versucht, die Fähigkeiten einer Person hervorzuheben und entsprechende Lerngelegenheiten zu bieten, damit eine optimale Weiterentwicklung gewährleistet werden kann.

Leutner (2002; vgl. auch Lucke & Specht, 2012) unterscheidet dabei zwei wesentliche Arten der Anpassung: 1. Die Makro-Adaption oder Adaptierbarkeit, und 2. die Mikro-Adaption oder Adaptivität im eigentlichen Sinne. Makro-Adaption beschreibt dabei die Möglichkeit Lernender, das Erscheinungsbild einer Software oder App auf die eigenen Bedürfnisse anzupassen. Das kann sowohl die Form (z. B. das Ein- bzw. Ausblenden von Menüs) als auch die Inhalte betreffen (z. B. die Auswahl bestimmter Themen). Die Mikro-Adaption wird hingegen nicht direkt von Personen selbst vorgenommen, sondern erfolgt durch Algorithmen in einem System, die auf vordefinierte Aktionen und Reaktionen von Benutzenden reagieren. Ein System sammelt bzw. erfasst hierbei die Daten Lernender und passt sich an diese Daten bzw. dieses Verhalten an. Beide Arten von Adaptivität findet man häufig in Computerspielen wieder: Man kann meist zu Beginn einen Schwierigkeitsgrad auswählen (Makro-Adaption); während des Spielverlaufs kann sich ein System an die Fertigkeiten von Spielenden anpassen (Mikro-Adaption).

Van Merriënboer und Kester (2014) sehen bei der didaktischen Gestaltung Vorteile in der Sequenz von einer Mikro-Adaption hin zu einer Makro-Adaption. Ihrer Argumentation folgend kann es sinnvoll sein, zunächst Lerninhalte an die Lernenden anzupassen und zu individualisieren (*Individualization Principle*). Dies betrifft hier primär kognitive Parameter, d. h., dass etwa Lernaufgaben an die Lernenden auf Basis deren (vorherigen) Verhaltens angepasst werden. Werden Aufgaben komplett gelöst, werden schwerere oder neue Aufgaben präsentiert.

Werden Aufgaben nicht gelöst, so werden Inhalte wiederholt, Unterstützung angeboten bzw. einfachere Aufgaben präsentiert. Bei fortgeschrittenen Lernenden kann dann eine Kombination aus Mikro- und Makro-Adaption erfolgen (*Second-order-scaffolding Principle*), indem Lernende sich selbst für Inhalte oder Schwierigkeitsgrade entscheiden und diese auswählen können. Dabei kann zunächst noch Unterstützung im Sinne der Mikro-Adaption erfolgen, diese kann aber nach und nach mit zunehmender Expertise der Lernenden ausgeblendet werden.

Auch wenn Adaptivität zumeist im Bereich des Wissenserwerbs, also hinsichtlich kognitiver Parameter, umgesetzt und untersucht wird, können Lernumgebungen prinzipiell hinsichtlich aller messbaren psychologischen Eigenschaften adaptiert werden. So finden sich Ansätze zur Anpassung an Lernstile (Wu, 2020; zur grundsätzlichen Kritik an Lernstilen siehe auch De Bruyckere, Kirschner & Hulshof, 2015; Moser & Zumbach, 2018), an metakognitive Lernstrategien, an Emotionen (Azevedo & Chauncey Strain, 2011), oder an die Motivation und andere Eigenschaften von Lernenden (Vandewaetere, Cornillie, Clarebout & Desmet, 2013; Vandewaetere, Vandercruysse & Clarebout, 2012). In neueren Ansätzen zur Gestaltung solcher adaptiven Systeme kommt immer mehr künstliche Intelligenz zur Verwendung (Vandewaetere & Clarebout, 2014). Die direkt sichtbare Gestaltung adaptiver Lernumgebungen erfolgt zumeist in zwei Arten von digitalen Lernumgebungen, welche im folgenden Abschnitt näher beschrieben werden. Dabei handelt es sich um Intelligente Tutorielle Systeme und adaptive Hypermedien.

2.4 Adaptivität und Intelligente Tutorielle Systeme bzw. adaptive Hypermedien

Eine besondere Form adaptiver Lernumgebungen sind *Intelligente Tutorielle Systeme* (ITS), bei denen die Adaptation auf Basis der Programmierung einer Künstlichen Intelligenz (KI) beruht. Kennzeichnend für Intelligente Tutorielle Systeme ist, dass dem zu vermittelnden Bereich und der pädagogischen Strategie hier eine explizite symbolische Repräsentation des Wissensstandes Lernender zugrunde liegt (vgl. Bradáč & Kostolányová, 2016). Das System eines ITS besteht somit aus einem Wissensmodell, welches den zu vermittelnden Themenbereich beherbergt (»domain model«), dem Modell des oder der Lernenden (»student model«; dieses wird sukzessive anhand der Daten Lernender aufgebaut und aktualisiert und enthält bspw. den vermuteten Wissensstand) sowie einem Modell über die pädagogisch-didaktische Wissensvermittlung (»tutor model«; Dermeval, Paiva, Bittencourt, Vassileva & Borges, 2018; Vandewaetere & Clarebout, 2014).

- Das *Wissensmodell* bzw. die Wissensbasis in ITS besteht aus einem umfangreichen Fundus an Materialien zu einem Wissensgebiet und ist in der Regel als

ExpertInnensystem aufgebaut. Sie enthält deklaratives und prozedurales Wissen, repräsentiert als semantische Netze und zugehörige Regeln. Als weitere Komponente in der Wissensbasis ist zusätzlich häufig die Speicherung heuristischen Wissens notwendig – Voraussetzung für die Vermittlung von Problemlöseprozessen bzw. deren Anwendung. Man unterscheidet zwischen dem Black-Box-Modell und dem Glass-Box-Modell, wobei gerade bei letzterem die Modellierung der Wissensbasis als ExpertInnensystem erfolgt und hierbei auch der Anspruch, das Problemlöseverhalten von ExpertInnen abzubilden, erhoben wird (vgl. Dermeval et al., 2018; Kulik & Fletcher, 2016).

- Das *Lernendenmodell* beinhaltet den Teil, der zur Analyse eines Lernvorganges benötigt wird. Hierbei besteht die schwierige Aufgabe darin, die Tätigkeiten und den Lernerfolg von NutzerInnen zu analysieren und entsprechend zu reagieren. Mögliche Aktivitäten können hier sein: die Korrektur einer von den Lernenden falsch ausgeführten Prozedur; die elaborative Vorgehensweise, um das vorhandene Wissen Lernender weiter auszubauen; das Wechseln der Lernstrategie; das Diagnostizieren der Vorstellungen der Lernenden; das Simulieren möglicher zukünftiger Schritte der Lernenden und die Evaluation des Lernprozesses von NutzerInnen.
- Das *Pädagogische Modell* oder *Tutormodell* als weitere Komponente soll das Vorgehen einer »Lehrkraft« simulieren. Hierzu zählen das Wissen und die Vorgaben für die Präsentation des Lerninhalts, Entscheidungsprozesse bzgl. pädagogischer Interventionen und die Generierung adäquater Instruktionen.

Diese letzte hier aufzuführende Komponente betrifft also das »Verhalten« eines ITS gegenüber den Lernenden. Eine häufig verwendete Methode ist der »sokratische Dialog«. Hier werden Lernende immer wieder dazu aufgefordert, neue Probleme zu lösen, bzw. über diese und die bereits gelösten Probleme zu reflektieren. Eine andere Möglichkeit ist der optionale Aufruf einer Hilfe, bei der das Programm als »Coach« eingreift, wenn Lernende etwa eine Aufgabe nicht lösen können. Es gibt Systeme, die ständig in das Geschehen eingreifen und die Lernenden dazu auffordern, bestimmte Aktionen durchzuführen, um dann auf Abweichungen vom ExpertInnenmodell schließen zu können (Learning by Doing). Und wiederum andere Programme bleiben stets im Hintergrund und geben nur ab und zu hilfreiche Tipps (Learning while Doing). In manchen Arbeiten (z. B. bei Dermeval et al., 2018) wird zusätzlich noch das Interface-Modell als weitere Komponente aufgeführt. Hierbei handelt es sich um die Modellierung dessen, was Nutzende tatsächlich zu sehen bekommen, bzw. wie sie mit dem Programm interagieren können.

Das Grundprinzip von ITS ist dabei im Wesentlichen die kontinuierliche Erfassung von Lerndaten (*Data Mining*; vgl. Vandewaetere & Clarebout, 2014), deren automatisierte Auswertung und darauf aufbauend auch die Anpassung des Systems an die Eigenschaften der Lernenden zum bestmöglichen Erreichen der Lernziele bzw. zur Unterstützung in den erfassten Bereichen.

Es gab und gibt verschiedene Umsetzungen von ITS (eine Metaanalyse mit verschiedenen Systemen findet sich bei Kulik & Fletcher, 2016). Folgende Beispiele zeigen unter anderem aktuellere Implementierungen aus unterschiedlichen Bereichen.

Beispiel: Zwei mögliche Umsetzungen von ITS

Das »Feedbook« beispielsweise ist ein webbasiertes ITS für Englisch als Fremdsprache (Meurers, De Kuthy, Nuxoll, Rudzewitz & Ziai, 2019). Das System kann Grammatik und Semantik bzw. Fehler erkennen und gibt individualisiertes Feedback und Unterstützung an Lernende weiter.

Das System »MetaTutor« ist ein ITS, bei welchem metakognitive Prozesse von Lernenden analysiert und durch intelligentes Feedback optimiert werden (Azevedo & Chauncey Strain, 2011; Trevors, Duffy & Azevedo, 2014).

Neben ITS sind auch adaptive Hypermedien ein Beispiel für die Umsetzung von Mikro-Adaption in digitalen Lernumgebungen. Dabei handelt es sich um eigentlich nicht-lineare Informationsangebote, die sich an das Verhalten von Benutzenden anpassen können. Konkret wird dabei etwa auf Basis des Suchverhaltens oder der Auswahl an Hyperlinks ein User-Modell generiert, auf Basis dessen sich das System entsprechend anpasst. Darauf aufbauend können etwa spezielle Informationen ein- oder ausgeblendet werden, bzw. unterschiedliche Hyperlinks zur Verfügung gestellt werden (vgl. Brusilovsky & Millán, 2007). Gerade im Online-Marketing und Verkauf ist diese Anpassung an potenzielle KundInnen mittlerweile ein Standard und wird kontinuierlich weiterentwickelt. Bei digitalen Lehr-Lernsystemen erfolgt zumeist eine Anpassung der Inhalte (auch als curriculare Sequenzierung bezeichnet), eine adaptive Anpassung einzelner Informationsknoten oder eine adaptive Navigationsunterstützung (einen Überblick über diese und andere Ansätze geben etwa Brusilovsky & Peylo, 2003). Bei der curricularen Sequenzierung können je nach Bedarf Teile eines Hypermediasystems ein- oder ausgeblendet werden. So ist eine Anpassung an spezifische Lernziele oder auch Interessen seitens Lernender möglich. Bei der adaptiven Anpassung einzelner Informationsknoten können ebenfalls je nach Art der gewünschten Adaptation spezifische Informationen ein- oder ausgeblendet werden, bzw. auch unterschiedliche Visualisierungen erfolgen. Die Navigationsanpassung ermöglicht es beispielsweise, unterschiedliche Verknüpfungen zu nutzen (etwa das Anbieten vertiefender, also elaborativer Hyperlinks bei fortgeschrittenen Lernenden; vgl. auch Papadimitriou, Grigoriadou & Gyftodimos, 2008; Ghali & Cristea, 2009). Im Gegensatz zum Online-Marketing lässt sich hinsichtlich der Verbreitung von adaptiven Hypermedien im Bildungsbereich allerdings nüchtern konstatieren, dass es keine wirklich nennenswerten Umsetzungen in der Praxis gibt. Im Wesentlichen handelt es sich bei den verschiedenen Systemen um Ansätze, die außerhalb der Forschung und Entwicklung nie wirklich zum Einsatz kommen. Bei tutoriellen Systemen ist dies etwas anders: Hier haben die ersten Prototypen tatsächlich die Forschungseinrichtungen verlassen und auch Marktreife erlangt. Entsprechend finden sich auch einige Belege dafür, dass die Gestaltung adaptiver Lernangebote hinsichtlich ihrer Effektivität vielversprechend ist.

2.5 Adaptivität und Lernen

Die Bewertung des Erfolgs adaptiver digitaler Lernangebote kann insbesondere an Studien zum Einsatz von ITS illustriert werden. So zeigt die Metaanalyse von Kulik und Fletcher (2016) im Vergleich zu anderen Lehr- und Lernformen deutliche Effekte digitaler ITS. Die AutorInnen untersuchten insgesamt 50 Studien. In 46 dieser Studien führte der Einsatz von ITS zu besseren Leistungen als in Kontrollgruppen, wobei dieser Unterschied in 39 der 50 Studien substanziell war. Es zeigte sich dabei ein Median-Wert von 0.66 bei der Effektstärke (d. h. die Effektivität von ITS liegt nach dieser Studie im mittleren bis hohen Bereich). Andere Studien kommen hinsichtlich der Effektivität von ITS zu nicht ganz so vielversprechenden Werten. Die Metaanalyse von Steenbergen-Hu und Cooper (2013) untersuchte 26 Studien zum Einsatz von ITS im Bereich Mathematik für die Sekundarstufe. Dabei fanden sie verglichen mit konventionellen Unterrichtsformen lediglich geringe bis moderate positive Effekte. Allerdings konnten die VerfasserInnen zwei Mediatoren identifizieren: Die Effektivität von ITS ist größer, wenn sich die Nutzung in einem Zeitraum von weniger als einem Jahr bewegt, und wenn vor allen Dingen eine hinsichtlich ihrer mathematischen Kompetenzen heterogene Gruppe von Lernenden untersucht wird. Bei Lernenden mit hohem Förderbedarf scheinen ITS weniger effektiv zu sein. Eine allgemeinere Metaanalyse von Ma, Adesope, Nesbit und Liu (2014) konnte dagegen zeigen, dass ITS zu signifikant besseren Lernresultaten führen als konventioneller Unterricht, als nicht-intelligente Lernsoftware und als Schulbücher oder Texte. Allerdings konnten die AutorInnen keinen Unterschied im Vergleich zu individuellen menschlichen TutorInnen oder Kleingruppenunterricht finden. Zu vergleichbaren Ergebnissen kommt auch eine weitere Metaanalyse von Steenbergen-Hu und Cooper (2014), bei denen unterschiedliche ITS-Angebote im universitären Bereich untersucht wurden. Während die bereits skizzierten Analysen geringe bis mittlere Effekte zugunsten der Verwendung von ITS berichten, kommt VanLehn (2011) zu eher großen Effektstärken, welche mit der Wirksamkeit bei individuellem menschlichen Tutoring vergleichbar sind (vgl. auch du Boulay, 2016). Auch in der Studie von Olney et al. (2012) konnte gezeigt werden, dass ein ITS aus dem Bereich Biologie in der Sekundarstufe zu vergleichbaren Lernleistungen führte wie individueller Einzelunterricht, und dass beide dieser Formen deutlich besser abschnitten als konventioneller Unterricht in der Klasse.

In der Studie von Duffy und Azevedo (2015) mit dem System »MetaTutor« konnte gezeigt werden, dass die intelligente Anpassung an Eigenschaften von Lernenden und, darauf aufbauend, die gezielten Fördermaßnahmen des Systems hinsichtlich selbstgesteuerten Lernens zu gesteigerten Lernleistungen führten. Das System selbst erkennt dabei das Lernverhalten von Personen und kann durch metakognitive Unterstützung in Form von Prompts die Lernenden hinsichtlich ihrer Lernstrategien adaptiv mit Hilfe Pädagogischer AgentInnen unterstützen (▶ *Kap. 3*). Zudem konnte gezeigt werden, dass auch motivationale Aspekte eine Rolle spielen, da Lernende mit hoher Leistungszielmotivation und adaptiver Unterstützung die besten Ergebnisse erzielten.

2 Interaktivität und Adaptivität

Zusammenfassung und Fazit

Die Gestaltung digitalen Lernens bietet im Vergleich zu analogen Medien insbesondere zwei zentrale Vorteile: Sie können interaktiv und adaptiv gestaltet werden. Beides sind effektive Gestaltungsprinzipien, um sowohl motivationale, kognitive und metakognitive Prozesse zu unterstützen. Interaktivität bildet dabei die Grundlage dafür, dass Adaptivität erst erfolgen kann. Erst die Möglichkeit von Lernenden, mit einem System zu interagieren, führt zu Daten, welche aufgezeichnet, ausgewertet und in Form von Anpassungen und Rückmeldungen durch das System verwendet werden können. Zentral dabei sind aus motivationaler Sicht das Erleben von Selbstwirksamkeit, also der Erfahrung, dass man aktiv etwas machen kann und dies zu Reaktionen eines Systems führt. Dieses aktive Lernen kann dabei nicht nur motivational-positive Effekte mit sich bringen, sondern auch zu einer vertieften Auseinandersetzung mit etwaigen Lerngegenständen führen. Auf Ebene der Adaptivität zeigen verschiedene Studien, dass hinsichtlich der Inhalte, auf deren Basis adaptiert wird, durchweg mittlere bis große Effekte zugunsten der Lernenden erzielt werden, und dass zum Teil vergleichbare Ergebnisse wie bei einer 1:1-Betreuung durch einen Menschen resultieren. Die Anpassung an die Eigenschaften Lernender ist insbesondere dann wichtig, wenn eine heterogene Zielgruppe mit einer bestimmten instruktionellen Maßnahme angesprochen werden soll. Offensichtlich wird dieser Bedarf besonders dann, wenn die Lernenden im zeitlichen Verlauf einer Unterrichtsmaßnahme »den Anschluss« verlieren. Gerade im schulischen Bereich versucht man dieser Problematik mittels eines binnendifferenzierten Unterrichts zu begegnen, was allerdings häufig und nicht zuletzt an organisatorischen Rahmenbedingungen wie Klassengröße, zeitlichen Vorgaben und anderen Faktoren scheitert. Angehen kann man das Problem mit adaptiven Lernumgebungen, die sich den unterschiedlichen Voraussetzungen und Eigenschaften der Lernenden anpassen. Dabei stehen verschiedenste Methoden und Ansätze zur Verfügung, welche teilweise noch in der Entwicklung stehen (wie etwa adaptive, webbasierte Hypermedien). Ein zentraler Konflikt im Rahmen der Adaptivität resultiert aus der Frage nach der Balance zwischen der Freiheit Lernender und der Systemkontrolle. Gerade bei geringem Vorwissen und geringen Kompetenzen im selbstgesteuerten Lernen kann ein erhöhtes Maß an Systemkontrolle Vorteile für Lernende mit sich bringen. Mit zunehmenden Kompetenzen in diesen Bereichen kann die Systemkontrolle zugunsten einer größeren Freiheit der Lernenden reduziert werden. Dieser Prozess lässt sich durch Adaptation automatisieren. Schaut man etwas weiter weg von reinen Lehr-Lernszenarien, dann spricht gerade der Erfolg von Computer- und Videospielen (messbar etwa an Umsatzzahlen der Branche oder auch Nutzendenzahlen; vgl. MPFS, 2019) eindeutig für die interaktive und adaptive Gestaltung digitaler Medien und – auch im Bereich der Bildungsmedien.

3 Lernen mit Multimedia

In den frühen Phasen des E-Learning war die Verbreitung von Lernsoftware meist noch über Datenträger – und nach und nach auch über das Internet – die gängige Praxis. Aus dieser Phase stammen Bezeichnungen wie die des » Multimedia Personal Computer«, obwohl es sich dabei strenggenommen nicht um multiple Medien handelte, sondern vielmehr um ein Medium (den Computer). Allerdings beinhaltete diese Bezeichnung zumeist den Hinweis darauf, dass die Hardware dazu in der Lage ist, Bilder, Töne und Videos wiederzugeben. Dies entspricht also einer technischen Beschreibung, welche mittlerweile bei verfügbaren digitalen Geräten vorausgesetzt wird. Dennoch birgt selbige Beschreibung durchaus noch Implikationen für die heutige Verwendung dieses Begriffs, indem nämlich verschiedene Darstellungsformen kombiniert dargestellt werden können. Anstatt also von »multiplen« Medien zu sprechen, bietet sich hier eher eine Differenzierung zwischen unterschiedlichen Formen der Darstellung an, die hinsichtlich ihrer Modalität (also die involvierte Sinnesmodalität; z. B. visuell und/oder auditiv, gesprochene vs. geschriebene Sprache) und/oder ihrer Kodalität (die Art, wie eine Information »verschlüsselt«, bzw. repräsentiert wird; z. B. Text vs. Bild) unterschieden werden können (▶ Tab. 3.1).

Tab. 3.1: Multimedialität, Multikodalität und Multimodalität

Kombinationsform	Multimedial	Multimodal	Multikodal
Beispiele	Lehrbuch Computer Tafel Videofilm	Sprache Gedruckter Text Videofilm	Bild Text Gesprochener Text Videofilm

Erst die gleichzeitige Verwendung einzelner Elemente der geschilderten Beispielkombinationen führt zum Attribut »Multi«. Dabei muss keinesfalls immer eine neue Informations- und Kommunikationstechnologie zur Verwendung kommen. Bereits Studierende, die einer Vorlesung im Hörsaal folgen und dabei Annotationen im Begleitskript machen, betreiben multimediales Lernen. Die Lehrperson, die an die Tafel schreibt und das Geschriebene gleichzeitig vorliest, praktiziert multimodales Lehren. Das Schulbuch, das eine Abbildung enthält, die im begleitenden Text beschrieben ist, gilt bereits als Beispiel für ein multikodales Lehrmedium. Der Vorteil digitaler Medien gegenüber traditionellen Medien liegt dabei in der simultanen Integration multimodaler und multikodaler Informationen innerhalb eines Medium. Wie im vorangegangenen Kapitel beschrieben, können digitale Medien gegenüber traditionellen, vorwiegend starren Medien anhand interaktiver und adaptiver Funktionen auch flexibler gehandhabt werden (▶ Kap. 2).

Mit der Bezeichnung »Multimediales Lernen« (Multimedia Learning) verwendet auch Mayer (2014a) einen einfachen Zugang: Multimedia ist ihm zufolge die Kombination aus Worten und Bildern. Dabei können Worte in geschriebener oder in gesprochener Form präsentiert werden, Bilder statisch (Fotos, Diagramme, Zeichnungen etc.) oder dynamisch (z. B. Videos oder Animationen). Insbesondere die Analyse solcher Kombinationen, die in Forschungskontexten üblicherweise in digitaler Form präsentiert werden, steht im Zentrum der Forschung zu multimedialem Lernen. Dabei werden in erster Linie kurzfristige Effekte untersucht, bei denen die spezifischen Eigenschaften der menschlichen Informationsverarbeitung, insbesondere die des Arbeitsgedächtnisses, eine zentrale Rolle spielen. Diese werden im folgenden Abschnitt näher beschrieben.

3.1 Kognitive Grundlagen des Lernens mit Multimedia

Bei jeder Form der Informationsverarbeitung und -speicherung spielen die Besonderheiten unseres Gedächtnisses eine zentrale Rolle. Zur Frage, wie unser Gedächtnis aufgebaut ist und funktioniert, wurden in den vergangenen Jahrzehnten unterschiedliche Modelle in der Kognitionswissenschaft und kognitiven Psychologie entwickelt und getestet. Dabei kann grob zwischen »Einspeichermodellen« und »Mehrspeichermodellen« unterschieden werden (einen Überblick geben Zoelch et al., 2019). Insbesondere beim Lernen mit Multimedia greifen viele Forschungsarbeiten auf das Mehrspeichermodell des Gedächtnisses nach Atkinson und Shiffrin (1968) zurück und fokussieren hier insbesondere die Eigenschaften unseres Arbeitsgedächtnisses und dessen Interaktion mit dem Langzeitgedächtnis.

Nach diesem Modell besteht das menschliche Gedächtnis aus drei Instanzen, in denen Informationen aufgenommen und verarbeitet werden, und in welchen die Grundlage für die Speicherung von Wissen geschaffen wird (▶ Abb. 3.1). Sind Informationen aus der »realen Welt« über unsere Sinne im Sensorischen Register gelandet, bedarf es Prozessen der Aufmerksamkeit, um sie in unser Arbeitsgedächtnis zu überführen. Ist diese Hürde überwunden, beginnt in unserem Arbeitsgedächtnis der eigentliche Prozess der Informationsverarbeitung. Erfolgreich verarbeitet steht einer dauerhaften Speicherung von Information im Langzeitgedächtnis eigentlich nichts im Wege, allerdings ist der »Erfolg« der Informationsverarbeitung von vielen Faktoren abhängig. Diese machen das Arbeitsgedächtnis so interessant für Fragen der Wissensvermittlung und die zugehörige Forschung. Seit den grundlegenden Arbeiten von Miller (1956) wird angenommen, dass die Kapazität hinsichtlich Informationen, die gleichzeitig im Arbeitsgedächtnis behalten werden können, ab einem Alter von elf Jahren etwa sieben plus/minus zwei

3.1 Kognitive Grundlagen des Lernens mit Multimedia

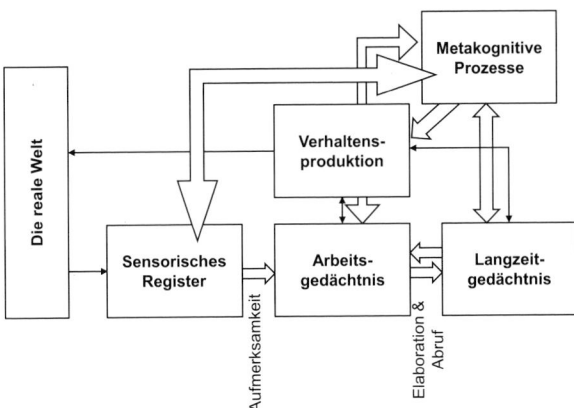

Abb. 3.1: Vereinfachtes Mehrspeichermodell des Gedächtnisses nach Atkinson und Shiffrin (1968)

der Informationseinheiten entspricht (so kann man – sofern man sich Ziffer für Ziffer merkt – Telefonnummern mit sieben Ziffern leichter im Gedächtnis behalten als Nummern mit zehn Ziffern). Etwa vier dieser Informationseinheiten können nicht nur im Speicher behalten, sondern auch aktiv verarbeitet werden (Cowan, 2001). Allerdings ist der Begriff der Informationseinheiten hier nicht einzelnen Informationen gleichzusetzen. In Abhängigkeit vom Vorwissen können einzelne Informationen zu übergeordneten Einheiten (sog. Chunks) zusammengefasst werden. Auf diese Weise kann die Speicherkapazität unseres Arbeitsgedächtnisses besser ausgenutzt werden. So müssen sich erfahrene SchachspielerInnen beispielsweise nicht mehr die Stellung einzelner Figuren auf einem Schachbrett merken, sondern können die Gesamtkonstellation oder Teile davon als einzelne Muster erkennen bzw. abspeichern und auch aus dem Langzeitgedächtnis abrufen (vgl. Gruber, Scheumann & Krauss, 2019).

Werden Informationen erfolgreich weiter ausgearbeitet sowie verarbeitet (z. B. durch Elaboration), dann können diese erfolgreich und dauerhaft im Langzeitgedächtnis gespeichert und auch abgerufen werden. Durch einen entsprechenden Abruf können diese Informationen dann wieder ins Arbeitsgedächtnis überführt werden und so zur Produktion von Verhalten beitragen. Über diese verschiedenen Prozesse der Informationsverarbeitung können sog. Metakognitionen Einfluss auf das Lernen nehmen. Metakognitive Prozesse helfen dabei, die eigentliche Informationsverarbeitung zu planen, zu steuern und zu überwachen bzw. zu bewerten. Beispiele für solche metakognitiven Prozesse sind die bewusste Steuerung der eigenen Aufmerksamkeit, das Wissen und die Nutzung spezifischer Lernstrategien oder die Überprüfung des eigenen Verständnisses und Fortschritts beim Lernen (vgl. Nett & Götz, 2019).

Der Einfluss des Vorwissens, also der Einfluss von Inhalten des Langzeitgedächtnisses auf das Arbeitsgedächtnis, ist nicht die einzige Besonderheit, auf die bei der Gestaltung (multimedialen) Lernmaterials besondere Rücksicht genommen werden muss. Ansätze und Theorien zur Speicherung von propositionalen und analogen Informationen in unserem Gedächtnis legen nahe, dass verschiedene Kodierungen und Modalitätsformen unterschiedlich verarbeitet werden. In den folgenden Abschnitten werden Effekte, Modelle und Theorien vorgestellt, die bestimmte Aspekte der Funktionsweise unseres Arbeitsgedächtnisses aufgreifen und Bezug auf unterschiedliche (Re-)Präsentationen von Informationen nehmen. Auf Basis dieser Theorien werden anschließend verschiedene Prinzipien dargestellt und erläutert, die im Bereich des multimedialen Lernens als durch Befunde gesichert gelten.

3.1.1 Informationsverarbeitung und Arbeitsgedächtnis

Beim Lernen müssen Informationen aufgenommen und verarbeitet werden. Dabei durchlaufen diese Informationen die verschiedenen Instanzen unseres Gedächtnisses bzw. werden dort dauerhaft gespeichert oder abgerufen. Wie bereits skizziert, werden die Informationen, die wir mit unseren Sinnesmodalitäten aufgenommen haben, zunächst ins *Sensorische Register* übertragen und (sehr) kurzzeitig (im Bereich weniger hundert Millisekunden) gespeichert; die Kapazität dieses Speichers wird als sehr groß angenommen (vgl. Pastötter, Oberauer & Bäuml, 2018). Durch Selektionsprozesse, die durch die Aufmerksamkeit bedingt sind, werden ausgewählte Informationen ins *Arbeitsgedächtnis* überführt, in welchem die eigentliche Informationsverarbeitung im engeren Sinne stattfindet. Werden die Informationen hier weiterverarbeitet, so können sie dauerhaft im *Langzeitgedächtnis* gespeichert werden (vgl. Atkinson & Shiffrin, 1968; Shiffrin, 1977). Gerade das Arbeitsgedächtnis weist einige Besonderheiten auf, die beim Lernen mit multimedialen Lernangeboten, bei deren Gestaltung wie auch bei der Forschung in diesem Bereich berücksichtigt werden müssen. Zum einen ist die Kapazität des Arbeits- bzw. Kurzzeitgedächtnisses sowohl zeitlich als auch bezogen auf den Umfang begrenzt (s. o.). Das Arbeitsgedächtnis ist kein isoliertes System, sondern steht in direkter Interaktion mit dem Langzeitgedächtnis. Dies betrifft einerseits Informationen, die vom Kurzzeitgedächtnis an das Langzeitgedächtnis überführt und dort in Form von *Propositionen*, *Schemata*, *Skripts* oder *mentalen Modellen* gespeichert werden (einen Überblick geben z. B. Nückles & Wittwer, 2014; Zoelch et al., 2019). Andererseits nimmt das Vorwissen der Lernenden erheblichen Einfluss auf die Menge an Information, die tatsächlich im Arbeitsgedächtnis behalten und verarbeitet werden kann. Durch Prozesse des *Chunkings* werden einzelne Informationen zu übergeordneten Informationseinheiten zusammengefasst (vgl. Miller, 1956). Diese Gruppierung lässt nicht zu, dass die Kapazitätsgrenze überschritten wird, d. h., dass die simultan verarbeitbare Anzahl der Elemente (oder Chunks) nach wie vor begrenzt bleibt. Allerdings ist der Umfang der innerhalb dieser Chunks enthaltenen Informationen offen (vgl. Pastötter et al., 2018). Der Einfluss des Vorwissens – und damit des Prozesses der effektiveren Nutzung der begrenzten Ressourcen – wird auch in der Cognitive Load Theory adressiert (Paas & Sweller, 2014; Sweller, 1999).

Die *Cognitive Load Theory* unterscheidet in ihrer ursprünglichen Version zwischen zwei Arten der kognitiven Belastung, mit der das Arbeitsgedächtnis während der Informationsverarbeitung konfrontiert wird: *Intrinsic Cognitive Load* und *Extraneous Cognitive Load* (Sweller, van Merriënboer & Paas, 1998). Der Intrinsic Cognitive Load resultiert aus der sogenannten Element Interactivity, d. h. dem Ausmaß, mit dem einzelne Informationseinheiten im Arbeitsgedächtnis parallel gehalten werden müssen und nicht in übergeordnete Chunks gruppiert werden können. Von den Unterrichtenden oder den für die Gestaltung von Lernmaterial Verantwortlichen kann diese Form der kognitiven Belastung nicht direkt beeinflusst werden, weil sie vom Vorwissen Lernender abhängt. Der Extraneous Cognitive Load bezeichnet jene kognitive Belastung, die *zusätzlich* zum Intrinsic Cognitive Load auftritt und aus der Gestaltung von Lernumgebungen resultiert.

Exkurs: Das Dual-Task-Paradigma

Ein klassisches Beispiel zur Erhöhung des Extraneous Cognitive Load ist das *Dual-Task-Paradigma* (Bahrick, Noble & Fitts, 1954): Während eine Aufgabe bearbeitet wird, soll eine weitere behandelt werden. Müssen Lernende beispielsweise ein Arbeitsblatt bearbeiten, während eine Person parallel dazu zusätzliche Informationen bietet, die nichts mit dieser Aufgabe zu tun haben, kann dies ungünstige Auswirkungen haben. Es besteht die Gefahr, dass eine der beiden Aufgaben (Arbeitsblatt bearbeiten oder zusätzliche Ausführungen) schlechter bearbeitet wird, oder dass sogar die Ergebnisse beider Aufgaben schlechter ausfallen, als wenn diese aufeinander folgen. Die Ursache liegt hierbei darin, dass die Kapazität des Arbeitsgedächtnisses ggf. nicht ausreicht, um beide Informationen gleichzeitig zu verarbeiten.

Nicht immer ist eine Belastung des Arbeitsgedächtnisses mit Nachteilen verbunden: Insbesondere dann, wenn Prozesse der Schemaaktivierung und der Verknüpfung neuer Informationen an bereits vorhandenes Vorwissen im Arbeitsgedächtnis stattfinden, spricht man von einer lernförderlichen kognitiven Belastung, dem *Germane Cognitive Load* (vgl. Kirschner, 2002; Pass & Sweller, 2014). Da sowohl der Intrinsic Cognitive Load als auch der Germane Cognitive Load wesentlich durch das Langzeitgedächtnis bedingt werden, ist eine Interaktion zwischen beiden Arten der Belastung anzunehmen (vgl. Brünken, Plass & Moreno, 2010) bzw. eine Differenzierung schwierig. Prinzipiell könnte eine gemeinsame Art der kognitiven Belastung postuliert werden, die hier als »Verarbeitungsbelastung« bezeichnet wird.

Neben diesen Besonderheiten – sowohl hinsichtlich der zeitlichen Kapazität des Arbeitsgedächtnisses als auch hinsichtlich dessen Speicherumfangs – sind in diesem Teil des menschlichen Informationsverarbeitungsapparates für das Lernen mit Multimedia vorrangig modalitätsspezifische Speichereigenschaften relevant. Verschiedene Modelle beschäftigen sich damit, wie das Arbeitsgedächtnis im Speziellen noch weiter analysiert und beschrieben werden kann (einen Überblick über verschiedene Modelle gibt Baddeley, 2012).

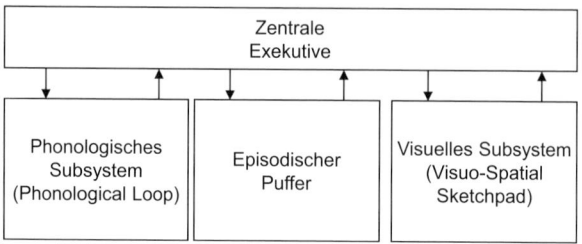

Abb. 3.2: Modell des Arbeitsgedächtnisses nach Baddeley (2012)

Ein prominentes Gedächtnismodell ist das von Baddeley (1998, 2012; Baddeley & Logie, 1999). Dabei werden im Arbeitsgedächtnis vier Instanzen angenommen (vgl. Zoelch et al., 2019): zentrale Exekutive, phonologisches Subsystem (»phonological loop«), visuelles Subsystem (»visuo-spatial sketchpad«) und episodischer Puffer (▶ Abb. 3.2). In der phonologischen Schleife werden akustische Informationen verarbeitet, im visuellen Subsystem visuell-räumliche Informationen wie beispielsweise Bilder oder Filme. Der episodische Puffer dient sowohl als verbindende Instanz zwischen den beiden Subsystemen und der zentralen Exekutive, als auch zur Integration von Informationen aus dem Langzeitgedächtnis (Hasselhorn & Gold, 2017; Zoelch et al., 2019). Die Subsysteme zur visuellen und phonologischen Verarbeitung werden weitgehend als voneinander unabhängig betrachtet, wobei verbale Informationen in Form von geschriebenen Texten zunächst im visuellen Subsystem verarbeitet und dann als auditive Informationen in der phonologischen Schleife weiterverarbeitet werden. Die zentrale Exekutive steuert und koordiniert die Ressourcen und Prozesse der Informationsverarbeitung in beiden Subsystemen. Allerdings ist die genaue Funktionsweise dieser zentralen Exekutive noch weitgehend unbekannt (vgl. Brünken, Seufert & Jänen, 2008; detaillierter werden Funktionsweise und Besonderheiten der Teilkomponenten bei Hasselhorn & Gold, 2017, beschrieben).

Aufgrund sowohl dieser modalitäts- und kodalitätsspezifischen Verarbeitung bestimmter Informationen wie auch der Besonderheiten unseres Arbeitsgedächtnisses hinsichtlich Funktion und Kapazität lassen sich einige Befunde der Lernforschung mit Multimedia erklären. Diese besonderen Effekte und Prinzipien werden in den folgenden Abschnitten vorgestellt.

3.1.2 Der Multimedia-Effekt: Speicherung von verbalen und bildhaften Informationen

Der *Multimedia-Effekt* besagt, dass die Kombination von verbalem und bildhaftem Modell zu einer erfolgreicheren Speicherung von Informationen führen kann, als wenn diese nur entweder bildhaft oder verbal erfolgt (vgl. Butcher, 2014). Dabei ist der Einsatz von Bildern durchaus eine beliebte und meist effektive Methode, wenngleich der Einsatz von Bildmedien wohlüberlegt sein sollte. So findet sich häufig die Aussage: »Ein Bild sagt mehr als 1 000 Worte.« Weidenmann (1997, S. 68) hält hier bereits fest, dass eine solche Aussage eher den »naiven Annahmen« über Lehren und Lernen zuzuordnen ist. Implizit wird hier gefordert, dass die Behaltensleistung beim Lernen mit Informationen unterschiedlicher Modalitäten und Kodierungsformen nach dem Prinzip »je mehr, desto besser« gesteigert wird. Diese naive Summierungstheorie (Ballstaedt, 1990, zit. n. Weidenmann, 1997) geht davon aus, dass beim reinen Lesen etwa 10 % des präsentierten Materials gespeichert werden, beim Hören 20 %, beim Sehen 30 %, beim kombinierten Hören und Sehen 50 %, beim Nacherzählen 70 % und beim eigenen Handeln etwa 90 %. Neben der Summierung spielt also auch die eigene Aktivität bei der Förderung der Behaltensleistung eine große Rolle. Dieser Speicher- bzw. *Bildüberlegenheitseffekt* (»visual dominance«; vgl. Posner, Nissen & Klein, 1976) mag auf den ersten Blick plausibel erscheinen, allerdings werden hier nur marginale und zudem sowohl empirisch als auch theoretisch nicht fundierte Aussagen über die reine Behaltensleistung getroffen. Tiefergehende Verstehensprozesse werden dabei nicht adressiert. Solche Annahmen sind schlicht den »Mythen« über Lehren und Lernen zuzuordnen (vgl. De Bruyckere et al., 2015, 2020). Anders verhält es sich bei der grundlegenden Arbeit von Larkin und Simon (1987). Auf Basis kognitiver Simulationen konnten die AutorInnen nachweisen, dass beim Lösen von Problemen Bilder gegenüber Texten Vorteile beim Abruf problemrelevanter Aspekte aufweisen. Bilder können schneller abgerufen werden als (propositionale Repräsentationen von) Text.

Im Gegensatz zu den bereits geschilderten Studien widmen sich weitere grundlegende Arbeiten, wie jene von Nelson (1979) oder Paivio (1971, 1978, 1983), nicht nur der ausschließlichen Nutzung von Text oder Bildmedien, sondern auch deren Kombination. Der Bildüberlegenheitseffekt wurde in diesen Arbeiten empirisch und theoretisch fundiert nachgewiesen. Die dabei zugrunde liegenden theoretischen Modelle wurden seitdem deutlich weiterentwickelt. Ein Befund Nelsons (1979) ist es, dass Bilder im Gegensatz zu deren verbalen Beschreibungen besser erinnert werden. So wurden Versuchspersonen Begriffe in Listen präsentiert – als Bild (z. B. das Bild eines Baumes) oder als geschriebenes Wort (z. B. »Baum«). Bei der Abfrage der Listen wurden die bildhaften Stimuli am besten wiedergegeben. Die Wortlisten mit konkreten Begriffen wurden wiederum besser rekonstruiert als Wortlisten mit abstrakten Begriffen (z. B. »Hass«). Paivio (1983) erklärt diesen Effekt anhand des *Modells der dualen Kodierung* mit zwei getrennten Gedächtnissystemen: einem sprachlichen und einem bildlichen Gedächtnissystem. Seiner Vorstellung nach werden Texte im sprachlichen und Bilder im bildlichen Subsystem gespeichert. Es kann zu einer Doppelkodierung kommen, wenn einfache und konkrete Bilder dargeboten werden, zu denen man sich leicht eine bildhafte Vorstellung aufbauen kann. Auf diese Weise findet hier eine Doppelkodierung statt, weil sowohl ein Konzept im sog. *imaginalen Speicher* als auch eines im *verbalen Speicher* repräsentiert wird. Bei konkreten Begriffen erfolgt diese Doppelkodierung nur teilweise, wenn Lernende im Einzelfall eine imaginale Repräsentation dazu aufbauen. Bei abstrakten Begriffen sollte keine Doppelkodierung stattfinden, da man sich von diesen Begriffen keine Vorstellung machen kann (▶ Abb. 3.3).

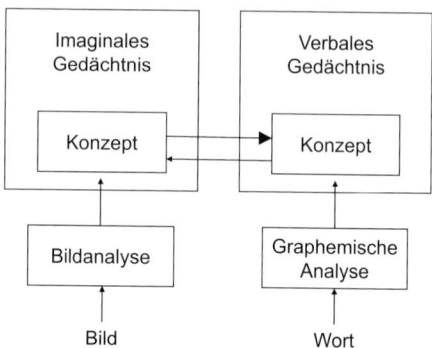

Abb. 3.3: Gedächtnissysteme nach Paivio (1978)

Weitere Ansätze und Modelle stehen dem Modell der dualen Kodierung etwas kritisch gegenüber (vgl. z. B. Engelkamp, 1990). So ist insbesondere die automatische Speicherung von Bildern im verbalen Gedächtnis (als sog. »Wortmarken« im Gegensatz zu »Bildmarken«; vgl. Leutner, Opfermann & Schmeck, 2014) zweifelhaft. Ein Erklärungsansatz für den Bildüberlegenheitseffekt ist, dass Bilder ganzheitlich verarbeitet und gespeichert werden, Worte jedoch eher sequenziell gespeichert und abgerufen werden. Aufgrund der begrenzten Kapazität unseres Arbeitsgedächtnisses bedingt Letzteres eine verminderte Leistung desselben.

Modelle zum multimedialen Lernen, wie das *Modell der Text- und Bildverarbeitung* von Schnotz (2005), berücksichtigen ebenfalls die Verarbeitung von bildhaftem und verbalem Material in unterschiedlichen Systemen unseres Gedächtnisses. Hier wird zwischen der analogen Speicherung von Informationen in Form mentaler Modelle und der propositionalen Speicherung von Informationen unterschieden. Abbildung 3.4 zeigt das grundlegende Modell.

Nach diesem Modell (▶ Abb. 3.4) erfolgt die Aufnahme von auditiven bzw. visuellen Informationen zunächst über unsere Sinnesmodalitäten (Augen und Ohren). Diese landen dann in den jeweiligen Sensorischen Registern (auditiv und visuell) und werden nach ihrer wahrnehmungsbedingten Oberflächenstruktur verarbeitet. Im Bereich der auditiven Informationen erfolgt eine akustische, nonverbale Merkmalsanalyse (z. B. Tonhöhe, Lautstärke, Klangfarbe etc.) und eine phonologische Analyse (auf der Bedeutungsebene; Semantik). Bereits in dieser Phase findet eine Konvertierung visuell-sprachlicher Informationen in (klangliche) Phoneme statt. Diese Prozesse auf Ebene der oberflächlichen Strukturverarbeitung führen zur weiteren Verarbeitung im Arbeitsgedächtnis. Dort werden die Informationen entsprechend als Geräuschmuster und als phonologisch-lexikalische Muster auf der auditiven Seite gespeichert, als graphemisch-lexikalische

3.1 Kognitive Grundlagen des Lernens mit Multimedia

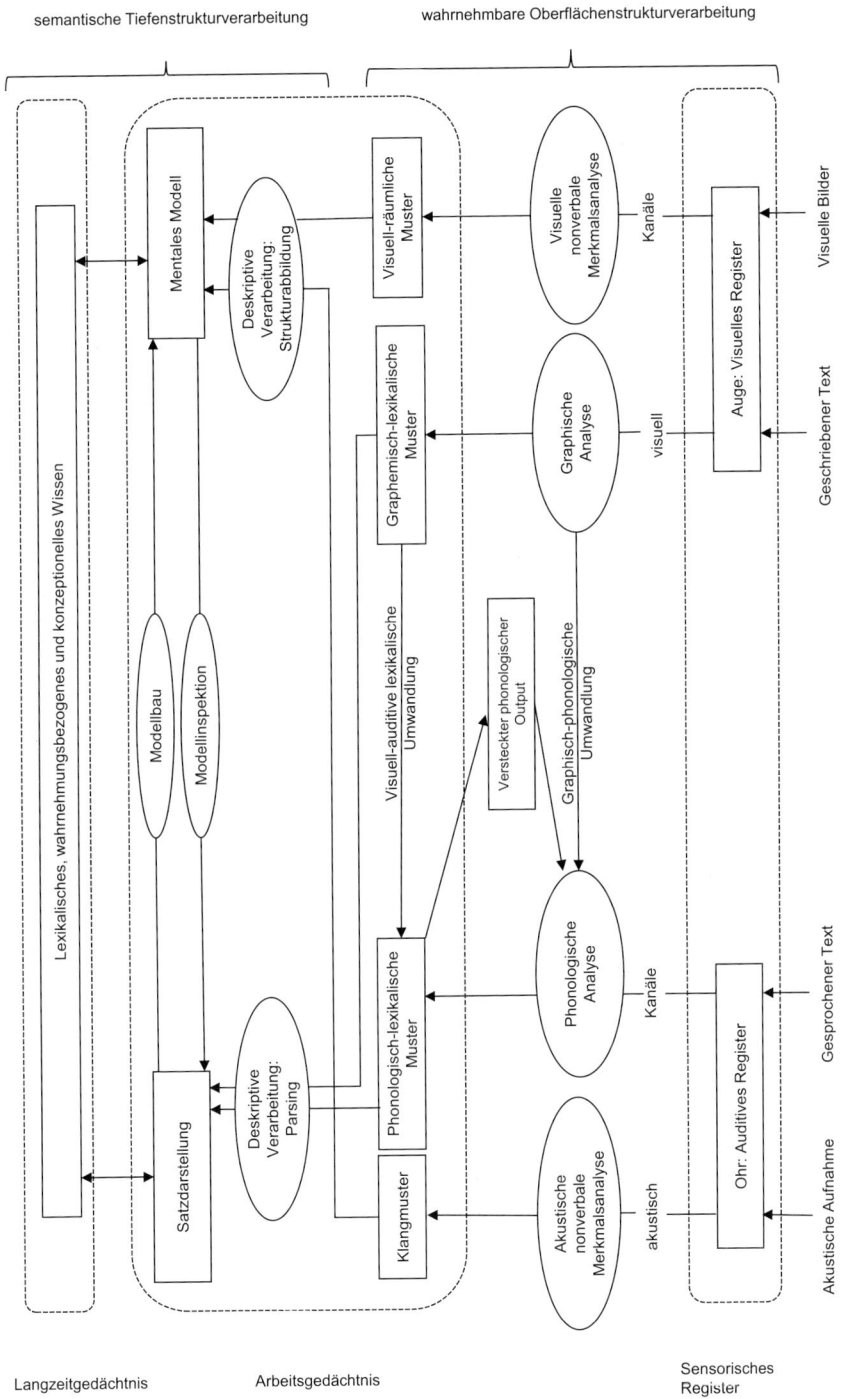

Abb. 3.4: Modell der Text-/Bildverarbeitung nach Schnotz (2014)

Muster und visuell-räumliche Muster auf der visuellen Seite. Auch dabei findet eine Konvertierung von visueller zu auditiver lexikalischer Information statt. Im Arbeitsgedächtnis endet die Verarbeitung bildhafter und verbaler Informationen schließlich mit einer propositionalen Repräsentation (Bedeutungsstruktur) und/oder einem mentalen Modell. Beide Modelle werden dabei überprüft und wechselseitig konstruiert (semantische Tiefenverarbeitung). Diese Informationen können dann im Langzeitgedächtnis gespeichert werden (als lexikalisches Wissen, Wahrnehmung und konzeptuelles Wissen), wobei auch die Informationen aus dem Langzeitgedächtnis wiederum die skizzierten Prozesse im Arbeitsgedächtnis beeinflussen.

Im Wesentlichen entspricht dieses Modell der dualen Kodierungstheorie, wobei Schnotz (2005) einen wesentlichen Unterschied sieht: »Contrary to the dual-coding theory, however, the framework assumes that multiple representations are formed both in text comprehension and in picture comprehension.« (S. 54) Im Gegensatz zur dualen Kodierung, die für bildhaftes Material lediglich bildhafte Speicherformen vorsieht, halten Schnotz und Bannert (2003) auch die bildhafte Speicherung von propositionalen Informationen für möglich, was bereits Nelson (1979) skizzenhaft angedeutet hat: »Encoding operations directed toward semantic features do not result in only semantic processing, and encoding operations directed toward sensory features do not result in only sensory processing.« (S. 72)

Schnotz und Bannert (2003) betonen zudem das *Vorwissen der Lernenden*. Sie kommen zu dem Ergebnis, dass Bilder nicht immer vorteilhaft sind, sondern im Sinne eines *Expertise-Reversal-Effekts* auch Modellbildungsprozesse beim Lernen mit Text-Bild-Kombinationen beeinträchtigen können. So können LeserInnen mit viel Vorwissen auf der Basis eines Textes ein aufgabenadäquates mentales Modell bilden. Wird nun zusätzlich ein Bild präsentiert, das nicht direkt den Anforderungen der Modellbildung entspricht, so kann es zu interferierenden Prozessen und letztlich zu verminderten Leistungen bei der aufgabenrelevanten Modellbildung kommen; d. h. der vermeintliche Bildüberlegenheitseffekt kann sich umkehren, wenn die gewählte Form der Visualisierung nicht den Anforderungen der zugrunde liegenden Aufgaben entspricht (vgl. Schnotz, 2005). Einen ähnlichen Effekt zeigen auch Roth und Bowen (2003), die untersucht haben, wie ExpertInnen bildhafte und textuelle Materialien zum Problemlösen nutzen. Sie kommen dabei zu dem Ergebnis, dass ExpertInnen bildhaftes Material dann intensiv nutzen, wenn sie mit den Inhalten der Abbildungen vertraut sind und über entsprechendes Vorwissen verfügen. Ist dies nicht der Fall, so werden die dem bildhaften Material zur Seite stehenden textuellen Informationen intensiver herangezogen und in einem wechselseitigen Prozess mit den Abbildungen zur Verständnisbildung verwendet.

Nicht nur das Vorwissen der Lernenden scheint eine Rolle bei der Verarbeitung bildhafter und textueller Informationen zu spielen, sondern auch die Frage der Kodalität von Abruffreizen. So untersuchten Brünken, Steinbacher, Schnotz und Leutner (2001), inwieweit die sich die *Kodalität von Lernmaterial* (Text vs. Bild) auf den Aufbau mentaler Modelle (hinsichtlich prozeduralen Wissens) und die damit verbundene Problemlösekompetenz auswirkt. Als Material diente ein

Lernprogramm zu Florenz und dessen kunsthistorischen Sehenswürdigkeiten, das mittels eines Computers realisiert wurde. In einer Bedingung wurden graphische Wegbeschreibungen vorgegeben, in einer anderen wurden diese textuell präsentiert. Es zeigten sich keine Effekte der Kodalität des Lernmaterials beim Erwerb deklarativen Wissens, also dem Wissen über die kunsthistorischen Informationen. Das prozedurale Wissen wurde mittels Textaufgaben zur Lokalisierung bestimmter Punkte in der Stadt geprüft. In graphischer Form wurden zudem Aufgaben zur Bestimmung der Himmelsrichtung präsentiert. Es zeigte sich, dass die Bedingung mit übereinstimmenden Kodalitäten jeweils die überlegene war. Die ProbandInnen in der Versuchsbedingung mit primär textbasiertem Lernmaterial konnten die Textaufgaben besser lösen, die Lernenden mit graphischem Lernmaterial die bildhaft visualisierten Testaufgaben. Dies kann als Indiz dafür gesehen werden, dass nicht nur die Kodierungsform des Lernmaterials über die Effektivität von Text- oder Bildmedien entscheidet, sondern auch die Abrufkodalität.

Die *Komplementarität* der dargebotenen Informationen bildet eine wesentliche Grundlage für den Multimedia-Effekt, also für die simultane und sich ergänzende Darstellung verbaler und bildhafter Informationen. Wenn sich die Informationen nicht ergänzen, sondern im Gegenteil eher voneinander ablenken, dann sind negative Konsequenzen zu erwarten (z. B. der Seductive-Details-Effekt; ▶ Kap. 3.2). Eine wesentliche Informationsquelle hinsichtlich des Multimedia-Effekts bilden die Arbeiten aus der Arbeitsgruppe um Richard Mayer (2001; vgl. auch Butcher, 2014; Fletcher & Tobias, 2005). Mayer untersuchte in seinen Arbeiten, wie sich die ausschließliche Präsentation von Text im Vergleich zu Text-Bild-Kombinationen auf den Aufbau von Wissensstrukturen auswirkt. Die Lernenden wurden in Vor- und Nachtests zur freien Reproduktion von Informationen zum Lerngegenstand aufgefordert (zumeist ging es dabei um physikalische Zusammenhänge), sowie in einer Transferaufgabe dazu angehalten, die Inhalte des Lerngegenstandes problemlösend einzusetzen. Die Ergebnisse zeigten deutliche Effekte zugunsten der *Kombination von Text und Bild* gegenüber der rein textlichen Darstellung. Darüber hinaus führten die Bild-Text-Kombinationen zu einer wesentlich besseren Problemlöseleistung als die ausschließliche Präsentation von Texten. Allerdings sind auch diese Befunde zu relativieren: Wenn die räumliche Distanz zwischen Bildmedien und den zugehörigen Texten zu groß wird, verschwinden etwaige positive Effekte.

> **Exkurs: Spatial Contiguity Principle und Temporal Contiguity Effect**
>
> Mayer (2005b, 2014b) betont die Bedeutung der räumlich benachbarten Anordnung von Bildern und den zugehörigen und korrespondierenden Texten, und bezeichnet dies als räumliches Kontiguitätsprinzip (*Spatial Contiguity Principle*). Dieses Prinzip besagt, dass Text und Bild (bzw. Animation) direkt aufeinander Bezug nehmen und dabei auch räumlich nahe beieinanderstehen sollten. Mayer (2005b) berichtet von verschiedenen Studien, in denen die Wirkung der räumlichen Nähe auf Wissenserwerbsprozesse untersucht wurde.

Alle Arbeiten zeigen Vorteile einer integrierten, räumlich benachbarten Darstellung von Text und Bild im Gegensatz zu einer verteilten Darstellung (z. B. Text am Seitenende, die zugehörige Abbildung am Seitenanfang; Bild und zugehöriger Text jeweils auf einer gesonderten Seite).

Exemplarisch für diese Studien ist jene von Moreno und Mayer (1999), die Wissen über das Entstehen von Blitzen vermittelte. Moreno und Mayer verglichen unterschiedliche Formen einer computerbasierten Animation. In einer Bedingung wurden die textuellen Informationen direkt an der jeweiligen Bezugsposition innerhalb eines Bildes lokalisiert. In einer zweiten Bedingung wurde der Text am Bildschirmende präsentiert, in einer dritten Bedingung auditiv wiedergegeben (▶ Abb. 3.5 für die erste und zweite Bedingung).

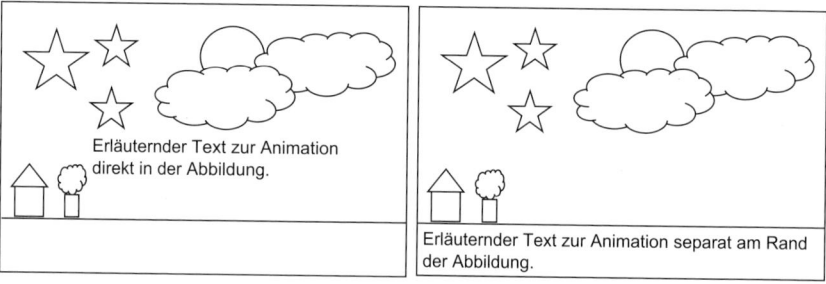

Abb. 3.5: Bild- und Textkombinationen in Anlehnung an Moreno und Mayer (1999)

Die Ergebnisse belegen, dass die integrierte Darstellung (räumliche Nähe zwischen Bildelementen und Text) zu besseren Leistungen führte als die räumliche Trennung von Bild und Text (▶ Abb. 3.5, rechts), und zwar hinsichtlich der freien Reproduktion von Wissen, vier Transferaufgaben und einer Zuordnungsaufgabe. Allerdings erbrachte bei allen dreien dieser abhängigen Maße die Kombination von gesprochenem Text und Abbildungen die besten Ergebnisse.

Die Resultate deuten darauf hin, dass es bei der räumlichen Trennung zwischen Text und korrespondierenden Bildstellen zu einer Teilung der Aufmerksamkeit kommen kann (sog. *Split-attention Effect*; vgl. Mayer, 2005b; Ayres & Sweller, 2014). Dieser Effekt lässt sich durch die Integration des geschriebenen Textes in die Bildteile, auf die er sich bezieht, vermeiden (d. h. durch räumliche Kontiguität).

In einem zweiten Experiment thematisierten Moreno und Mayer (1999; vgl. auch Mayer & Fiorella, 2014) die zeitliche Kontiguität (*Temporal Contiguity Effect*; also die zeitnahe Präsentation unterschiedlicher Kodalitäten). Hier wurde dieselbe Animation wie im ersten Experiment eingesetzt, wobei zusätzlich zu der zeitgleichen Präsentation von verbalem und piktoralem Lernmaterial nur die Sequenzierung variiert wurde. So wurden auditive und gedruckte Texte sowohl vor als auch nach der Animation präsentiert. Während es keinen statistisch bedeutsamen Hinweis auf den Temporal-Contiguity-Effekt gab, zeigte sich auch hier ein statistisch bedeutsamer Vorteil der Nutzung von auditiver Sprache in Kombination mit der Animation gegenüber geschriebenen Texten.

Die bisherigen Ausführungen beziehen sich nahezu ausschließlich auf die Nutzung von bildhaftem Material, von textuellen Informationen, die gelesen werden müssen, und auf deren Kombination. Eine weitere Besonderheit der Rezeption von bildhaftem und textuellem Lernmaterial ergibt sich, wenn als zusätzliche Modalität das Hören (z. B. bei Animationen) hinzukommt.

3.1.3 Der Modalitätseffekt: Speicherung von auditiven, verbalen und piktoralen Informationen

Ein integratives Modell, welches sowohl das Gedächtnismodell von Atkinson und Shiffrin (1968) als auch die unterschiedliche Verarbeitung verschiedener Modalitäten und Kodalitäten berücksichtigt, wird von Mayer (2001, 2005a, 2014b) vorgeschlagen (▶ Abb. 3.6). Mayer geht von den Annahmen des Modells nach Baddeley (1998; s. o.) aus, demzufolge für auditive und visuelle Informationen jeweils eine eigene Instanz im Arbeitsgedächtnis zuständig ist. Allerdings liegt hier keine absolute Trennung zwischen beiden Subsystemen vor. Es sind vielmehr Transformationen möglich, die es beispielsweise erfahrenen LeserInnen ermöglichen, die visuell wahrgenommenen textuellen Informationen in eine phonologische Repräsentation zu überführen. Umgekehrt können auditiv wahrgenommene Beschreibungen in eine bildhafte Repräsentation überführt werden (vgl. Mayer, 2014a). Entsprechend wurden in Abbildung 3.6 zusätzlich zum ursprünglichen Modell diese wechselseitigen Verbindungen hinzugefügt. Weitere Annahmen, auf denen das Modell beruht, sind die der begrenzten Speicherkapazität des Gedächtnisses und der Notwendigkeit von Aufmerksamkeitsprozessen bei der aktiven Verarbeitung von Informationen.

Das *Selektions-Organisations-Integrations-Modell* von Mayer (▶ Abb. 3.6) umfasst verschiedene Prozesse der Informationsverarbeitung, die mit der Aufnahme extern repräsentierter Informationen beginnen. Werden Lernende beispielsweise mit einer multimedialen Präsentation konfrontiert, die Abbildungen und zugehörige gesprochene Erläuterungen enthält, gestaltet sich dieser Prozess im Idealfall wie folgt: Zunächst werden die auditiven und piktoralen Informationen über die Wahrnehmungsorgane (Augen und Ohren) aufgenommen und im Sensorischen Gedächtnis gespeichert. Hier beginnt der erste notwendige aktive Schritt. Relevante Begriffe werden durch Aufmerksamkeitsprozesse zunächst selektiert und in symbolischer Form im Arbeitsgedächtnis repräsentiert. Ein weiterer Prozess betrifft die aufmerksamkeitsbedingte Selektion bestimmter Bildmerkmale (oder ggf. geschriebener Worte) und deren Repräsentation im Arbeitsgedächtnis. Hier kann es zum Übergang zwischen bildhafter und phonologischer Speicherung kommen, indem geschriebene Textmerkmale auch phonologisch kodiert

3 Lernen mit Multimedia

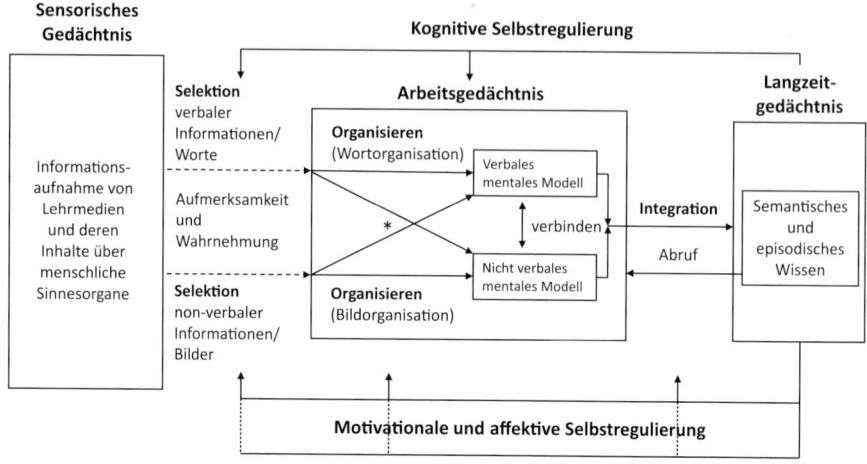

* Wechselseitige Überführung verbaler Informationen in bildhafte Modelle und bildhafter Informationen in verbale Modelle

Abb. 3.6: Ein integriertes Modell des Selektions-Organisations-Integrations-Modell nach Mayer (2014a), der Cognitive Affective Theory of Multimedia Learning (CATML; Moreno, 2006) und der dualen Kodierung.

oder Merkmale bildhaften Lernmaterials phonologisch enkodiert werden. In einem weiteren Schritt findet die Organisation dieser Informationen zu einem kohärenten Modell statt. Die Integration beider Modellrepräsentationen erfolgt dabei unter Einbezug des Vorwissens des oder der Lernenden.

In Abbildung 3.6 sind zudem neben kognitiven Informationsverarbeitungsprozessen auch noch affektive und motivationale Prozesse nach der *Cognitive Affective Theory of Multimedia Learning* (CATML; Moreno, 2006) abgebildet (nähere Erläuterungen dazu in ▶ Kap. 3.2). Anhand dieses Modells lässt sich erklären, weshalb kombinierte Kodierungsformen, wie Bildmedien und korrespondierende Texte, besser behalten werden können als reine Bild- oder Textinformationen. Beide Kodalitäten können jeweils als piktorales und/oder verbales Modell im Arbeitsgedächtnis verarbeitet und damit die begrenzten Kapazitätsressourcen besser ausgeschöpft werden. Was in dem ursprünglichen Modell allerdings fehlt und bei Schnotz (2014; ▶ Abb. 3.4) vorhanden ist, sind die Verbindungen zwischen den verbalen und bildhaften Repräsentationen: Diese können durchaus auch jeweils sowohl in ein verbales als auch in ein piktorales Modell überführt werden, unabhängig von der Modalität. Entsprechend ist in Abbildung 3.6 diese Wechselwirkung (*) dargestellt. Ein eigener Effekt stellt sich ein, wenn statt der geschriebenen Sprache auditive Informationen in Kombination mit Bildern präsentiert werden: der Modalitätseffekt.

Betrachtet man die bereits skizzierte Arbeit von Moreno und Mayer (1999), so zeigt sich ein Phänomen, das sich sowohl mit dem Modell von Mayer (2014a) als auch mit dem Gedächtnismodell von Baddeley und Logie (1999) erklären lässt:

der sog. *Modalitätseffekt*. In der Arbeit von Moreno und Mayer finden sich zwei Studien, die belegen, dass die Kombination von Bildern mit auditiv präsentierten Texten bei einem Lernprogramm zur Entstehung von Blitzen zu besseren Ergebnissen hinsichtlich Behaltensleistungen, Zuordnungsaufgaben und Transferaufgaben führt als die Kombination von Bildern mit geschriebenem Text. Eine Erklärung dafür findet sich in Baddeleys Modell: Die auditiven Informationen werden primär im phonologischen Subsystem verarbeitet, die bildhaften Informationen im Visuo-Spatial Sketchpad, also im visuellen Subsystem. Während demnach geschriebene Texte zunächst durch das visuelle System verarbeitet werden müssen, um dann phonologisch enkodiert zu werden, entfällt dieser Schritt bei auditiven Informationen. Daraus würde dann dementsprechend folgen, dass bei Kombination von auditiven mit visuellen Informationen die Kapazität des Arbeitsgedächtnisses besser ausgeschöpft wird als bei Informationen, die rein visuell vermittelt werden (eine Übersicht zu Befunden zum Modalitätseffekt geben Low & Sweller, 2005).

Allerdings muss – wie der Multimedia-Effekt – auch der Modalitätseffekt differenzierter betrachtet werden. In der Arbeit von Tindall-Ford, Chandler und Sweller (1997) wird von drei Experimenten zum Modalitätseffekt berichtet, bei denen rein visuelles Lernmaterial mit multimodalem Lernmaterial zum Thema Elektrizität (Bedienung eines Messgerätes; Lesen elektrischer Tabellen und Schaltkreiszeichen) verglichen wurde. Dabei konnten die AutorInnen zeigen, dass der Modalitätseffekt keinesfalls pauschal auftritt, sondern vom Vorwissen der Lernenden abhängt. Nur wenn der Intrinsic Cognitive Load durch das Lernmaterial aufgrund einer hohen Interaktivität der gleichzeitig im Arbeitsgedächtnis befindlichen Elemente hoch ist – wie bei geringem Vorwissen der Lernenden –, kommt es zu Einbußen bei der rein visuellen Verarbeitung von Informationen. Hier führt die multimodale Informationspräsentation dann tatsächlich zu verbesserten Lernleistungen. Ist die Interaktivität der gleichzeitig im Arbeitsgedächtnis befindlichen Elemente jedoch gering (ein hohes Vorwissen kann zu Chunking-Prozessen führen), ist auch der Intrinsic Cognitive Load gering und der Modalitätseffekt verschwindet. Eine hohe Auslastung der Kapazität des Arbeitsgedächtnisses scheint also Voraussetzung dafür zu sein, dass die multimodale Informationspräsentation tatsächlich einer unimodalen, rein visuellen Informationsdarbietung überlegen ist. Auch unter Aufgabenbedingungen, bei denen die Aufmerksamkeit geteilt werden muss (split-attention; vgl. Ayres & Sweller, 2014), zeigt sich der Modalitätseffekt, wohingegen er bei redundanter Information ausbleibt. Auch hier kann davon ausgegangen werden, dass die höhere Kapazitätsauslastung des Arbeitsgedächtnisses durch die Integration komplementärer, aber getrennt präsentierter Informationen (wie beim Split-Attention-Effekt, s. dazu ▶ Kap. 3.2) den Modalitätseffekt begünstigt. Werden die Informationen zwar getrennt, aber redundant präsentiert, verschwindet der Effekt (vgl. Low & Sweller, 2005).

Trotz teilweise überzeugender empirischer Nachweise des Modalitätseffekts (vgl. z. B. Low & Sweller, 2005; Low & Sweller, 2014) finden sich immer wieder Studien, welche diesen nicht replizieren konnten (z. B. Schmidt-Weigand, 2011; Tabbers & van der Spoel, 2011). Low und Sweller (2014) begründen den ausbleibenden Effekt damit, dass es in Situationen, in welchen das Lernmaterial zu komplex ist, zu einer Überlastung des Arbeitsgedächtnisses kommen kann. Aufgrund dieser Überlastung kann sich der Modalitätseffekt nicht einstellen, weil die Komplexität auch dazu führt, dass die auditiven Informationen nicht nachhaltig verarbeitet, sondern lediglich gehört und dann wieder vergessen werden (der sog. Transiency-Effekt; vgl. Leahy & Sweller, 2011). Entsprechend konnten Wong, Leahy, Marcus und Sweller (2012) in einer Studie zeigen, dass bei komplexeren Inhalten eine rein visuelle Informationspräsentation einer audiovisuellen Präsentation überlegen ist. Reduziert man den Umfang an Informationen, dann kehrt sich dieser Effekt um, und der Modalitätseffekt stellt sich ein.

Rummer, Schweppe, Scheiter und Gerjets (2008; vgl. auch Rummer, Schweppe, Fürstenberg, Scheiter & Zindler, 2011) üben aus einer theoretischen Perspektive heraus Kritik am Modalitätseffekt. Sie führen den Effekt nicht auf modalitätsspezifische Informationsverarbeitung im Arbeitsgedächtnis zurück, sondern nehmen vielmehr an, dass das Arbeitsgedächtnismodell von Baddeley kodalitätsspezifisch konzipiert ist. Folglich gehen sie davon aus, dass verbales Material unabhängig von der Darbietungsmodalität in der phonologischen Schleife verarbeitet wird. Somit werden etwa visuelle sprachliche Informationen mittels Rehearsal-Prozessen zuerst in den phonologischen Speicher eingelesen. Beim Modalitätseffekt geht man dagegen davon aus, dass visuelle sprachliche Informationen zuerst im visuell-räumlichen Notizblock (»Sketchpad«) verarbeitet werden, und dass ausschließlich die auditiv dargebotenen Informationen sofort in der phonologischen Schleife repräsentiert werden. Entsprechend dürfte bei auditiver Informationsdarbietung der visuell-räumliche Notizblock nicht beansprucht werden. Rummer et al. (2008) gehen des Weiteren davon aus, dass den eingehenden Informationen in die phonologische Schleife akustisch-sensorische und visuell-sensorische Repräsentationen vorgeschaltet sind, die nicht Teil des Arbeitsgedächtnisses, sondern des Sensorischen Registers sind. Als Konsequenz dieser Überlegungen ergibt sich, dass der Modalitätseffekt auf eine beschränkte visuelle Wahrnehmung zurückgeführt und grundlegend durch den Split-Attention-Effekt erklärt werden kann. Der höhere Lernerfolg durch die Verwendung akustisch-sensorischer Informationen lässt sich mit einem gedächtnispsychologischen Modalitätseffekt erklären, der auf einem Nachhall akustisch-sensorischer Informationen beruht. Der Effekt tritt unabhängig davon auf, ob ein reiner Text oder ein Text mit Bildern verarbeitet werden muss. Der Modalitätseffekt verschwindet entsprechend, wenn eine kombinierte, akustisch-visuelle Darbietung das Arbeitsgedächtnis überlastet (z. B. bei zu langen oder zu komplexen Texten, bei schematischen Darstellungen oder bei redundanter Information; vgl. Tindall-Ford et al., 1997).

> **Exkurs: Einspeichermodell nach Cowan (1999) bzw. Schweppe und Rummer (2014)**
>
> Es mehren sich kritische Ansätze zur theoretischen Begründung der Multimediaforschung, insbesondere der zugrunde liegenden Gedächtnistheorie. Einen dieser Ansätze präsentieren Schweppe und Rummer (2014). Anstatt mit dem Mehrspeichermodell des Gedächtnisses nach Atkinson und Shiffrin (1968) er-

klären sie die bereits skizzierten Effekte und Prinzipien multimedialen Lernens mit dem Gedächtnismodell von Cowan (1999), einem sog. Einspeichermodell des Gedächtnisses. Das Arbeitsgedächtnis wird hier als (Teil-)Aktivierung des Langzeitgedächtnisses verstanden. Zentral ist dabei der jeweilige Aufmerksamkeitsfokus einer Person, da dieser in genau diesem aktivierten Bereich des Langzeitgedächtnisses liegt und durch die zentrale Exekutive auch gesteuert wird (▶ Abb. 3.7).

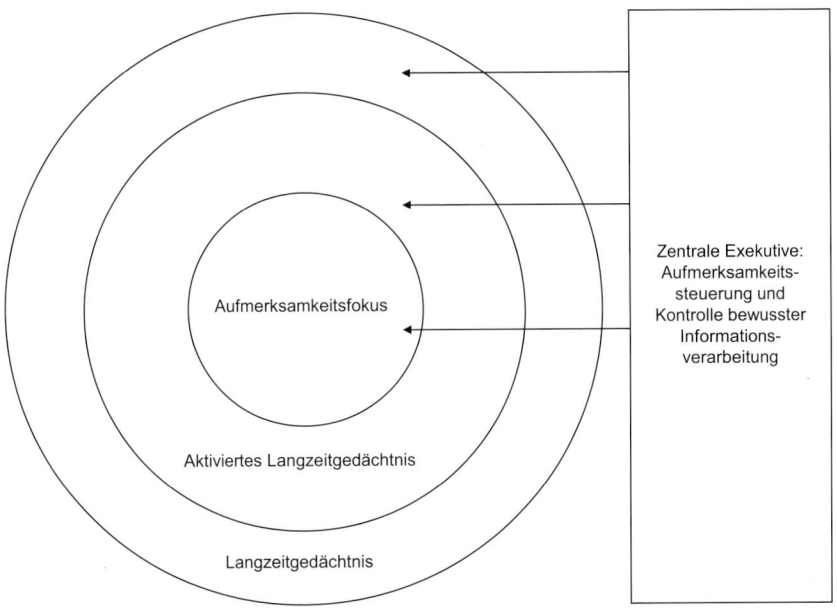

Abb. 3.7: Gedächtnismodell in Anlehnung an Cowan (1999; vgl. auch Schweppe & Rummer, 2014)

Der hierbei für die Informationsverarbeitung zentrale Prozess ist die Aufmerksamkeitssteuerung: Dort, wo die Aufmerksamkeit liegt, bzw. wo diese koordiniert wird, werden aktiv Informationen verarbeitet und gespeichert. Liegt die Aufmerksamkeit nicht direkt auf den zu verarbeitenden Informationen (z. B. durch geteilte Aufmerksamkeit oder durch Seductive Details), dann führt dies zu Einbußen bei der eigentlichen Informationsverarbeitung. Entsprechend kann mit diesem Modell auch die Cognitive Load Theory alternativ erklärt werden, da Extraneous Cognitive Load zu einer Aufmerksamkeitsreduzierung beiträgt, und die eigentliche Informationsverarbeitung (Verarbeitungsbelastung; ▶ Kap. 3.1) in aktivierten Bereichen des Langzeitgedächtnisses stattfindet. Noch wird dieses Modell als Erklärungsansatz in der internationalen Forschung kaum beachtet. Dennoch scheint es eine vielversprechende Alternative zu dem veralteten Mehrspeichermodell des Gedächtnisses darzustellen.

3.1.4 Der Split-Attention-Effekt, der Redundanzeffekt und der Expertise-Reversal-Effekt

Unter dem *Split-Attention-Effekt* versteht man die zusätzliche mentale Anstrengung, die aufgebracht werden muss, um verschiedene Informationen und Informationsquellen gleichzeitig zu verarbeiten (vgl. Ayres & Sweller, 2005, 2014). Dabei ist der Effekt auf sich ergänzende (also komplementäre) und zueinander in Beziehung stehende Informationen bezogen. Ein Split-Attention-Effekt liegt bis zu einem gewissen Grad immer dann vor, wenn zueinander in Beziehung zu setzende Informationen räumlich oder zeitlich verteilt sind. Beim Lernen mit digitalen (aber auch analogen) Lernangeboten ist diese Verteilung von Informationen zumeist die Regel, da z. B. Bilder und Text an unterschiedlichen Stellen auf dem Bildschirm präsentiert werden, und dadurch die Aufmerksamkeit der Lernenden bei der Zuordnung von Text- zu Bildinformationen und umgekehrt geteilt wird. Durch die räumliche wie zeitliche Trennung solcher Bestandteile multimedialer Lernprogramme erhöht sich die kognitive Belastung der Lernenden. Zusätzlich zur eigentlichen Informationsverarbeitung sind weitere Anstrengungen im Arbeitsgedächtnis notwendig, d. h. in der Terminologie der Cognitive Load Theorie erhöht sich der Extraneous Cognitive Load.

Während erste Ansätze der Forschung zum Split-Attention-Effekt aus dem Bereich der Mathematik stammen (vgl. Ayres & Sweller, 2005), zeigen insbesondere Arbeiten um Richard Mayer (z. B. Moreno & Mayer, 1999) oder um John Sweller (z. B. Chandler & Sweller, 1991) seine Bedeutung für andere Disziplinen im Bereich des Lernens mit digitalen Medien. Dabei kristallisiert sich insbesondere bei Lernenden mit wenig bereichsspezifischem Vorwissen der Vorteil einer sog. integrierten Darstellung heraus, bei der die Textstellen und jeweiligen Bilder sowie Animationen räumlich benachbart gezeigt werden. Demgegenüber steht die separierte Darstellung, die zum Split-Attention-Effekt führen kann. Abbildung 3.5 zeigt ein Beispiel aus dem Bereich der Entstehung von Gewittern und Blitzen (▶ Abb. 3.5).

Der Split-Attention-Effekt ist nicht auf die räumliche Anordnung von Informationen beschränkt, sondern bezieht auch die zeitliche Verteilung von Informationen mit ein. Insbesondere, wenn Bilder oder Animationen mit gesprochener Sprache kombiniert werden, kann es zu einer geteilten Aufmerksamkeit und somit zu einer höheren Belastung des Arbeitsgedächtnisses kommen, wenn beide nicht zeitgleich präsentiert werden. Verschiedene Studien belegen (einen Überblick geben z. B. Ayres & Sweller, 2005; oder Mayer & Fiorella, 2014), dass die simultane Präsentation von bildhaftem und auditivem Material vorteilhafter gegenüber einer zeitlich versetzten Darstellung ist. Allerdings ist dies in hohem Maße von der Größe der zeitlichen und inhaltlichen Segmentierung der Informationen abhängig. Sind die einzelnen Informationssequenzen (z. B. bei Animationen) vom Umfang her kleiner und ist der zeitliche Versatz von Bild und Ton nicht allzu groß (wie z. B. in einem Teilexperiment der Studie von Moreno & Mayer, 1999), dann sind etwaige negative Konsequenzen eines temporalen Split-Attention Effekts vernachlässigbar. Ginns (2006) kommt in seiner Metaanalyse zu dem Ergebnis, dass bei der zeitlichen Kontiguität die Dauer der zeitlich getrennten Präsentation von Informationen eine wesentliche Rolle spielt. So ist im Bereich von bis zu sieben Sekunden kaum mit einer verminderten Lernleistung zu rechnen. Erst ab einer zeitlichen Verzögerung zwischen 14 bis 21 Sekunden tritt ein deutlicher Split-Attention-Effekt auf (Baggett, 1984; zit. n. Ginns, 2006). Insgesamt kann Ginns (2006) allerdings belegen, dass der Split-Attention-Effekt ein stabiles Phänomen darstellt, wenn durch das Lernmaterial eine hohe Interaktivität der Elemente im Arbeitsgedächtnis resultiert. Dies ist dann gegeben, wenn das Vorwissen der Lernenden in einem Inhaltsbereich gering ist. Ist das Vorwissen hoch, dann ist die Befundlage nicht so deutlich – hier kann es dann zu einem Expertise-Reversal-Effekt kommen (s. u.).

Bei redundanten, also sich wiederholenden Informationen, kann der sogenannte *Redundanz-effekt* (Redundancy Effect) auftreten (vgl. Kalyuga & Sweller, 2014). Dem Redundanzeffekt liegt die empirisch gesicherte Erkenntnis zugrunde, dass die zeitgleiche Präsentation von homogenen Informationen in verschiedenen Kodierungsformen den Lernerfolg reduziert. Wird beispielsweise derselbe Text zum Lesen angeboten und gleichzeitig vorgelesen, so führt das Ausblenden einer dieser beiden Informationsquellen zu einer zusätzlichen kognitiven Belastung. Auch bei unikodaler Informationspräsentation, z. B. wenn längere Texte zeitgleich mit deren Zusammenfassung präsentiert werden, kann der Redundanzeffekt auftreten. Durch das Entfernen der redundanten, zusammenfassenden Informationsquelle lässt sich hier Abhilfe schaffen.

Die mögliche Ursache für den Redundanzeffekt sieht Sweller (2005; auch Kalyuga & Sweller, 2014) ebenfalls in der Cognitive Load Theory begründet. Werden zwei simultane Informationsquellen präsentiert, müssen im Arbeitsgedächtnis Ressourcen darauf verwendet werden, die Übereinstimmung (bzw. etwaige Nicht-Übereinstimmung) zwischen beiden Quellen zu überprüfen. Dadurch erhöht sich der Extraneous Cognitive Load und die eigentliche Informationsverarbeitung wird eingeschränkt. So zeigt beispielsweise die Studie von Mayer, Heiser und Lonn (2002), dass das Eliminieren redundanter Informationen einen Lernvorteil mit sich bringt. Die AutorInnen verglichen verschiedene Varianten eines Lernprogramms, bei dem eine Animation mit gesprochenem Text präsentiert wurde. In einer Bedingung wurden zusätzlich zum gesprochenen Text auch die geschriebenen, redundanten Informationen dargeboten. Dies führte zu verminderten Lernleistungen gegenüber der nicht-redundanten Bedingung. Auch Bild-Text-Kombinationen, bei denen im Text beispielsweise redundante Informationen zu einem Diagramm präsentiert werden, führen zu verminderten Lernleistungen gegenüber der Darstellung von Informationen in ausschließlich bildlicher oder textlicher Form (vgl. Bobis, Sweller & Cooper, 1993).

Wie bei den meisten Phänomenen im Bereich des Lernens mit Multimedia spielt das Vorwissen Lernender eine zentrale Rolle. So kann es für Lernende mit wenig oder keinem Vorwissen durchaus sinnvoll sein, bei der Interpretation eines Diagramms zusätzlich redundanten Text anzubieten, wenn sich erst dadurch etwa die Kodierung der Abbildung entschlüsseln lässt. Mit zunehmendem Wissen innerhalb eines Bereichs wirken sich diese zusätzlichen Informationen allerdings negativ aus und die Lernenden profitieren mehr von einer einzelnen Informationsquelle (z. B. Diagramme anstatt Diagramm-Text-Kombinationen; vgl. Kalyuga,

Chandler & Sweller, 2000). Dieses Phänomen der Umkehr bestimmter positiver Effekte mit einem höheren Maß an Wissen wird als *Expertise-Reversal-Effekt* bezeichnet (vgl. Kalyuga, 2014). Ist bei den Lernenden viel Vorwissen vorhanden, so verschwinden beispielsweise auch Vorteile des Modalitätseffektes oder eines integrierten Formats der Informationspräsentation. Während bei einem separierten Format der Informationsdarstellung bei LaiInnen oder NovizInnen ein Split-Attention-Effekt droht, kehrt sich dieses Phänomen mit zunehmender Expertise um. ExpertInnen profitieren eher vom separierten als vom integrierten Format (vgl. Kalyuga, 2014; Kalyuga, Ayres, Chandler & Sweller, 2003).

3.2 Motivationale und affektive Aspekte multimedialen Lernens

Neben kognitiven Aspekten spielen auch motivationale sowie affektive Aspekte eine wesentliche Rolle beim Lernen im Allgemeinen und nehmen daher Einfluss auf das Lernen mit digitalen Medien im Besonderen. Diesen Aspekten versucht das Modell von Moreno (2006) gerecht zu werden, welches auf der ausschließlich kognitiv orientierten *Cognitive Theory of Multimedia Learning* (Mayer, 2014b) aufbaut. Mit dieser Cognitive Affective Theory of Multimedia Learning (CATML) werden die bereits skizzierten Modelle zur kognitiven Informationsverarbeitung (▶ Kap. 3.1) integriert und um Prozesse des selbstgesteuerten Lernens sowie um motivationale und affektiv-emotionale Einflüsse und Wirkungen ergänzt (▶ Abb. 3.6). Diese Prozesse spielen nach Moreno bereits bei der Selektion von Informationen und somit beim Übergang vom Sensorischen Register, aber auch bei Organisationsprozessen im Arbeitsgedächtnis und bei der Integration und dauerhaften Speicherung im Langzeitgedächtnis eine Rolle.

Verschiedene Einflüsse und Wechselwirkungen zwischen Emotionen und Lernen (vgl. Kuhbander & Frenzel, 2019) oder Motivation und Lernen (Grassinger, Dickhäuser & Dresel, 2019) sind bereits breit beforscht worden und stehen auch immer wieder im Fokus der Forschung zum multimedialen Lernen. So werden etwa zu Forschungszwecken immer wieder gerne Bildmedien in tendenziell textlastige Präsentationen eingefügt, um die Zuhörenden in eine positive Stimmung zu versetzen (affektiv) oder sie zu motivieren. In der Studie von Um, Plass, Hayward und Homer (2012) konnte gezeigt werden, dass eine positiv-emotionale Gestaltung von Lernmaterial in der Tat sowohl eine positive Stimmung bei Lernenden als auch einen besseren Lernerfolg bewirken kann. In einer Replikationsstudie konnte die positive emotionale Wirkung ebenfalls nachgewiesen werden, obgleich sich dabei keine positiven Auswirkungen auf den Lernerfolg zeigen ließen (Plass, Heidig, Hayward, Homer & Um, 2014). Allerdings sind solche Maßnahmen nicht immer durchgehend sinnvoll, wie etwa der Seductive-Details-Effekt zeigt.

3.2.1 Der Seductive-Details-Effekt

Der *Seductive-Details-Effekt* liegt dann vor, wenn in (digitalem) Lernmaterial »seductive details«, also ablenkende Details eingefügt werden, die nicht direkt zum Erreichen eines bestimmten Lehrziels benötigt werden, sondern stattdessen weiterführende Informationen oder nebengeordnete Aspekte darstellen, oder aber zu unterhaltenden Zwecken eingesetzt werden. Solche Details können dazu führen, dass die Lernleistung bei Materialien mit den genannten Gestaltungsmerkmalen schlechter ausfällt als im Fall des Weglassens dieser Details (vgl. Rey, 2012). Seductive Details können zwar interessant sein, sind aber irrelevant für die eigentlichen Lernziele. Sie können aus auditiven oder visuellen Texten (z. B. Lehman, Schraw, McCrudden & Hartley, 2007) oder auch aus (dynamischen) Bildmedien (z. B. Wang & Adesope, 2016) bestehen.

So konnte etwa in der Studie von Lehman et al. (2007) gezeigt werden, dass zusätzliche Textteile Lesenden die Zeit nahmen, die wesentlichen Textteile zu bearbeiten. Dies wiederum führte zu schlechteren Lernleistungen als in Texten ohne ablenkende Details. Ähnliche Befunde berichten Peshkam, Mensink, Putnam und Rapp (2011). In ihrer Studie konnte jedoch gezeigt werden, dass die Lernleistung dann ähnlich ausfällt wie bei Texten ohne irrelevante Textstellen, wenn Lernende pauschal dazu aufgefordert werden, diese zu umgehen. Auch im Bereich der Nutzung von irrelevanten Bildmedien gibt es eine Vielzahl an Studien, die zeigen, dass diese sich häufig ungünstig auf den eigentlichen Lernerfolg auswirken. So konnte Rey (2014) zeigen, dass sich sowohl irrelevante Texte als auch irrelevante Bilder ungünstig auf die Leistungen in Transferaufgaben auswirken, allerdings nicht auf reine Behaltenstestleistungen. Zentral in seiner Studie ist der Befund, dass die eigene Aufmerksamkeitskontrolle hier einen wesentlichen Prädiktor darstellt: Je geringer die Kontrolle über die eigene Aufmerksamkeit, desto anfälliger sind Lernende für eine Ablenkung durch irrelevante Informationen. In der Metaanalyse von Rey (2012) zeigt sich, dass der Seductive-Details-Effekt mittlere bis starke Effekte hinsichtlich einfacher Wissenstests, aber auch hinsichtlich der Leistung bei Transferaufgaben mit sich bringt. Die Analyse zeigt zudem, dass insbesondere Zeitdruck zu diesem Effekt führt, und dass der Effekt bei graphischen irrelevanten Informationen größer ist als bei textbasierten irrelevanten Informationen. Allerdings finden sich hier auch Studien, die zeigen, dass der Effekt bei Texten größer ist als bei Abbildungen (z. B. Chang & Choi, 2014). Auch scheint die Stelle, an der die irrelevanten Informationen präsentiert werden, eine Rolle zu spielen: So zeigen Rowland, Skinner, Richards, Saudargas und Robinson (2008), dass der einschränkende Effekt am größten ist, wenn die irrelevanten Informationen gleich am Anfang von Lernmaterialien präsentiert werden.

Es lassen sich auch positive Effekte berichten: So konnten Wang und Adesope (2016) zeigen, dass Seductive Details durchaus das situationale Interesse von Lernenden steigern können. Und: Je größer dieses Interesse ist, desto geringer fallen etwaige negative kognitive Effekte aus. Eine Steigerung der Motivation und auch der positiven Affekte berichten auch Park, Flowerday und Brünken (2015). Zudem finden sich immer wieder Studien, in denen der Seductive-Details-Effekt nicht nachgewiesen werden konnte (z. B. Towler et al., 2008), bzw. irrelevante

Informationen sogar zu besseren Lernleistungen führen konnten. So kommt die Studie von Park, Moreno, Seufert und Brünken (2011) zu dem Ergebnis, dass der Effekt nur bei hoher kognitiver Belastung auftritt, und dass sich die irrelevanten Informationen bei geringer kognitiver Grundbelastung sogar positiv auf den Lernerfolg auswirken können. Möglicherweise wird dies durch ein gesteigertes Interesse moderiert. Auch Magner, Schwonke, Aleven, Popescu und Renkl (2014) konnten einen positiven Effekt dekorativer, aber irrelevanter Graphiken feststellen. Ergebnisse ihrer Studie zeigen Nachteile bei geringem Vorwissen lediglich für einfache Transferaufgaben. Bei hohem Vorwissen zeigen sich sowohl ein deutlich gesteigertes Interesse als auch bessere Leistungen bei komplexeren Transferaufgaben mit dekorativen Graphiken.

Zusammenfassend können Seductive Details als ein Bereich der Darstellung von Informationen charakterisiert werden, die in den meisten Fällen zu einer unnötigen Belastung der Lernenden führen kann. Das Modell in Abbildung 3.8 soll illustrieren, dass hier die Komplexität der Informationspräsentation/Informationsdichte über das notwendige Maß hinausgeht (▶ Abb. 3.8). Werden zu wenige Informationen präsentiert, dann liegt eine Übervereinfachung vor. Ziel der Gestaltung von Lernumgebungen sollte es also sein in einem Bereich zu liegen, bei dem eine effektive instruktionelle Dichte an Informationen vorliegt, damit Lernende weder über- noch unterfordert sind.

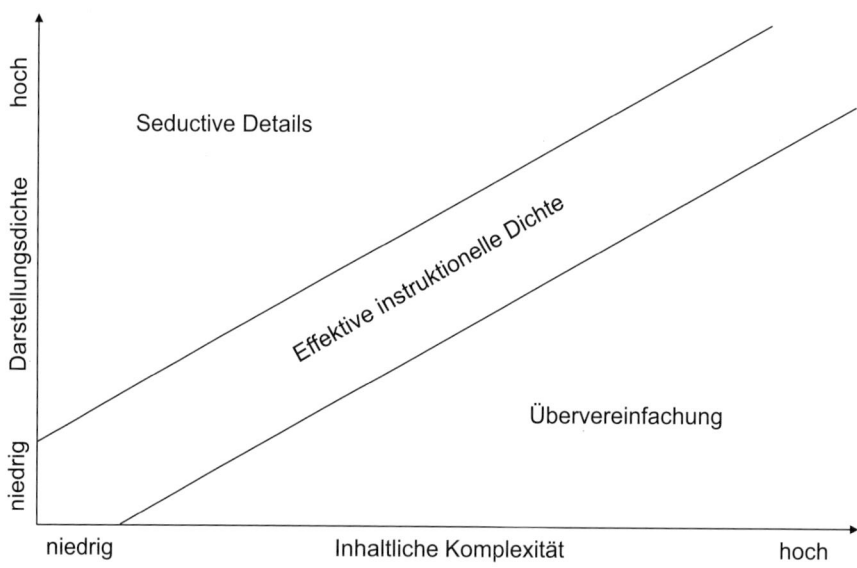

Abb. 3.8: Ein Modell zur Einordnung von Seductive Details

3.2.2 Pädagogische AgentInnen

Auch *Pädagogische AgentInnen* (PA) werden sowohl zur motivational-affektiven Förderung als auch zur Unterstützung kognitiver wie metakognitiver Informationsverarbeitungsprozesse eingesetzt. PA sind Figuren bzw. Avatare, die auf dem Bildschirm zusätzlich zu Lernmaterialien erscheinen, und die eine zusätzliche didaktische Funktion erfüllen bzw. zusätzliche Hinweise und Informationen geben (Lin, Atkinson, Christopherson, Joseph & Harrison, 2013; Schroeder, Adesope & Gilpert, 2013; ▶ Abb. 3.9).

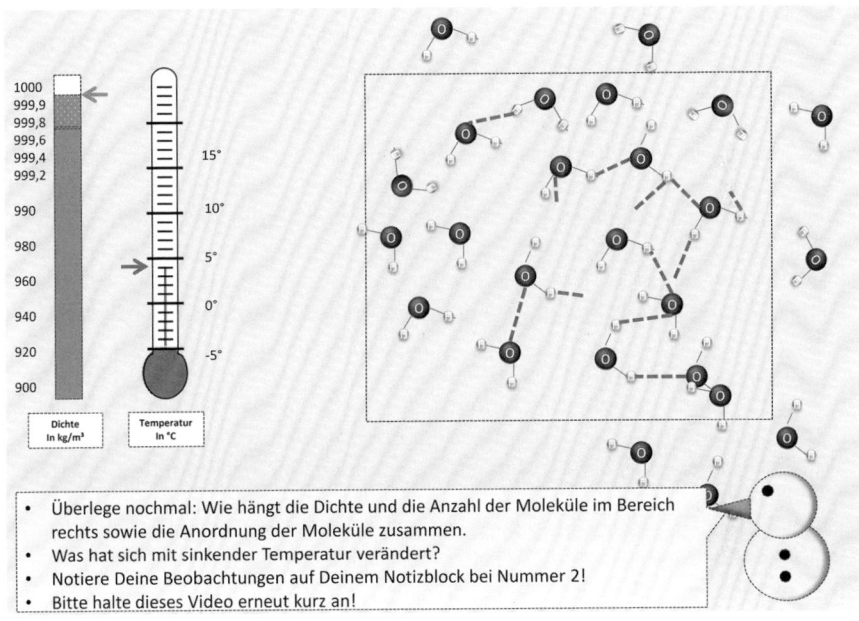

Abb. 3.9: Lernen mit Pädagogischen AgentInnen

Verschiedene Studien konnten zeigen, dass sich PA in multimedialen Lernangeboten durchaus positiv auf Lernprozesse auswirken können (z. B. Johnson & Lester, 2016; Schroeder et al., 2013). PA können unterschiedliche Funktionen erfüllen. Dinçer und Doğanay (2017; vgl. auch Deibl & Zumbach, 2020; Veletsianos, 2012) differenzieren hier zwischen »Smart Agents«, »Guide Agents« und »Assistant Agents«: Bei *Smart Agents* wird zumeist eine adaptive Technologie (z. B. basierend auf künstlicher Intelligenz) eingesetzt. Hier dienen die Agents dazu, Rückmeldungen des Systems zu geben, etwa im Rahmen von Intelligenten Tutoriellen Systemen (▶ Kap. 2.4). *Guide Agents* sind dazu konzipiert, durch ein Lernangebot zu führen, geben aber inhaltlich keine zusätzlichen Informationen. Dies ist Aufgabe der *Assistant Agents*, die in Inhalte einführen, zusätzliche Erläuterungen oder weiterführende Tipps geben (vgl. auch den PA in ▶ Abb. 3.9). Ähnlich der unterschiedlichen Gestaltungsmöglichkeiten sind auch die unterschiedlichen Funktionen, die PA hinsichtlich ihrer intendierten Wirkung ausüben können bzw. sollen. Deibl und Zumbach (2020) unterscheiden dabei die Steuerung der Aufmerksamkeit Lernender, das Geben von Feedback über den Lernfortschritt, die Motivierung Lernender, aber auch die Förderung kognitiver wie metakognitiver Lernstrategien. Verschiedene Metaanalysen zeigen, dass PA in der Tat positive Effekte auf den Lernerfolg beim Lernen mit digitalen Medien haben können (Johnson & Lester, 2016; Schroeder et al., 2013; Wang, Li, Xie & Liu, 2017), wenngleich einzelne Studien auch negative Effekte wie Frustration oder Verärgerung über PA finden (z. B. Veletsianos, Miller & Doering, 2009). Dennoch scheinen die Vorteile von PA bei sinnvoller Gestaltung zu überwiegen (vgl. Johnson & Lester, 2016).

Zusammenfassung und Fazit

Das Lernen mit Multimedia ist einer der zurzeit wohl am intensivsten beforschten Bereiche beim Lernen mit digitalen Medien. Basierend auf primär kognitionswissenschaftlichen Modellen ist hier die Untersuchung der Wechselwirkung zwischen Text, Audio, statischen und dynamischen Bildmedien ein zentrales Feld. Verschiedene Effekte, die sich in diesem Zusammenhang nachweisen lassen (z. B. der Split-Attention-Effekt oder der Modalitätseffekt), werden dabei primär auf die eingeschränkten Funktionen unseres Arbeitsgedächtnisses und die darauf aufbauende Cognitive Load Theory bezogen. Gerade neuere theoretische wie auch empirische Entwicklungen deuten jedoch darauf hin, dass die einseitige Ausrichtung auf kognitionspsychologische Aspekte und die damit einhergehende Vernachlässigung motivationaler Prozesse problematisch sind. Auch die Interpretation kognitionswissenschaftlicher Modelle wird mittlerweile infrage gestellt, wie zum Beispiel beim Modalitätseffekt. So sind neuere theoretische Konzeptionen und Weiterentwicklungen, wie etwa bei der Cognitive Load Theory, abzuwarten, um etwaige Befunde besser oder unter einer anderen Perspektive interpretieren zu können.

4 Lernen mit Simulationen und Game-Based Learning

Das Lernen mit Simulationen ist ein zentraler Aspekt des Lernens mit digitalen Medien. Es gibt verschiedene Gründe, weshalb auf Simulationen beim Lernen nicht mehr verzichtet werden kann. So helfen verschiedene Anwendungen etwa, Kosten zu sparen, da man auf die Anschaffung von Geräten und/oder Verbrauchsmaterialien verzichten kann und nur die Simulation heranzieht (so fallen etwa bei der Simulation von Laboren im Bereich der Naturwissenschaften, wie z. B. beim »lifelab«-Ansatz, bei welchem molekularbiologische Experimente abgebildet werden, keine Betriebskosten für das Einlernen in den labortechnischen Bereich an; vgl. Zumbach, Schmitt, Reimann & Starkloff, 2006). Aber auch Gefahren können vermieden bzw. gefährliche Situationen sicher geübt werden, wie etwa beim Flugsimulator (siehe hierzu auch ▶ Kap. 1). Neben diesen offensichtlichen Gründen gibt es weitere Aspekte, welche das Lernen mit Simulationen gegenüber anderen Medien hervorheben. So lassen sich etwa Vorgänge simulieren, die so nicht oder nur wesentlich komplexer in der Realität vorkommen. Beispielsweise können in einer Simulation komplexer Systeme (z. B. in Simulationen von Ökosystemen) Störvariablen ausgeblendet und somit die Inhalte vereinfacht werden.

Aber auch aus lernpsychologischer Sicht ist die Simulation ein herausragender Ansatz, weil sie ein erfahrungsbasiertes, aktives Lernen ermöglicht (vgl. Tan, Skirvin, Biswas & Catley, 2007; Moser et al., 2017). Gerade im Bereich des naturwissenschaftlichen Lehrens und Lernens haben sich verschiedene Wege des Lernens mit Simulationen entwickelt, die als Scientific Discovery Learning (vgl. van der Meij & de Jong, 2006; van Joolingen, de Jong & Dimitrakopoulou, 2007) oder Inquiry-Based Learning (Lehtinen & Viiri, 2017; Yuliati, Riantoni & Mufti, 2018) bezeichnet werden. Neben diesem primär explorativen Lernen stellt das sichere Üben von Fertigkeiten mit Hilfe von Simulationen eine zweite Anwendungsmöglichkeit dar. Beide dieser Herangehensweisen werden – auch unter Einbezug des Game-Based Learning – in den folgenden Abschnitten thematisiert.

4.1 Exploratives und hypothesentestendes Lernen mit Simulationen

Beim explorativen Lernen mit Simulationen steht im Vordergrund, das einer *Simulation* zugrunde liegende Modell zu entschlüsseln und zu verstehen, oder ein

Modell mithilfe einer Simulation zu formalisieren und zu prüfen. Zentral ist dabei also, dass die Lernenden

a) ein adäquates mentales Modell der simulierten Variablen aufbauen und deren Zusammenhang verstehen (vgl. Lazonder, Wilhelm & Hagemans, 2008; van der Meij & de Jong, 2006), oder
b) ein (mentales) Modell in eine Simulation überführen und dieses mit der Simulation prüfen (Heijnes, van Joolingen & Leenaars, 2018).

Die didaktische Vorgehensweise kann sich dabei erheblich unterscheiden (▶ Tab. 4.1). Zum einen können Simulationen direkt zum Problemlösen eingesetzt werden. Dabei wird ein Problem entweder extern oder direkt durch die Simulation vorgegeben. Die Lösung kann dann mittels Simulation external erfolgen (z. B. bei einer physikalischen Rechenaufgabe zum schrägen Wurf, die auf einem Blatt vorgegeben ist und mit Hilfe einer Simulation gelöst werden kann). Umgekehrt besteht auch die Möglichkeit, dass ein Problem durch eine Simulation vorgegeben wird, aber nur durch Zuhilfenahme externer Informationsressourcen gelöst werden kann (z. B. bei der Simulation virtueller PatientInnen, wenn zusätzliches medizinisches und pharmakologisches Wissen erworben werden muss). Zum anderen kann die Aufgabe der Lernenden auch darin bestehen, ohne ein direkt vorgegebenes Problem innerhalb einer Simulation Variablen und deren Zusammenhänge zu identifizieren. Ziel dabei ist es, dass die Lernenden ein adäquates mentales Modell erwerben. Zudem besteht die Möglichkeit, Simulationen zum Modellieren und Prüfen eigener Modelle heranzuziehen. Es sind auch Mischformen dieser unterschiedlichen Zugangsweisen möglich.

Tab. 4.1: Verschiedene Einsatzszenarien von Simulationen

Problemstellung		Explizit vorgegeben	Implizit	Offen
Lösung	Extern	Simulation als Lösungswerkzeug	Simulation als System zur Entschlüsselung	Simulation zur Modellierung von Variablen/Größen und deren Zusammenhänge
	Intern	Simulation als geschlossene Lernumgebung	Implizites Problemlösen bzw. Üben	Simulation zur geleiteten Simulation externe Daten; Lösungen intern vorgegeben

In Tabelle 4.1 sind die unterschiedlichen Einsatzmöglichkeiten und Kombinationen von Simulationen dargestellt (▶ Tab. 4.1). Werden Problemstellungen explizit vorgegeben, so spricht man auch von »Problemorientiertem Lernen« (vgl. Woods, 2014; Zumbach, 2003). Hier werden mit Hilfe von Simulationen authentische Probleme dargestellt, welche die Lernenden entweder mit Lösungsressourcen innerhalb des Programms oder mittels externer Ressourcen (z. B. Lehrbücher) bearbeiten müssen.

4.1 Exploratives und hypothesentestendes Lernen mit Simulationen

Beispiel: Darstellung und Lösung eines authentischen Problems mithilfe einer Simulation

Ein Beispiel für eine solche Lernumgebung ist etwa die Simulation »Rettet Bauxdorf« (▶ Abb. 4.1), bei welcher die Lernenden in einer Online-Simulation in Form eines Planspiels Lösungen für den demographischen Wandel anhand einer fiktiven Gemeinde entwickeln müssen (Zumbach et al., 2020).

Abb. 4.1: Das Planspiel »Rettet Bauxdorf!« als Beispiel für eine problemorientierte Simulation (© Lydia Rammerstorfer, Universität Salzburg 2015)

Bei dieser Art von Simulationen geht es weniger darum, versteckte Variablen und deren Zusammenhänge zu erkennen. Vielmehr gilt es, die Problemstellung zu erkunden, Fakten zu finden und zu identifizieren, und auf der Basis dieser versteckten Informationen einen Lösungsansatz zu entwickeln und durchzuführen. Bei Ansätzen wie diesen dient die Simulation primär als geschlossene Lernumgebung, und zwar insbesondere dann, wenn die Lösungsinformationen innerhalb der Lernumgebung gegeben sind. Ein solcher Ansatz wurde etwa auch in der Studie von Zumbach, Kumpf und Koch (2004) verfolgt, bei dem SchülerInnen der dritten und vierten Grundschulklasse grundlegende Kompetenzen im Umgang mit und über die heimischen Wildtiere erwerben sollten. Ein authentisches Problem sowie lösungsrelevante Informationen und Lösungsmöglichkeiten wurden innerhalb des Programms realisiert. Im Vergleich zu traditionellen Unterrichtsformen konnten hier Vorteile hinsichtlich der Motivation der SchülerInnen und einer längerfristigen Behaltens- und Wiedergabeleistung der erlernten Informationen ausgemacht werden.

Weniger eingeschränkt beim Lernprozess sind Simulationen, die dem Ansatz des explorativen, erkundenden Lernens bzw. dem Prinzip des Inquiry-Based Learnings folgen. Wie bereits skizziert, steht hier das aktive, eigene Forschen der Lernenden im Vordergrund. Bei diesem simulationsbasierten, erkundenden Lernen kommen verschiedene Prozesse zum Tragen, wie etwa im Modell des Inquiry Learning von Alberta Learning (2004, S. 10) abgebildet (▶ Abb. 4.2).

4 Lernen mit Simulationen und Game-Based Learning

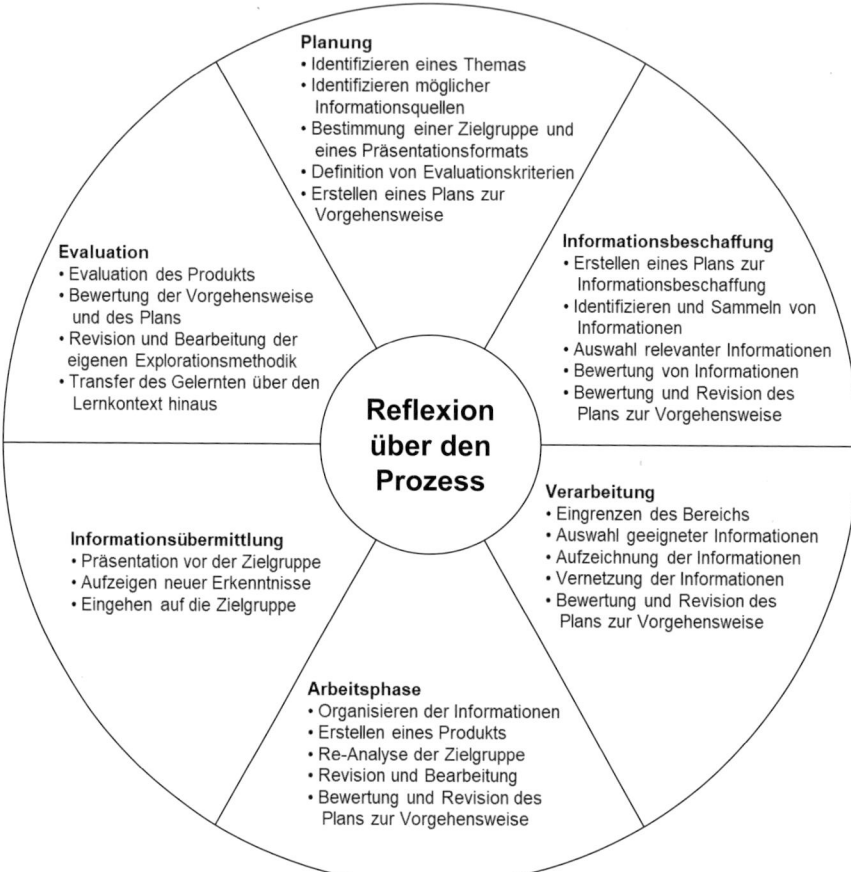

Abb. 4.2: Modell des Inquiry Learning von Alberta Learning (eigene Übersetzung nach Alberta Learning, 2004, S. 10, © Alberta Learning, Alberta, Canada. Lizenz: Open Government Licence – Alberta)

Der Prozess beginnt mit der Planung dessen, was näher untersucht werden soll, und mit dem Bestimmen etwaiger Informationsressourcen. In einem zweiten Schritt werden die Daten erhoben und verarbeitet. Eine Lösung bzw. ein Ergebnis werden erstellt und ggf. mit anderen Lernenden oder Beteiligten ausgetauscht. Am Ende des Prozesses findet die Evaluation der gesamten Vorgehensweise statt. Zentral ist dabei, dass alle Schritte überwacht und reflektiert werden und dass entsprechende Revisionszyklen (im Sinne einer formativen Evaluation) realisiert werden können (ein vergleichbares Modell schildern auch Löhner, van Joolingen, Savelsbergh & van Hout-Wolters, 2005; eine vereinfachte Form bestehend aus Beobachten, Analysieren und Modellieren präsentieren Lin, Hsu & Yeh, 2012). Das in Abbildung 4.2 skizzierte Modell repräsentiert einen generischen Ansatz, der sich auf exploratives Lernen bzw. forschendes Lernen allgemein bezieht (vgl. z. B. auch Wildt, 2009). Beim simulationsbasierten explorati-

4.1 Exploratives und hypothesentestendes Lernen mit Simulationen

ven Lernen sind die Freiheitsgrade der Lernenden eher auf den Bereich beschränkt, den die Simulation abdeckt. Allerdings sind die Ziele, die dem explorativen Lernen mit digitalen Medien oder auch analogen Medien zugrunde liegen, aus lernpsychologischer Sicht übereinstimmend. Die Lernenden sollen durch das eigene Experimentieren und Erkunden die Variablen und deren Zusammenhänge im jeweiligen Themenbereich identifizieren und verstehen können. Konkret bedeutet dies, dass sie ein korrektes mentales Modell dieser Zusammenhänge aufbauen. In der Regel erfolgt dies durch das Aufstellen von Hypothesen, das Testen dieser Hypothesen mittels Simulationen, das Ziehen entsprechender Schlüsse und die abschließende Bewertung mit anschließenden Revisionen und erneuter Durchführung des Zyklus (vgl. Klahr & Dunbar, 1988; Pedaste et al., 2015). Mit Hilfe dieses Prozesses entwickeln die Lernenden nach und nach eine mentale Repräsentation dessen, was in der Simulation modelliert wurde.

Schon Klahr und Dunbar (1988) beschrieben den Prozess mit ihrem *Scientific Discovery as Dual Search*-Modell. Die explorativen Lernaktivitäten finden nach diesem Modell in zwei Problemräumen statt: dem Hypothesen- und dem Experimentalraum. Im Hypothesenraum befinden sich alle möglichen Variablen und deren Zusammenhänge, die Lernende auf der Basis ihres Vorwissens besitzen. Im Experimentalraum (etwa durch eine Simulation realisiert) finden sich wiederum alle Experimente, welche durchgeführt werden können. Scientific Discovery erfolgt nun, indem die Lernenden den Hypothesenraum nach möglichen zu testenden Hypothesen und den Experimentalraum entsprechend nach einer Reihe von Experimenten durchsuchen, um diese Hypothesen zu testen und sie letztlich beizubehalten, zu verändern oder zu verwerfen. Werden im Hypothesenraum keine testbaren Hypothesen gefunden, so können im Experimentalraum explorative Experimente zum Generieren von Hypothesen durchgeführt werden. Erweiterungen dieses Ansatzes finden sich bei van Joolingen und de Jong (1997), die den Hypothesenraum näher spezifizieren. Sie gehen davon aus, dass es für jeden Inhaltsbereich einen allgemeinen Hypothesenraum gibt. Die Lernenden verfügen über einen darin inkludierten, jedoch weitaus kleineren Hypothesenraum. In diesem befindet sich wiederum sowohl das domänenspezifische Wissen über die Variablen und deren Zusammenhänge, über das die Lernenden bereits verfügen, als auch das in der Simulation spezifizierte, konzeptuelle Wissen, das sie erwerben sollen. Auch hier kommt es durch die Interaktion zwischen Hypothesen- und Experimentalraum zu einem Überprüfen der Hypothesen. Lernen bedeutet dabei, dass sich die zu Beginn nicht verbundenen Bereiche zwischen dem Wissen auf Seiten der Lernenden und dem in der Simulation enthaltenen, konzeptuellen Modell sukzessive annähern und schließlich überschneiden. Die Lernenden sollen also durch den Vorgang des explorativen Lernens ihr bestehendes mentales Modell über Variablen und deren Zusammenhänge verändern und erweitern (vgl. Lazonder et al., 2008; Pedaste et al., 2015). Gerade dieses aktive Lernen scheint anderen Ansätzen, wie dem Worked-Examples-Ansatz (also dem Vorgeben von ausgearbeiteten Lösungsbeispielen), deutlich überlegen zu sein (vgl. Darabi, Nelson & Palanki, 2007).

Das Ergebnis dieser Wissenserwerbsprozesse ist nicht immer erfolgreich, sondern von verschiedenen Faktoren abhängig. Eine wesentliche Rolle spielt das

Vorwissen der Lernenden. So zeigen verschiedene Arbeiten, dass Lernende mit wenig Vorwissen beim investigativen, explorativen Lernen eher ungünstigere Strategien wählen (vgl. Lazonder, Hagemans & de Jong, 2010). Lernende mit höherem Vorwissen profitieren mehr vom Lernen mit Simulationen. Sie können die Ergebnisse besser vorhersagen und nutzen zielorientierte, gut geplante Strategien, während Lernende mit wenig Vorwissen eher unsystematisch vorgehen (vgl. Hmelo, Nagarajan & Roger, 2000; Lazonder et al., 2008).

Aus mediendidaktischer Sicht sind naturwissenschaftliche Simulationen – wie hier bereits skizziert – eine Form von *Open Learning Environments* (OLEs; vgl. Hannafin, Land & Oliver, 1999; Hannafin, Hill, Land & Lee, 2014). Im Gegensatz zu einem primär direktiven Unterricht favorisieren Open Learning Environments eher offenere Lernziele, und erlauben den Lernenden auch unterschiedlichste Freiheitsgrade beim Erreichen dieser Ziele. Während bei der traditionellen Instruktion die Lernziele vorgegeben und systematisch in kleinere Lerneinheiten unterteilt werden, ist es das Ziel von Open Learning Environments, anhand authentischer Probleme situiertes Lernen anzubieten, bei welchem die Lernenden selbst aktiv etwa manipulieren, kontrollieren oder experimentieren können. Dabei sollen komplexe Probleme mit Alltagsbezug gelöst und ein holistisches Denken gefördert werden, statt nur isolierte und wenig zusammenhängende Konzepte zu lernen. Wichtig ist, dass die Lernenden ein Tiefenverständnis aufbauen können, indem sie ihren eigenen Wünschen und Bedürfnissen nachgehen, ihre eigenen Entscheidungen treffen und ihre bestehenden Wissensstrukturen verändern, prüfen und ggf. auch revidieren. Dabei müssen sie auch die Möglichkeit haben, Fehler machen zu dürfen. Denn gerade Fehler sowie deren Identifikation und Kompensation bieten wichtige Lerngelegenheiten (vgl. Hannafin et al., 2014). Zentral für diesen Ansatz ist es, dass die individuelle Erfahrung der Lernenden etwaige Lernprozesse direkt mediiert, d. h. aufbauend auf den individuellen Wissensstrukturen wird neues Wissen gesammelt und somit nicht an den Lernenden »vorbei« gelehrt. Der Motor des Lernens ist dabei das Problemlösen, welches das sukzessive Verstehen und die Theoriebildung Lernender fördert und auch metakognitive Kompetenzen erforderlich macht, bzw. diese begünstigt.

Aktives Lernen wird auch dann gefördert, wenn die Lernenden nicht auf vorgegebene Simulationen zurückgreifen, sondern die Simulation selbst entwickeln (also nicht nur mit Daten anreichern, sondern auch die Parameter bestimmen). Hier geht es insbesondere darum, einzelne Variablen und deren Wechselspiel zu analysieren und dadurch die Funktionsweise von dynamischen, sich verändernden Systemen zu verstehen (z. B. Räuber-Beute-Verhältnisse). Die Vermittlung dieser Fertigkeiten erfolgt in der Regel mit eigenen Simulationen. Ein Beispiel für eine solche Anwendung schildern etwa Heijnes et al. (2018; vgl. auch van Joolingen, Schouten & Leenaars, 2019): Mit der »SimSketch«-Anwendung lassen sich Objekte zeichnen und diesen Eigenschaften zuweisen, die dann simuliert werden können. So zeigen van Joolingen et al. (2019) an einem Beispiel, wie »SimSketch« zur Simulation der genetischen Auswahl und Anpassung von Schnecken in Abhängigkeit von den Eigenschaften ihrer Umgebung effektiv herangezogen werden kann. Und auch in verschiedenen anderen Studien zeigt sich, dass das Lernen durch eigenes Modellieren dem Frontalunterricht oder der Aufnahme tutorieller Informationsangebote überlegen ist (vgl. Klieme & Maichle, 1994; Louca & Zacharia, 2015).

> **Exkurs: Die Anchored Instruction**
>
> Das explorative Lernen anhand vorhandener digitaler Ressourcen ist auch wesentliches Element einer der renommiertesten Ansätze der Gestaltung konstruktivistischer Lernumgebungen, der Anchored Instruction (Cognition and Technology Group at Vanderbilt, 1990, 1991, 1992). Wie bereits der Name andeutet, orientiert sich die Anchored Instruction an einem narrativen Anker. Bei dem Anker handelt es sich um Geschichten, die zu Beginn der 1990er Jahre SchülerInnen mit Videodiscs (ein Vorgängermedium der DVD) präsentiert wurden. Innerhalb dieser Geschichten erlebt eine Hauptfigur (in der Produktreihe der Cognition and Technology Group at Vanderbilt ein Junge namens Jasper Woodbury) verschiedene Abenteuer, die alle in einer komplexen Problemsituation enden. Aufgabe der SchülerInnen ist es nun, diese Probleme anhand der Daten und Informationen aus dem Videofilm zu formulieren, zu analysieren und letztlich zu lösen. So sollen die Lernenden etwa bei der Geschichte »Rescue at Boone's Meadow« (https://www.vialogues.com/vialogues/play/29815) mathematische Gleichungssysteme aufstellen und diese lösen: Jasper Woodbury unternimmt einen Ausflug und findet einen angeschossenen Seeadler, den es zu retten gilt. Anhand verschiedener Optionen und Informationen, welche zuvor im Video präsentiert wurden, sollen die Lernenden nun alle relevanten Informationen in ein Gleichungssystem bringen und daraus sowohl den kürzesten als auch schnellsten Weg ermitteln, um das verletzte Tier ärztlich versorgen zu lassen.
>
> Bei der Anchored Instruction werden diese Probleme in der Regel in Kleingruppen bearbeitet und auch weiterentwickelt. So bleibt es nicht bei der Bearbeitung der Videoaufgabe, sondern es erfolgt etwa durch die projektorientierte Weiterführung der Inhalte eine Ergänzung. Der Anchored Instruction liegen verschiedene Gestaltungsprinzipien zugrunde, die wie folgt spezifiziert sind (Cognition and Technology Group at Vanderbilt, 1990, 1991):
>
> - Video-basiertes Präsentationsformat: Alle Problemstellungen werden als Video präsentiert, das eine authentische Atmosphäre und zugleich auch eine mediale Reichhaltigkeit der präsentierten Informationen gewährleisten kann.
> - Narratives Format: Der Anker wird narrativ präsentiert, d.h. es wird eine Geschichte erzählt, die gerade für Kinder aufgrund ihres linearen Verlaufs nachvollziehbar ist und zudem auch motivierend wirken kann.
> - Generatives Lernformat: Die Anchored Instruction beruht nicht auf dem reinen Präsentieren von Informationen. Lernende müssen stattdessen die Informationen aktiv suchen und generieren. Somit entsteht eine aktive Auseinandersetzung mit dem Inhalt und den damit verbundenen Problemen.

- Embedded Data Design: Alle notwendigen Informationen zum Problemlösen sind in die Videogeschichten integriert und müssen von den Lernenden extrahiert werden.
- Problemkomplexität: Ein wesentliches Element der Anchored Instruction ist es, nicht nur simple, sondern auch komplexe Probleme zu präsentieren und zu üben. Durch diesen Ansatz soll einer Übersimplifizierung vorgebeugt werden und gleichzeitig eine Vorbereitung auf die Anforderungen des Alltags hin erfolgen.
- Paare verwandter Probleme: Probleme sollen nicht einzeln, sondern möglichst immer mehrfach repräsentiert werden, damit die Transferwahrscheinlichkeit, aber auch die Flexibilität der Lernenden gefördert werden kann.
- Querverbindungen über das Curriculum: Neben den zum Teil klar abgrenzbaren Bereichen, wie etwa dem der Mathematik, die direkt in der Anchored Instruction adressiert werden, kommen auch weitere Disziplinen zum Tragen. Insbesondere indem sie Zusammenhänge und Querbezüge zwischen einzelnen Fächern herstellen, tragen interdisziplinäre Projekte aufbauend auf den Videogeschichten zur Bereicherung des Lernprozesses bei.

Trotz der weiten Beachtung, welche die Anchored Instruction als konstruktivistischer Ansatz des Lernens mit Bildungstechnologien gefunden hat, gibt es kaum empirische Befunde zu den Wirkmechanismen. Auch finden sich nach den 1990er Jahren kaum Weiterentwicklungen und neue Produkte in dieser Tradition. Im Rahmen einer Evaluation der Cognition and Technology Group at Vanderbilt (1992) wurden Klassen im fünften und sechsten Schuljahr miteinander verglichen – in einer Gruppe wurde mit Hilfe der Anchored Instruction unterrichtet (drei Geschichten mit einer Bearbeitungsdauer von je einer Unterrichtswoche), in der anderen Gruppe fand traditioneller Unterricht statt. Verglichen wurden fachspezifische Problemlösekompetenzen und die Einstellung gegenüber Mathematik (als ein zentraler Bereich aus den verwendeten Geschichten). Über den Messzeitraum eines Schuljahres hinweg zeigte die Evaluation, dass die SchülerInnen aus der Anchored-Instruction-Bedingung einen zur Kontrollgruppe vergleichbaren Wissensstand hinsichtlich der basalen unterrichteten mathematischen Inhalte aufwiesen, ihr im Bereich des komplexen mathematischen Problemlösens aber deutlich überlegen waren. Zudem fanden sich bei den SchülerInnen, welche die Anchored Instruction durchliefen, ein höheres Selbstvertrauen in die eigenen mathematischen Fähigkeiten, eine höhere Bewertung der Bedeutung der Mathematik im Alltag, ein größeres Interesse an dem Schulfach sowie eine gesteigerte Begeisterungsfähigkeit für das Lösen mathematischer Probleme. Auf den ersten Blick lassen diese Befunde den Ansatz als ein sehr gelungenes Beispiel für die Gestaltung eines motivierenden und effektiven Unterrichtes erscheinen. Allerdings ist zu beachten, dass hier keine unabhängige Evaluation stattgefunden hat. So können sowohl auf Seiten der Untersuchenden als auch der Lehrenden vor Ort, d. h. in den Klassen, sog. Versuchsleitereffekte nicht ausgeschlossen werden, bzw. sind diese sogar wahrscheinlich. Gerade die Konfundierung verschiedenster Variablen im Laufe eines Unterrichtsjahres macht eine wissenschaftliche Aussage über die Wirkung der Anchored Instruction eigentlich unmöglich. Da weder der Ansatz noch dessen Evaluation weiterentwickelt wurden, kann auch die Anchored Instruction als überholtes Relikt des pädagogischen Konstruktivismus betrachtet werden. Allerdings finden sich dennoch immer wieder auch neuere Arbeiten, die auf die Anchored Instruction, wenngleich in modifizierter Form, zurückgreifen (z. B. Bottge et al., 2015; Saputra, Ulya, Wahyuni, Rahmadhani & Hakim, 2020).

4.2 Übendes Lernen mit Simulationen

Beim übenden Lernen mit Simulationen geht es weniger darum, Variablen und deren Zusammenhänge zu erschließen, bzw. zu modellieren und zu prüfen, als vielmehr darum, etwas – wie es der Name andeutet – zu üben. Solche Übungssimulationen, wie etwa der Flugsimulator, der Fahrsimulator oder andere Anwendungen, sind aus dem heutigen Aus- und Weiterbildungsbetrieb nicht mehr wegzudenken. Wie bereits in der Einführung zu diesem Kapitel skizziert, erlauben Simulationen hier ein kostengünstiges und sicheres Üben von Verhaltensweisen und Entscheidungen, die in der »echten« Welt kaum möglich sind (z. B. das Simulieren von gefährlichen Situationen). In diesen Bereichen dominiert die Vermittlung von Handlungswissen, also prozeduralem Wissen, wobei der Fokus auf der Transferierbarkeit erworbener Fertigkeiten aus der Lernsituation in den Alltag liegt. Entsprechend vielfältig sind hier die Bereiche, für die Simulationen entwickelt wurden und werden. Auch die Gestaltungsmöglichkeiten sind dabei recht heterogen und erstrecken sich auf verschiedenste Inhaltsbereiche. So gibt es Simulationen als Apps, aber auch Kombinationen aus Hard- und Software. Simulationen können zweidimensional, dreidimensional, als *Augmented*, *Mixed* oder *Virtual Reality*-Anwendung realisiert werden (▶ Kap. 7). Die Anwendung kann eher im spielerischen Bereich (z. B. beim Game-Based Learning; ▶ Kap. 4.3), oder aber im professionellen Bereich liegen (z. B. in der medizinischen Aus- und Weiterbildung). Flugsimulatoren sind Beispiele für Anwendungen, die sowohl im privaten und unterhaltenden Bereich als Softwarelösung zum Einsatz kommen können, als auch als Hard- und Softwarelösung in der professionellen Schulung von PilotInnen verwendet werden. Im Bereich der Medizin gibt es unterschiedlichste Simulatoren, bei denen beispielsweise ganze Körper oder Körperteile synthetisch nachgebildet und mit entsprechender Simulationssoftware kombiniert werden. Solche Geräte sind dann dazu in der Lage, zusätzlich zu audiovisuellen Informationen etwa auch haptische Informationen und Rückmeldung zu geben (z. B. in der Anästhesie: Dang, Annaswamy & Srinivasan, 2001). Auch die Simulation von (ganzen) PatientInnen kommt hier zum Einsatz. So zeigt beispielweise die Metaanalyse von Cook, Erwin und Triola (2010), dass diese Simulationen durchweg hohe Effektstärken erreichen (also einen hohen Lernerfolg bewirken), im Vergleich zur Schulung an echten Menschen aber weder besser noch schlechter sind (vgl. auch Cook et al., 2011).

Unabhängig vom inhaltlichen Bereich zeigt die Metaanalyse von Gegenfurtner, Quesada-Pallarès und Knogler (2014), dass Simulationen vor allem dann wirkungsvoll sind, wenn sie die Selbstwirksamkeit der Lernenden, insbesondere durch aktives Lernen und eine transferförderliche Gestaltung, stärken. Positiv wirken sich Simulationen gerade dann aus, wenn die Lernenden selbst den Schwierigkeitsgrad bestimmen können (anstatt dass das System dies vorgibt oder keine Schwierigkeitsanpassung erfolgt) und wenn sie nach dem Training (anstatt während des Lernens mit der Simulation) Feedback erhalten. Kaum Auswirkungen haben nach Gegenfurtner et al. (2014) gestalterische Aspekte, wie etwa die multimediale Gestaltung der Programme.

Zusammenfassend kann festgehalten werden, dass das übende Lernen mit Simulationen einen wichtigen und zentralen Anwendungsaspekt des Lernens mit digitalen Medien darstellt. Simulationen ermöglichen ein kostenschonendes und gefahrenvermeidendes Einüben von Fertigkeiten, die im Idealfall auch gut auf Anforderungen des Alltags vorbereiten. Zudem erlauben sie Erfahrungen, die ohne Simulationen kaum möglich sind; sei es der virtuelle Spacewalk aus der International Space Station (ISS) mittels Virtual Reality oder das sichere, geleitete Üben des Manövrierens eines Flugzeugs mit Triebwerksausfall. Aber auch alltägliches Üben ist davon nicht ausgenommen – so etwa in der Handwerksausbildung, bei der komplexe Steuerungen wie etwa von CNC-Fräsmaschinen erst in der Simulation gelernt werden und dadurch Materialkosten deutlich eingespart werden können. Der Erfolg von Simulationen zeigt sich auch in der Unterhaltungsbranche, in welcher sich diverse Simulationen wie etwa Flugzeug- oder Eisenbahnsimulationen großer Beliebtheit erfreuen und sich nach wie vor auf dem Markt halten. Dies zeigt, dass der Übergang zwischen Spielen und Simulationen fließend ist. Eng an dieser Schnittstelle bewegt sich daher auch das sog. Game-Based Learning.

4.3 Game-Based Learning

Mit *Game-Based Learning* werden digitale Lernangebote bezeichnet, die eine spielerische Komponente beinhalten. Hier stehen sowohl der spielerisch-unterhaltende Charakter als auch die Wissensvermittlung im Vordergrund. Trotz ggf. fließendem Übergang sind Game-Based Learning-Ansätze von solchen der sog. Gamification abzugrenzen. *Gamification* beschreibt die Anreicherung von Lernangeboten mit spielerischen Elementen. Somit steht hier primär eine Lehr-Lernsituation im Vordergrund, die durch Elemente wie etwa Wettbewerbe, Quizze o. Ä. ergänzt wird (Dicheva, Dichev, Agre & Angelova, 2015; Nah, Zeng, Telaprolu, Ayyappa & Eschenbrenner, 2014).

Der Bereich des Game-Based Learning selbst umfasst unterschiedliche Arten digitaler Lernangebote, die primär als Spiel zu verstehen sind. Dabei können die Inhalte durchaus auch ernsterer Natur sein, weshalb sich auch der Begriff der *Serious Games* etabliert hat (z. B. Djaouti, Alvarez & Jessel, 2011). Mit Game-Based Learning sollen Lernende einerseits motiviert werden, andererseits natürlich auch die Lernziele erreichen, die durch das Spiel vermittelt werden sollen. Dabei steht das eigene, aktive Handeln im Vordergrund, das solche interaktiven Formate erlaubt (Egenfeldt-Nielsen, 2007; Wirth & Leutner, 2006). Game-Based Learning und das Lernen mit Simulationen lassen sich oft nicht trennen, denn gerade im Spielebereich sind einige Simulationen (z. B. Flugsimulatoren, Eisenbahnsimulatoren etc.) durchaus weit verbreitet. Bei beidem handelt es sich um interaktive und digitale (Lern-)Angebote (Vogel et al., 2006; Wouters & van Oostendorp, 2013). Dennoch unterscheiden Vogel et al. (2006, S. 231) Games wie folgt von Simulationen:

> »A computer game is defined as such by the author, or inferred by the reader because the activity has goals, is interactive, and is rewarding (gives feedback). Interactive simulation activities must interact with the user by offering the options to choose or define parameters of the simulation then observe the newly created sequence rather than simply selecting a prerecorded simulation.«

Der wesentliche Unterschied liegt den AutorInnen zufolge also darin, dass bei Spielen die Handlungssequenz mehr oder weniger vordefiniert ist, während bei Simulationen das Geschehen aus der Interaktion zwischen System und Lernenden resultiert. Diese Unterscheidung ist nicht wirklich überzeugend, weshalb Sitzmann (2011) den Begriff der Simulationsspiele (»simulation games«) als Mischkategorie einführt. Wie nun bereits mehrfach skizziert, sind die Übergänge fließend, und letztlich bestimmen die Ziele einer Applikation und auch die Wahrnehmung der Lernenden, ob ein Spiel nun als Spiel oder eben nicht als Spiel, sondern als Simulation o. Ä. wahrgenommen wird.

All diesen Ansätzen gemein ist es, dass Lernende innerhalb einer digitalen Lernumgebung Entscheidungen treffen müssen und aus den Konsequenzen, die aus diesen Entscheidungen im Handlungsverlauf resultieren, lernen sollen (Clark, Tanner-Smith & Killingsworth, 2014; Sitzmann, 2011). Dies betrifft jedoch nur komplexere Spiele und weniger einfachere Spieltypen, bei denen nur grundlegende Informationen vermittelt werden sollen, ein komplexeres Problemlösen aber kaum oder gar nicht im Vordergrund steht (Esquembre, 2002). Allerdings ist Game-Based Learning nicht immer effektiv hinsichtlich der Vermittlung von Wissen (vgl. Wouters & van Oostendorp, 2013). Kim, Park und Baek (2009) identifizieren sechs Prozesse, die Lernende durchlaufen sollten, damit die Nachhaltigkeit des Lernens beim Game-Based Learning gewährleistet wird:

1. Lernende müssen sich mit einem oder mehreren Problemen und den damit zu lernenden Inhaltsbereichen während des Spiels identifizieren.

2. Lernende müssen unterschiedliche Zielfindungs- und Handlungsstrategien entwickeln.
3. Lernende müssen eine Problemlösestrategie auswählen.
4. Auf das Feedback der Lernumgebung muss reagiert werden, bzw. dieses muss genutzt werden.
5. Nützliche Strategien müssen verfolgt werden.
6. Weniger hilfreiche Strategien müssen verändert werden.

Solche oder ähnliche Strategien lassen sich auf viele Spiele, also auch auf solche außerhalb des Bildungssektors, anwenden, und beziehen sich auf Lernumgebungen, in denen ein problemlösendes Lernen im Vordergrund steht. Bei diesen Lernumgebungen schlagen Wouters und van Oostendorp (2013) zusätzliche didaktische Unterstützungsmaßnahmen vor und belegen in ihrer Übersichtsarbeit, dass dadurch der Lernerfolg deutlich gesteigert werden kann. Solche Unterstützungen können beispielsweise metakognitiver Natur sein:

- In der Studie von Kim et al. (2009) wurden drei solcher Strategien miteinander verglichen. In einer Bedingung sollten die Lernenden während des Spiels (aus dem Bereich der Ökonomie) ein Lernprotokoll führen, in einer zweiten Gruppe wurden Lösungsbeispiele gegeben; eine dritte Gruppe sollte Strategien lauten Denkens anwenden. Die Ergebnisse zeigten, dass sowohl die Lösungsbeispiele als auch lautes Denken hilfreiche Strategien waren, die vor allen Dingen nicht den Spielfluss störten, was bei der Protokoll-Bedingung eher zu Nachteilen führte.
- Sung und Hwang (2013) konnten in ihrer Studie zeigen, dass kollaboratives Spielen effektiver sein kann als individuelles Spielen. Ein Befund, der allerdings von anderen Studien (z. B. Meluso, Zheng, Spires & Lester, 2012) wie auch der Metaanalyse von Clark et al. (2014) nicht gestützt wird. Allerdings konnten auch Sung und Hwang (2013) zeigen, dass zusätzliche Unterstützung in Form der Visualisierung eigener Problemlösestrategien (im Sinne einer metakognitiven Reflexionsstrategie) zu besseren Lernresultaten führt. Andere Faktoren, die den Erfolg von Game-Based Learning mitbeeinflussen, betreffen außerdem der Grad der subjektiven Herausforderung. Nach Hamari et al. (2016) ist dieser Erfolg höher, wenn sich die Lernenden auch gefordert fühlen. Auch sollte der Lernaspekt deutlich sein: So ist der Lernerfolg größer, wenn sich Lernende dieses Aspekts bewusst sind, als wenn der Unterhaltungsaspekt im Vordergrund steht (Ethel & Jamet, 2013).

Betrachtet man einzelne Inhaltsbereiche näher, so zeigen einzelne Metaanalysen auch hier, dass Game-Based Learning durchaus zu positiven Effekten führt:

- Chiu, Kao und Reynolds (2012) untersuchten unterschiedliche Studien hierzu im Bereich Englisch als Zweitsprache. Hier konnten die AutorInnen zwar zeigen, dass Game-Based Learning nachweislich zu großen Effekten beim Lernen führen kann, dass aber nicht publizierte Arbeiten eher über geringe Effektstärken berichten (d. h., ein sog. Publication Bias könnte hier vorliegen). Die Au-

torInnen weisen zudem darauf hin, dass der Einsatz von Spielen bei komplexerem, problemlösenden Lernen eher indiziert zu sein scheint als bei einfacheren, reinen Übungsaufgaben (z. B. spielerischen Vokabeltrainern).
- Gerade beim Vokabellernen mit digitalen Spielen scheint außerdem die Art des Spiels einen wesentlichen Erfolgsfaktor darzustellen. Chen, Tseng und Hsiao, (2018) berichten zwar auch hier über große Effekte von Spielen verglichen mit traditionellen Ansätzen, allerdings scheint der Erfolgsfaktor die wahrgenommene Herausforderung durch die Spielumgebung zu sein: Je größer diese ist, umso größer ist auch der Lernzuwachs.
- Eine weitere Metaanalyse zur Nutzung digitaler Spiele im Fach Mathematik zeigt ebenfalls einen Vorteil dieses Ansatzes gegenüber traditionellen analogen Ansätzen; allerdings sind hier die Effekte eher gering (Tokac, Novak & Thompson, 2019).

Gerade der Grad der erlebten Herausforderung scheint ein wesentlicher Faktor für den Erfolg oder Misserfolg von Game-Based Learning zu sein. So finden auch Chen, Shih und Law (2020) über viele Genres und Inhalte hinweg eine mittlere Effektstärke für den Einsatz von Spielen. Die Förderung von Herausforderung und Wettbewerb zeigt sich insbesondere in Fächern wie Mathematik, Naturwissenschaften und Sprachen als effektiv, in anderen Bereichen wie etwa den Sozialwissenschaften hingegen weniger. Auch im Hinblick auf die verschiedenen Spielgenres bestehen hier Unterschiede: So erweist sich dieser Faktor als effektiv bei Simulationen, Rollen- und Strategiespielen sowie Rätselspielen, nicht jedoch bei Action-Spielen.

Das Wettbewerbselement ist ein wesentlicher Kern von Gamification (s. o.). So beinhaltet dieser Ansatz bei digitalen Lernumgebungen verschiedene Möglichkeiten, spielerische Elemente zu integrieren, die meist eine Wettbewerbskomponente inkludieren. So können etwa Punkte für bestimmte Leistungen erzielt werden, die dann in einer Highscore-Liste zu sehen sind und etwa Vergleiche mit anderen Lernenden ermöglichen. Weitere Möglichkeiten sind das Verleihen von Abzeichen jeglicher Art für erreichte (Teil-)Leistungen, das Erlangen virtueller »Güter« (etwa virtuelle Münzen, die gegen andere virtuelle Güter wie Abzeichen eingetauscht werden können), das Nutzen von Avataren etc. (einen Überblick geben Dicheva et al., 2015; oder Nah et al., 2014). Auch diese Ansätze scheinen positive Effekte hinsichtlich motivationaler und kognitiver Einflüsse mit sich zu bringen, wenngleich die Befundlage noch recht vage anmutet (Dicheva et al., 2015).

Zusammenfassung und Fazit

Das Lernen mit Simulationen ist aus unserer heutigen Gesellschaft nicht mehr wegzudenken. Insbesondere Übungssysteme, mit denen Kosten gespart und Gefahren vermieden werden können, sind fester Bestandteil spezifischer Berufsausbildungen. Neben dem Üben mit Hilfe von Simulationen liegt ein Schwerpunkt im Bereich des Lernens mit digitalen Medien in der Vermittlung von Kompetenzen, etwa im naturwissenschaftlichen Unterricht. Gerade hier bietet das explorative, hypothesentestende Lernen die Möglichkeit, zeitliche und organisatorische Grenzen des schulischen Lernens zu überschreiten und so ein aktives Lernen zu ermöglichen. Zentral ist dabei zumeist das Erkunden von Variablen, die hinter den naturwissenschaftlichen Vorgängen stehen, und das Begreifen der Wechselwirkungen zwischen diesen Variablen. Neben der Nutzung vorgegebener Simulationsprogramme besteht hier auch die Möglichkeit, eigene Simulationen zu erstellen, und durch das eigene Modellieren etwa die Funktionsweise komplexer Systeme zu verstehen. Eine wesentliche Voraussetzung für ein erfolgreiches Lernen mit Simulationen ist das Vorhandensein notwendigen Vorwissens. Hier sind entsprechende Hilfestellungen oder zusätzliche Informationsressourcen notwendig, damit dieses konzeptuelle Grundwissen erschlossen werden kann.

Auch das Üben mit Simulationen ist ein zentraler Anwendungsbereich. Dies kann beispielsweise ein adäquates Flugmanöver in einer Gefahrensituation sein, aber auch der korrekte Umgang mit KundInnen im Rahmen eines Geschäftsgesprächs sein. Hier helfen Simulationen, diese Situationen in einem sicheren Rahmen vorzubereiten, um dann für die Anforderungen des Alltags bereit zu sein. Schließlich bieten auch Game-Based Learning und Gamification verschiedene Möglichkeiten, spielerische Elemente in das Lernen mit digitalen Medien einzubringen und dabei sowohl motivational-unterstützend als auch lernförderlich zu wirken.

5 Computerunterstütztes kollaboratives und kooperatives Lernen

Digitale Technologien ermöglichen nicht nur das Anbieten bzw. Abrufen von Informationen über Datennetze, sondern haben auch unser Kommunikationsverhalten nachhaltig beeinflusst. Während manche Kommunikationstechnologien, wie etwa die E-Mail, die traditionelle Post bereits seit Jahrzehnten nach und nach zurückgedrängt haben, sind mit dem Aufkommen von Smartphones auch Messenger-Dienste oder diverse Social-Media-Anwendungen aus unserem Alltag nicht mehr wegzudenken. Neben der privaten Nutzung solcher Kommunikationswerkzeuge haben diese Technologien auch breiten Einzug in industrielle und wirtschaftliche Bereiche und auch in die Bildungsbereiche gehalten. In diesem Kapitel steht dabei die Nutzung digitaler Kommunikation für Lehr- und Lernzwecke im Vordergrund.

5.1 Eigenschaften und Besonderheiten der computervermittelten Kommunikation

Spätestens seit der Corona-Pandemie 2020 ist allen die Bedeutung der computervermittelten Kommunikation für verschiedenste Bereiche formellen wie informellen Lernens bewusst geworden. Viele Betriebe haben beispielsweise ihre Präsenztreffen durch Videokonferenzen ersetzt und voraussichtlich werden letztere auch in naher Zukunft ein fester Bestandteil unseres Alltags bleiben. Neben Videokonferenzen nutzen wir die computervermittelte Kommunikation bzw. die digital vermittelte Kommunikation als selbstverständlichen Teil unserer Alltagskultur, sei es per E-Mail, per Kurznachricht oder über andere Kanäle. An dieser Stelle steht dabei allerdings die Frage im Vordergrund, was diese Form der Kommunikation speziell für Wissenserwerbsprozesse bedeutet und was die Nutzung digitaler Medien im Bereich der Wissenskommunikation so besonders macht.

Die »analoge« medial vermittelte Kommunikation hat eine jahrhundertealte Tradition: Der klassische Briefwechsel ist ein Beispiel dafür, wie sprachliche Information, vermittelt durch ein Medium, ausgetauscht werden kann. Der Briefwechsel wurde auch in impliziter und expliziter Form zur Wissenskommunikation genutzt, man denke etwa an den Austausch zwischen Goethe und Schiller. Mit dem 20. Jahrhundert kam die breite Nutzung eines weiteren Kommunikationsmediums auf, das unsere Gesellschaft nachhaltig prägt: das Telefon. Mit dem Telefon (oder mit Funkgeräten) ließen sich erstmals Formen der Vermittlung und des Austauschs von Wissen realisieren, die z. B. den direkten, d. h. nicht zeitversetzten Kontakt zu Menschen in geographisch unzugänglichen Regionen, wie dem australischen Outback, ermöglichten.

Mit diesen – heutzutage beinahe schon historisch anmutenden – Beispielen sind bereits zwei Dimensionen der medial vermittelten Kommunikation adressiert, die im Bereich der *computervermittelten Kommunikation* (CvK; oder *Computer-mediated Communication*, CMC) nach wie vor ein wesentliches Unterscheidungskriterium bilden, und zwar die *asynchrone* und *synchrone Kommunikation*:

- Unter den asynchronen Kommunikationsformen sind medial vermittelte Informationswechsel zusammenzufassen, bei denen die aufeinanderfolgenden Beiträge zeitlich versetzt sind, d. h. die einzelnen Beiträge (z. B. zwischen zwei Kommunizierenden) werden nicht unmittelbar nacheinander verfasst. So liegt beispielsweise beim klassischen Briefwechsel jeweils ein zeitlicher Abstand zwischen einem Brief, der Antwort darauf, der Reaktion auf diese Antwort usw. Weitere Beispiele für Formen der asynchronen computervermittelten Kommunikation sind Kurznachrichten, E-Mails, Newsgroups und Diskussionsforen.
- Zur synchronen Kommunikation zählen alle Formen des gleichzeitigen Informationsaustauschs zwischen einzelnen Beteiligten. Im Gegensatz zur asynchronen Kommunikation nehmen hierbei alle Beteiligten zur gleichen Zeit – wenn auch nicht immer am gleichen Ort – am Diskurs teil. Das »natürliche« Gespräch (*face-to-face* oder telefonisch) zwischen den Lernenden oder mit den Lehrenden ist ein Beispiel für die synchrone Kommunikation. Bei der computervermittelten Kommunikation werden hierunter außerdem verschiedene Varianten des (getippten) Chats, der Audio- und Videoübertragung etwa über Videokonferenzen unterschieden.

Bei der computervermittelten Kommunikation im Rahmen von Lehr-Lernkontexten nehmen verschiedene Faktoren Einfluss auf Interaktion und Wissenserwerb. So spielen etwa die zeitliche Versetztheit (synchroner vs. asynchroner Austausch) sowie die Reichhaltigkeit der Informationsvermittlung (z. B. ausschließlich getippter Text vs. Bild/Audio-Übertragung) eine Rolle.

Gerade im Zusammenhang mit Online-Kursen, die ausschließlich auf die computervermittelte Kommunikation (synchron und asynchron) zurückgreifen, wird häufig die vergleichsweise höhere Abbruchquote im Vergleich zur traditionellen Face-to-Face-Ausbildung thematisiert (vgl. Ahern et al., 2006; Willging & Johnson, 2009). Um wieviel höher diese Abbruchquote ist, lässt sich nicht pauschal festlegen und variiert je nach Ausbildungsprogramm, Kursformaten und anderen Faktoren stark. Als ursächlich für eine höhere Abbruchquote nennen Willging und Johnson (2009) verschiedene Faktoren, wie beispielsweise hohe Belastungen im beruflichen oder familiären Umfeld, finanzielle Gründe etc. Solche Gründe sind sicherlich relevant, können jedoch nicht allein als Erklärung herangezogen werden. Lernende in der Präsenzlehre sind durchaus ähnlichen Belastungen ausgesetzt. Vielmehr scheinen zusätzliche Ursachen eine Rolle zu spielen, die mit den personenbezogenen Variablen interagieren. Die Autoren führen aber auch weitere Gründe an, wie etwa, dass die Lernumgebung zu unpersönlich sei, die Technologie den Kurs verkompliziere und dass nicht genug technische Unterstützung geleistet werde. Gerade solche technischen und kommunikativen Rahmenbedingungen erschweren die Durchführung bzw. Teilnahme an solchen netzbasierten Kurse (vgl. Astleitner, 2001).

Andere Faktoren für erfolgreiches bzw. nicht-erfolgreiches Absolvieren von Online-Kursen sind nach Lee, Choi und Kim (2013) u. a. Selbstkontrolle, metakognitive Lernstrategien, Selbstwirksamkeit, Ressourcenmanagement und familiäre sowie berufliche Unterstützung. Es sind also viele unterschiedliche Faktoren, die etwaige Abbruchquoten beeinflussen, so dass beispielsweise Frydenberg (2007) bezweifelt, dass es der Unterschied zwischen Online-Lehre und Präsenzlehre ist, der hier maßgeblich ist. Dennoch sind diese unterschiedlichen Quoten offenkundig, so dass ein möglicher Einflussfaktor durchaus in den Eigenschaften der computervermittelten Kommunikation liegen könnte. Diese weist im Gegensatz zur natürlich-sprachlichen Verständigung einige Unzulänglichkeiten auf, welche sich massiv auf Prozesse innerhalb von (Lern-)Gruppen auswirken können.

Für erfolgreiche (Lern-)Gruppen nimmt die *Time-Interaction-Performance-Theorie* von McGrath (1991) an, dass diese simultan mehrere Funktionen erfüllen. Sie beziehen sich auf die Arbeit an einer gemeinsamen Aufgabe (»production function«), die Aufrechterhaltung der Gruppenbinnenstruktur (»group well-being«) sowie die Unterstützung einzelner Mitglieder (»member-support«). Für alle diese Funktionen ist ein sozialer Bezugsrahmen unabdingbar. Gerade die Herstellung eines sozialen Bezugsrahmens stellt aber ein wesentliches Problem der computervermittelten Kommunikation dar. Bereits Astleitner (2001, S. 168) umschrieb dies wie folgt: »(...) CMC is problematic for establishing social/emotional relationships necessary in web-based distance education for reducing dropout.« Erst durch den Aufbau solcher sozialen und emotionalen Bindungen entstehen letztlich stabile soziale Gefüge, durch die Lernende in eine Gemeinschaft einbezogen werden. Ohne soziale Bindung innerhalb der Gruppen – man spricht hier von *Social Grounding* (vgl. Ahern et al., 2006; Clark & Brennan, 1991) – scheitern entweder einzelne Beteiligte oder die Gruppe als Ganzes recht schnell. Im Rahmen des Social Grounding werden hingegen die gemeinsamen Ziele und Aktivitäten koordiniert, welche bisweilen »zwischen den Zeilen« stehen. Es werden also die Grundlagen für ein positives Gruppenklima geschaffen, das eine Gruppe als solche stabil macht. Dieser Prozess, der primär über den Weg der Kommunikation erfolgt, wird durch die computervermittelte Kommunikation erschwert, was dazu führt, dass der notwendige soziale Halt häufig nicht oder nur unzureichend aufgebaut werden kann. Eine Grundlage zur Bildung sozialer Gefüge ist beispielsweise das Verhandeln sozialer Positionen. Die CvK reduziert deutlich die Möglichkeiten, soziale Gefüge zu bilden, da etwaige Hierarchien und deren Unterschiede weniger klar sind. Es fehlen entsprechende Signale und Indikatoren, oder sie sind zu wenig ausgeprägt. Dementsprechend werden Führungsrollen weniger erkannt, und die Wahrung sozialer Normen gegenüber den Lehrenden oder TutorInnen wird in netzbasierten Szenarien als unverbindlicher aufgefasst.

Bei der computervermittelten Kommunikation spricht man auch von einer Kanalreduktion. Visuelle oder nonverbale Kanäle stehen nicht oder nur stark übersimplifiziert zur Verfügung (das Herausfiltern sozialer Hinweisreize wird auch als *Cues-filtered-out*-Phänomen bezeichnet; vgl. Astleitner, 2001; Lewandowski, Rosenberg, Parks & Siegel, 2011). Die CvK weist nach diesem Ansatz schon im Vorfeld der Wissenskommunikation ein geringes soziales Potenzial auf. Wichtige Aspekte der non- und paraverbalen Kommunikation wie Intonation, Prosodie, olfaktorische Hinweisreize, Gestik und Mimik gehen verloren. Mittels Audio- und Videokonferenzsystemen etwa ist es möglich, die Defizite der CvK zu kompensieren, allerdings erreichen diese nicht die Qualität der natürlichen Kommunikation (vgl. Lewandowski et al., 2011; kritisch sehen das jedoch Derks, Fischer & Bos, 2008; die AutorInnen kommen in ihrem Review zu dem Schluss, dass sich bei der Kommunikation von Emotionen die natürliche Kommunikation und die CvK sehr ähnlich sind und dass Emotionen online sogar häufiger und expliziter kommuniziert werden. Dies bezieht sich jedoch auf die CvK allgemein und weniger auf die Wissenskommunikation). Mögliche Auswirkungen dieser Probleme sind das Ausscheiden einzelner oder mehrerer Lernender aus virtuellen Lerngruppen.

Andere Probleme, insbesondere der netzbasierten Aus- und Weiterbildung, bewegen sich zwischen zwei Polen: dem übermäßigen Beitragsverhalten, das im äußersten Fall als *Spamming* bezeichnet wird, und unzureichendem Beitragsverhalten, das den eigenen Arbeitsaufwand auf Kosten der Mitlernenden reduziert (i. S. v. *social loafing*; dem »sozialen Faulenzen«). In Extremfällen kann es darüber hinaus zu regelrechten Auseinandersetzungen kommen, die das endgültige Scheitern einer netzbasierten Kollaboration bedeuten, sogenannten *Flamings* (z. B. Johnson, Cooper & Chin, 2009). Die bislang geschilderten Schwierigkeiten sind grundlegend und ergeben sich aus der Verlagerung der Face-to-Face-Kommunikation in die computervermittelte Kommunikation. Werden aber über die rein kommunikative Ebene hinaus Lernformen eingesetzt, die eine enge Kooperation oder sogar Kollaboration erfordern, resultieren weitere problematische Aspekte.

Beim kooperativen und kollaborativen Lernen sind zwei Prozesse zentral. Der eine Prozess ist das sog. *Grounding*, d. h., dass alle Lernenden wissen, »um was es geht«, also eine gemeinsame Wissensbasis haben (der sog. Common Ground; vgl. Clark & Brennan, 1991). Eng damit verbunden ist der Wechsel der Sprechenden, das sog. *Turn-Taking* (Herring, Stein & Virtanen, 2013). Die beschriebenen Besonderheiten sind wesentlich von der verwendeten Kommunikationsumgebung abhängig, von Einflussgrößen wie den kognitiven, motivationalen und sozialen Merkmalen der Lernenden, letztlich aber auch von der Gruppengröße. Beispielsweise gestaltet sich das Turn-Taking bei der synchronen Kommunikation schon in Gruppen ab etwa fünf Teilnehmenden als problematisch. Dies liegt u. a. daran, dass mehrere Lernende gleichzeitig eine Antwort verfassen und diese – abhängig vom Fertigstellungstermin – zeitlich versetzt in einen völlig neuen Gesprächsfaden einbringen können. Unter Umständen kann ein Beitrag mit dem aktuellen Thema gar nichts mehr zu tun haben. Bei der Gruppendiskussion ist eher die asynchrone CvK vorteilhaft, da in Diskussionsforen zum jeweiligen Thema ein kohärenter *Thread* (»Gesprächsfaden«) erzeugt werden kann. Im Vergleich zu einer Chat-Plattform kann sich dies jedoch auch ungünstig auswirken, da je nach Themenbereich an unterschiedlichsten Stellen diskutiert und gearbeitet werden kann. Dieser Umstand erschwert den Überblick darüber, welche Beiträge aktuell sind, welche noch der Beantwortung bedürfen etc. Bei der synchronen Kommunikation ist dieses Problem nicht gegeben, da thematisch Aktuelles auch zeitgleich behandelt wird. Zudem ist direktes Feedback seitens einer Lehrperson oder seitens Mitlernender möglich. Falsche Informationen und deren Speicherung können mit sofortiger Wirkung korrigiert werden und müssen nicht durch aufwendige Nachkorrekturen, wie bei der asynchronen Kommunikation, kompensiert werden. In Audio- oder Videokonferenzen erübrigen sich Koordinationsprobleme zumeist, da hier wirklich nur eine Person zur selben Zeit sprechen kann. Allerdings erfordern solche Konferenzen eine starke Disziplin aller Beteiligten (etwa Mikrophone standardmäßig stummzuschalten, um Störgeräusche zu vermeiden) und eine Moderation und Koordination der Sprechwechsel.

Insgesamt betrachtet ist die pauschale Bewertung der Vor- und Nachteile computervermittelter Kommunikation zur Wissenskommunikation schwierig. Als ursächlich hierfür gelten verschiedenste Einflussgrößen, wie etwa das didaktische Design eines computervermittelten Kurses (z. B. direktiv vs. lernendengesteuert), die technischen Eigenschaften der eingesetzten Software oder die Einstellungen bzw. Persönlichkeitseigenschaften der Lernenden. Einen deutlichen Mehrwert bringt die CvK mit sich, weil sie die Flexibilität der Beteiligten durch Orts- und Zeitunabhängigkeit erhöht. Auch lassen sich Kommunikationsprozesse und -ergebnisse recht einfach dokumentieren und sowohl sichern als auch wiederverwenden, da nahezu alle digitalen Formate auch aufgezeichnet, gespeichert, wiederverwendet und ausgetauscht werden können. Wie auch bei analogen Kursen, ist das Lernen in Kleingruppen mithilfe digitaler Kommunikationsmedien auf didaktische Planungen und Strukturierungen angewiesen.

5.2 Lernen in Kleingruppen: Begriffsbestimmungen und didaktische Modelle

Das Lernen in Kleingruppen mithilfe computervermittelter Kommunikation wird auch als *Computer Supported Collaborative Learning* (CSCL) bezeichnet (vgl. Haake, Schwabe & Wessner, 2004; Järvelä & Hadwin, 2013). Die Technologie stellt hierbei den Rahmen für kollaboratives und kooperatives Lernen dar.

Kooperatives Lernen umschreibt die Zusammenarbeit von Lernenden zur Erreichung individueller und gemeinsamer Ziele. Ziel der Kooperation ist es, sowohl einen Gewinn für die Einzelperson als auch für die Gruppe als solche zu erzielen. Dieser Gewinn kann verschiedene Aspekte beinhalten, wie z. B. die Erweiterung von Wissensstrukturen über die Möglichkeiten des Individuums hinaus, die Arbeitsteilung und damit Zeitersparnis oder auch die Sicherung eines sozialen sowie motivationalen Rückhalts (vgl. Borsch, 2015; Johnson & Johnson, 1996, 2004). Insgesamt kann man durch diese Definition das kooperative Lernen von Formen des individuellen und des kompetitiven Lernens abgrenzen. Während beim individuellen Lernen das Individuum in der Regel alleine arbeitet und auch individuelle (Lern-)Ziele vorliegen, wird beim kompetitiven Lernen zwar auch die Wirkung sozialer Gefüge genutzt, dies allerdings im Sinne einer Wettbewerbsstruktur. Beim kooperativen Lernen liegt der Fokus u. a. auf der gegenseitigen Unterstützung der Lernenden (vgl. Johnson & Johnson, 1996, 2004).

Grundsätzlich kann kooperatives Lernen in vier Bereiche unterteilt werden:

a) formalisiertes kooperatives Lernen,
b) informelles kooperatives Lernen,
c) kooperative Gruppen und
d) diskursive Kooperation.

Formalisiertes kooperatives Lernen liegt vor, wenn z. B. eine Lehrperson gezielte Formen der Kooperation vorgibt. Sowohl das Lernziel als auch die Unterrichtsmethode bedingen demnach die Nutzung kooperativen Lernens. Von *informellem kooperativen Lernen* spricht man, wenn Gelegenheit zur Zusammenarbeit besteht, diese aber nicht zwangsläufig kontinuierlich im Rahmen eines Lehr-Lernangebots angeboten oder wahrgenommen werden muss. Hierzu gehören z. B. Kleingruppendiskussionen, die in den normalen Unterricht integriert sind, oder der reflexive Gedankenaustausch zwischen zwei oder mehreren Lernenden über einen Gegenstandsbereich, wie beispielsweise beim Brainstorming. Diese Maßnahmen sind gewöhnlich zeitlich eng umgrenzt. Bei *kooperativen Gruppen* liegen längerfristige Kooperationsstrukturen zugrunde. Die Lernenden unterstützen sich im vorrangig heterogenen Team über mehrere Monate oder einen längeren Zeitraum gegenseitig. Solche Teams werden häufig als *Learning Communities* bezeichnet (vgl. Tabak, Ben-Zvi & Kali, 2019; Lave & Wenger, 1991) und sind durch eine weniger formalisierte Form der Kooperation gekennzeichnet, die durchaus von den Lernenden selbstorganisiert verlaufen kann. Bei der *diskursiven Kooperation* liegt schließlich eine längerfristige, gemeinsame und immer wieder punktuell stattfindende Zusammenarbeit vor, die primär durch einen informellen fachlichen Austausch gekennzeichnet ist.

Nach Johnson und Johnson (2004) kann und soll formalisiertes kooperatives Lernen gefördert werden. Sie schlagen hierzu die folgenden Maßnahmen vor:

1. Entscheidungen vor der Lernphase: Die Lehrziele (kognitive wie soziale) müssen festgelegt werden, ebenso wie die Gruppengröße, die didaktischen Methoden und Aufgaben, welche die Lernenden zu bearbeiten haben, sowie die Rollen der Lernenden. Zudem müssen das Arbeits- bzw. Lernmaterial und der technische Rahmen geklärt sein.
2. Zu Beginn einer Lernphase: Die Aufgabe und die gegenseitige positive Abhängigkeit müssen erläutert werden. Notwendige Konzepte und Strategien hierzu

werden erläutert. Dazu gehört auch, festzulegen, wofür die Gruppe und wofür jedes Individuum verantwortlich ist. Zudem werden die Bewertung- und Erfolgskriterien sowie die Regeln innerhalb der Gruppe festgelegt.
3. Während der Lernphase: Die Lernenden müssen laufend beaufsichtigt und bei Bedarf unterstützt werden. Spezifische Förderung interpersoneller Kompetenzen ist ebenfalls möglich. Insbesondere die Zusammenarbeit soll gefördert werden.
4. Nach der Lernphase: Die Gruppenarbeit, der Lernerfolg und auch die Zusammenarbeit in der Gruppe sollten evaluiert und zurückgemeldet werden. Dies sollte durch die Lehrenden, aber auch durch die Lernenden untereinander erfolgen.

Abgesehen von diesen einfacheren Regeln der Zusammenarbeit, die relativ viele Freiheitsgrade bei der Interaktion zwischen den Lernenden zulassen, gibt es auch einige übergeordnete didaktische Modelle zur Förderung kooperativen Lernens, die sich aufgrund ihrer einschränkenden Vorgaben voneinander unterscheiden. Eine intensive Förderung der Kooperation durch derartige didaktische Maßnahmen ist schon allein deshalb zu rechtfertigen, da Lernende in Gruppen mit recht hohen Freiheitsgraden zum Teil nur wenig oder unzureichend zusammenarbeiten (Kunter & Trautwein, 2013).

> **Exkurs: Didaktische Modelle zur Förderung kooperativen Lernens**
>
> Einer der prominentesten Ansätze, um diesem Defizit vorzubeugen, ist das sogenannte *Reciprocal Teaching* (Palincsar & Brown, 1984). SchülerInnen wechseln dabei von der Rolle der Lernenden in die von Lehrenden – und umgekehrt. Zentrale Idee von Palincsar und Brown war es, das Verstehen von Texten dadurch zu fördern, dass SchülerInnen und TutorInnen (auch dies können SchülerInnen sein) wechselseitig einen Dialog über einen zu bearbeitenden Text führen. TutorInnen lassen SchülerInnen vor dem Lesen eines Abschnitts Vorhersagen über den Text machen. Dabei knüpfen sie an das Vorwissen der SchülerInnen an oder lassen diese nach dem Lesen den Text zusammenfassen. Nach einem Durchgang werden die Rollen gewechselt, d. h. TutorInnen werden zu SchülerInnen und umgekehrt. Durch diese Vorgehensweise können u. a. effektive Strategien zur Bearbeitung von Texten vermittelt werden.
> Ähnlich dem Reciprocal Teaching ist das *Gruppenpuzzle* (engl.: »jigsaw«; Aronson, 1978). Dabei wird der zu erwerbende Lernstoff in einzelne abgrenzbare Bereiche aufgeteilt. Es werden Kleingruppen gebildet, die sich jeweils in einen Themenbereich einarbeiten und deren Mitglieder dadurch quasi zu »ExpertInnen« werden. In einem weiteren Schritt werden diese Teams wieder getrennt, um neue Gruppen zu formen. Diese Gruppen setzen sich nun so zusammen, dass sie jeweils ein Mitglied aus einem der behandelten Bereiche enthalten. Die neue Gruppe ist also ein Team aus »ExpertInnen« für die unterschiedlich bearbeiteten Themen und die einzelnen Mitglieder müssen ihr Wissen jeweils mit den anderen teilen.

Ähnliche bekannte Ansätze sind die *Gruppenrecherche* (»group investigation«; Shachar & Sharan, 1994) oder die *Gruppenrallye* (»Student Teams Achievement Division«; Slavin, 1986; einen Überblick über verschiedene kooperative Lernformen gibt Borsch, 2015). Der Fokus liegt bei beiden auf der Recherche und Beschaffung von Informationen. Zumeist wird den Lernenden eine komplexe Aufgabenstellung gegeben, zu deren Bearbeitung die Sammlung und Analyse weiterer Informationen notwendig ist. Die Lernenden suchen arbeitsteilig unter Supervision einer dozierenden Person nach den entsprechenden Informationen. Die Resultate sowie Vorschläge zur Lösung der zu bearbeitenden Aufgabe werden dann gemeinsam präsentiert und evaluiert (in diesem Zusammenhang ist es möglich, dass unterschiedliche Gruppen verschiedene Themen bearbeiten; es ist aber auch denkbar, dass unterschiedliche Gruppen das gleiche Thema bearbeiten). Im Unterschied zur Gruppenrecherche ist bei der Gruppenrallye die Anreizstruktur fest an die Kooperation innerhalb der Gruppe gebunden: Nicht nur das Individuum, sondern die Gruppe als Ganzes wird bewertet. Dies gibt auch eine externe Anreizstruktur, um die Kooperation in der Gruppe zu fördern. Wichtig ist bei all diesen Ansätzen, dass eine sog. positive Interdependenz entsteht, also eine Abhängigkeit zwischen den Mitgliedern einer Gruppe, die positiver Natur ist. Konkret wird dies dadurch erreicht, dass Aufgaben eine gewisse Komplexität haben, so dass die Lernenden von der Zusammenarbeit profitieren (und nicht etwa effizienter und effektiver allein arbeiten; vgl. Johnson & Johnson, 2004).

Neben diesen direktiven Formen der Etablierung kooperativen Lernens gibt es auch indirektere Förderansätze, die sich auf alle vier der bereits geschilderten Kooperationsformen beziehen können. Durch das sog *Scripten*, also das Anbieten eines Rahmens zur Kooperation, kann eine indirekte Förderung erfolgen (man kann hier statt von Scripting auch von einer Art des Scaffolding sprechen; Miller & Hadwin, 2015). Scripting ist eine methodische Rahmenvorgabe, innerhalb derer die Lernenden beim Informationsaustausch gewissen Regeln folgen (Weinberger, Kollar, Dimitriadis, Mäkitalo-Siegl & Fischer, 2009). Zu diesen Methoden zählt das Brainstorming, bei dem die einzelnen KooperationsteilnehmerInnen alles äußern können, was ihnen zu einem vorgegebenen Thema einfällt, ohne dass eine Wertung oder Einschränkung durch die anderen erfolgt. Auch die Vorgabe einer gegenseitigen Bewertung und Kommentierung von Hausarbeiten kann ein einfaches Skript zur Förderung von Kooperation sein (vgl. Kiemer, Wekerle & Kollar, 2020).

Zur Wirksamkeit kooperativen Lernens zeigen verschiedene Studien, dass sich insbesondere die unterstützende Interaktion positiv auf den Lernerfolg auswirkt. Die gegenseitige Unterstützung bezieht sich auf eine Vielzahl von Ebenen, wie beispielsweise auf die gegenseitige Hilfe bei Problemen oder auf den Austausch an Informationen oder Lernressourcen. Gerade das gegenseitige Erklären, Elaborieren oder Zusammenfassen von Informationen bzw. das gegenseitige Unterrichten machen das kooperative Lernen dem individuellen Lernen überlegen (vgl. Cosden & English, 1987; Johnson & Johnson, 2004). Zudem geht mit dem

Lernen in Gruppen ein steter Wechsel zwischen Äußerungen und Feedback einher, der den Lernenden jeweils eine Bestimmung des eigenen (Leistungs-)Standes innerhalb der Gruppe ermöglicht. Dies wiederum gibt Gelegenheit zur eigenen Weiterentwicklung oder auch zu Korrekturen. Neben diesen kognitiven Wirkungen des kooperativen Lernens sind auch emotionale und motivationale Vorteile des Lernens in Gruppen zu nennen: Die verschiedenen Auffassungen oder Ansichten in einer Gruppe führen zu Neugierde oder können auch die Lernmotivation allgemein steigern, um beispielsweise die eigene Meinung deutlicher belegen oder die Sichtweise eines anderen nachvollziehen zu können. Metaanalysen wie etwa die von Kyndt et al. (2013; vgl. auch Chen, Wang, Kirschner & Tsai, 2018) zeigen, dass das Lernen in Gruppen verglichen mit individuellem Lernen zu besseren Lernleistungen und auch zu positiveren Einstellungen gegenüber der Lernumgebung führt. Ähnliche Befunde finden sich auch in der Metaanalyse von Lou, Abrami & d'Apollonia (2001), in welcher die gemeinsame Nutzung von digitalen Lernmedien (face-to-face) gegenüber individueller Nutzung verglichen wurde. Auch in dieser Analyse finden sich unter anderem, wenn auch nur geringe, positive Effekte des kooperativen Lernens auf Lernerfolg und Einstellungen.

5.3 Computerunterstütztes kollaboratives Lernen in Kleingruppen

Basierend auf den Möglichkeiten der computervermittelten Kommunikation hat sich seit Mitte der 80er Jahre des 20. Jahrhunderts eine Form des Lernens in (Klein-)Gruppen entwickelt, die unter der Bezeichnung *Computerunterstütztes kollaboratives Lernen* bzw. *Computer Supported Collaborative Learning* (CSCL) geführt wird. Wesentlich beim CSCL ist, dass verschiedene Mechanismen des Lernens in Gruppen sowie die Möglichkeiten der Computertechnologie gemeinsam genutzt werden. Die Ursprünge des CSCL liegen zeitgleich mit der erstmaligen breiteren Zugänglichkeit zu lokal vernetzten Computern (Local Area Networks, oder LANs). Aufgrund der zunehmenden Vernetzung von Computern über das Internet gibt es in diesem Bereich mittlerweile eine Vielzahl von Ansätzen, die dank Funknetzwerken (Wireless LANs) und tragbaren Computern (Laptops, Personal Digital Assistants/PDA) ortsunabhängig geworden sind. Während in den Anfängen des computerunterstützten kollaborativen Lernens die Teilnehmenden zumeist noch an bestimmte Orte gebunden waren (z. B. den Computerraum einer Schule oder Universität), hat der technologische Fortschritt mittlerweile die Überwindung dieser Barrieren begünstigt. So erfolgt die Kommunikation beim CSCL nun nahezu ausschließlich über digitale Kanäle auf unterschiedlichen Endnutzungsgeräten. Im Folgenden werden verschiedene theoretische und empirische Ansätze zur Didaktik, Förderung und Analyse des Lernens in Kleingruppen vorgestellt, die das CSCL ermöglichen. Die Lernenden können so am gleichen oder an unterschiedlichen Orten sein, die Kommunikation kann synchron oder asynchron erfolgen. Beispiele für Lernumgebungen, bei denen ausschließlich über Datennetze gemeinsam gelernt wird, sind das »CSILE«-Projekt, »CoVis«, das »Belvedere«-System oder im deutschsprachigen Raum »CoolModes« (vgl. Pinkwart, 2003).

Beispiel: Kollaboratives Lernen in Kleingruppen mit Hilfe von CSILE und CoVis

Bei »*CSILE*« (»*Computer Supported Intentional Learning Environment*«) wurde die Kooperation mit Hilfe eines lokalen Netzwerkes realisiert. Die Lernenden konnten in dieser »Urform« eines CSCL-Systems in der Gruppe ein Hypertext-Netzwerk verfassen und auf diese Weise eine gemeinsame externe Wissensbasis generieren. Das asynchrone System basiert auf einer Peer-Review-Metapher, d.h. einzelne Lernende entwickeln sich in einem Teilbereich zu ExpertInnen. Diese Expertise bringen sie in die gemeinsame Hypertext-Datenbank ein, wobei die Beiträge durch ihre MitschülerInnen begutachtet, kommentiert und ggf. erweitert werden (vgl. Scardamalia & Bereiter, 1994).

»*CoVis*« (»*Learning through Collaborative Visualization*«) ist ein weiteres Beispiel für erste Systeme zur Nutzung computervermittelter Kommunikation zum kooperativen Lernen (vgl. Edelson, Pea & Gomez, 1995). Ziel von »CoVis« war es, einen computerbasierten Informationsaustausch mit modernen pädagogischen Ansätzen zu verknüpfen, um insbesondere den naturwissenschaftlichen Unterricht in den Schulen zu fördern. Dabei liegt es nahe, die Vermittlung wissenschaftlicher Erkenntnisse enger an deren Entstehung zu koppeln und den Austausch zwischen den Lernenden (bzw. WissenschaftlerInnen) zu fördern. Den Lernenden bietet »CoVis« die Möglichkeit, sich mit den Werkzeugen und Umgangsformen vertraut zu machen, die heute auch WissenschaftlerInnen nutzen. Der zentrale Unterrichtsstil ist dabei projektorientiert. Kleingruppen von Lernenden erarbeiten zusammen mit ihren Lehrenden naturwissenschaftliche Inhalte und Theorien. Ähnliche Ziele verfolgt auch die »WISE«-Plattform (»Web-based Inquiry Science Environment«; Linn, Clark & Slotta, 2003), bei welcher insbesondere das forschende Lernen in Gruppen unterstützt und gefördert werden soll.

Neben den genannten Systemen steht eine Vielzahl an Standardtechniken zur Verfügung, die zur Anwendung kommen können. Im asynchronen Bereich kann auf E-Mails, Lernplattformen, Foren o. Ä. zurückgegriffen werden. Die Kommunikation kann partiell oder komplett auf die computervermittelte Kommunikation umgestellt werden. Im synchronen Bereich kann der Austausch unter den Lernenden oder zwischen Lernenden und Lehrenden mit Hilfe von Chat-Applikationen, Audio- und Videokonferenzen, Application-Sharing u. a. erfolgen. Dabei sind verschiedene Kombinationen individueller Arbeitsformen, Face-to-Face-Sitzungen und beliebiger technologisch umgesetzter Formen der computervermittelten Kommunikation möglich.

Gerade diese Methodenvielfalt macht es schwierig, das computerunterstützte kollaborative Lernen gegenüber individuellen, kompetitiven oder traditionellen kooperativen Lernformen vergleichend und empirisch zu bewerten. Eine pauschale Bewertung des Mehrwerts oder der Nachteile computerunterstützten kollaborativen Lernens ist aufgrund der Heterogenität der verschiedenen kollaborativen und individuellen Lernansätze sowie der Vielfalt technischer und didaktischer Gestaltungsoptionen ein vages, zum Teil gar unmögliches Unterfangen. Bereits im ersten Sammelband zum computerbasierten kollaborativen Lernen, »CSCL: Theory and Practice of an Emerging Paradigm«, postuliert der Herausgeber Timothy Koschmann (1996) in einem einleitenden Kapitel einen Paradigmenwechsel, weg von pauschalisierenden Vergleichen. Anstatt globaler Vergleiche über Lerneffektivität, Lerneffizienz oder Transferfähigkeit des Gelernten, schlägt Koschmann alternative Forschungsfragen und -strategien vor. Diese betonen in erster Linie eine Fokussierung auf den Lernprozess und die Lernergebnisse, z. B. darauf, wie sich Lernen als solches in der Sprache der Lernenden niederschlägt, oder welchen Einfluss soziale Prozesse nehmen. Des Weiteren stellt sich die Frage, wie die Technologie im kollaborativen Lerngeschehen tatsächlich eingesetzt wird. Insgesamt betrachtet Koschmann das CSCL als ein Paradigma, das Lernen im Prozess untersucht (»instruction as enacted practice«; Koschmann, 1996, S. 14). Diese Auffassung macht globale Vergleiche unterschiedlicher instruktioneller Strategien dennoch nicht obsolet. Vielmehr wird darauf aufmerksam gemacht, dass Lernen (und insbesondere dessen Erforschung) mehr ist, als Lernende zu betrachten, welche direktiv mit Informationen konfrontiert werden, und letztlich zu erforschen, was davon behalten wurde. Trotz dieser elementaren Einschränkung sollen einige Befunde vorgestellt werden, in denen solche globalen Vergleiche vorgenommen wurden (wobei hier in aller Regel durchaus auch Prozessdaten mit einfließen).

So wurden verschiedenste Studien durchgeführt, bei denen individuelles, kompetitives und kooperatives Lernen mit Computern verglichen wurde (Johnson & Johnson, 2004). Für diese Untersuchungen wurden zumeist SchülerInnen oder StudienanfängerInnen als ProbandInnen akquiriert, die einfache Probleme lösen mussten (z. B. Orientierungsaufgaben mit Landkarten oder Probleme bei Textverarbeitungsprogrammen). Kooperatives Lernen führte bei den Lernenden im Vergleich zu den anderen beiden Lernformen (kompetitiv, individuell) zu einem größeren Wissenszuwachs pro Tag, zu qualitativ besseren Lernleistungen, zu einem größeren Zuwachs an deklarativem Wissen, zu besseren Transferleistungen sowohl im deklarativen als auch im prozeduralen Bereich und zu einer verbesserten fachspezifischen Problemlösekompetenz. Kooperatives Lernen fördert im Wesentlichen auch die Motivation der Lernenden, was z. B. einige dieser Effekte erklärt. Allerdings gibt es auch Studien, in denen kein Unterschied deutlich wird (z. B. Metrailler, Reijnen, Kneser & Opwis, 2008; für einen Überblick siehe Johnson & Johnson, 2004), in denen also keine Vor- oder Nachteile gegenüber individuellem Lernen nachgewiesen werden konnten. In einer neueren Metaanalyse von Chen et al. (2018) konnten die AutorInnen zeigen, dass CSCL gegenüber individuellem Lernen (mit mittleren bis großen Effekten) zu signifikant besseren Lernleistungen, dem Erwerb von Fertigkeiten und positiveren Einstellungen gegenüber der Lernumgebung führte. Zusätzliche Unterstützung durch spezifische Softwarewerkzeuge (etwa zur gemeinsamen Koordination oder Visualisierung) wie auch zusätzliche instruktionelle Unterstützung zeigen beim kollaborativen Lernen ebenfalls positive Effekte.

Zumbach, Reimann und Koch (2006) schlagen folgende Taxonomie zu Förder- und Unterstützungsmaßnahmen beim computerunterstützten kollaborativen Lernen vor (▶ Abb. 5.1). Grob lassen sich dabei zunächst zwei Maßnahmenbereiche unterscheiden: design-basierte Ansätze und management-basierte Ansätze.

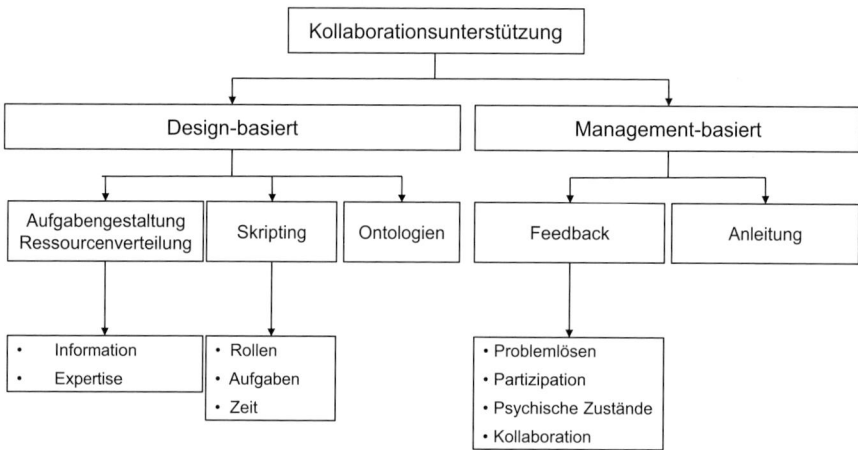

Abb. 5.1: Eine Taxonomie unterschiedlicher Maßnahmen zur Förderung von CSCL (modifiziert nach Zumbach, Reimann & Koch, 2006)

Aufseiten der *design-basierten Ansätze* finden sich alle Maßnahmen, welche bei der Gestaltung, also dem instruktionellen Design einer Lernumgebung, geplant und umgesetzt werden (d. h. die vor dem eigentlichen Lerngeschehen stattfinden). Es stehen die verschiedensten Möglichkeiten zur Verfügung, wie etwa die Gestaltung von Aufgaben (z. B. solche, die aufgrund ihrer Komplexität nur gemeinsam gelöst werden können; vgl. Kirschner, Kirschner & Janssen, 2014) oder die Verteilung von Ressourcen. Lernende mit unterschiedlichem Vorwissen können hierbei etwa in einer Lerngruppe zusammengeführt oder die Lernressourcen auf verschiedene Lernende verteilt werden.

Eine weitere Möglichkeit ist das bereits erwähnte *Scripten* eines Lernprozesses (bzw. das Verwenden sog. Kooperationsskripts; vgl. Vogel, Wecker, Kollar & Fischer, 2017). Hier kommen Ansätze zum Tragen, bei denen etwa die Rollen der Lernenden innerhalb einer Lernsitzung vorgeschrieben werden. So kann einem Lernenden zum Beispiel stets die Rolle zugewiesen werden, Fragen zu stellen, während ein Zweiter diese Fragen anhand des Lernmaterials bearbeiten muss und ein Dritter etwa diese Antwort bewerten soll. Neben den Rollen kann man so auch die Aufgabenbearbeitung (z. B. den Ablauf bestimmter Schritte eines

Problemlöseprozesses, wie Ideen sammeln, bewerten, auswählen etc.) und/oder die jeweils verfügbare Zeit im Vorfeld festlegen. Solche automatisierten Systeme haben sich insbesondere bei Ad-hoc-Gruppen empirisch bewährt (vgl. Fischer, Kollar, Mandl & Haake, 2006). In der Metaanalyse von Vogel et al. (2017) konnten die AutorInnen zeigen, dass Scripting zu einem positiven, wenn auch geringen Effekt beim Wissenserwerb beiträgt. Ein großer Effekt zeigt sich bei der Förderung von kollaborativen Tätigkeiten und Fertigkeiten, insbesondere wenn es darum geht, mit- und über Beiträge von Mitlernenden nachzudenken. Auch in Kombination mit anderen Fördermaßnahmen, wie gemeinsamem Concept Mapping, Brainstorming u. a., sind Scripts studienübergreifend wirksam.

Ein dritter Ansatz ist die Vorgabe einer spezifischen *Ontologie*, die von den Lernenden genutzt werden kann. Solche Ontologien erfordern in der Regel, dass die Lernenden ihre Beiträge gemäß spezifischer Vorgaben klassifizieren und somit letztlich strukturieren müssen (vgl. auch den folgenden Abschnitt).

Bei den *management-basierten Ansätzen* handelt es sich weniger um Maßnahmen, die direkt planbar sind, sondern eher um solche, die sich aus dem tatsächlichen Lerngeschehen ableiten lassen. Beim *Feedback* geht es darum, einer Lerngruppe Rückmeldung über verschiedenste Prozesse ihres Lernverhaltens zu geben. Automatisierte Rückmeldungsmechanismen erlauben hier etwa die Beteiligung, Zusammenarbeit, aber auch Motivation (durch gezieltes Abfragen) aufzuzeichnen und diese Daten in aggregierter Form an die Gruppe zurückzumelden. Solche Ansätze haben sich etwa zur Förderung von Problemlöseverhalten oder Gruppenklima als wirksam erwiesen (vgl. Boerkarts & Martens, 2006; Zumbach, Reimann & Koch, 2006).

Ein zweiter Ansatz ist das Anleiten von Gruppen. Dies kann etwa durch gezieltes *E-Moderating* erfolgen. E-Moderating bedeutet das Moderieren von (Lern-)Gruppen in der computervermittelten Kommunikation. E-ModeratorInnen (bzw. Online-TutorInnen) müssen in ihrem Tätigkeitsfeld verschiedene Kompetenzen zugleich vorweisen und erfüllen: Organisation, Animation, Motivierung, Expertise hinsichtlich Inhalt wie auch dessen Vermittlung. Diesen Rollen gleichzeitig gerecht zu werden und dabei ein jeweils optimales Maß zu finden, stellt jedoch eine große Herausforderung dar (vgl. Salmon, 2012). Salmon (2000, 2012) hat hierzu eine Liste von Anforderungen entwickelt, die Online-TutorInnen erfüllen müssen:

- Verstehen von Online-Prozessen
- Technische Kompetenzen
- Kompetenzen der Online-Kommunikation
- Inhaltliche Expertise
- Persönliche Voraussetzungen (z. B. Extraversion, Offenheit)

Dass die Interaktion mit anderen Lernenden und Lehrenden beim kollaborativen Lernen über digitale Kommunikationswege einen deutlichen Mehrwert mit sich bringt, zeigt die Metaanalyse von Bernard et al. (2009). Allerdings zeigt diese Analyse auch, dass die Lehrenden-Lernenden-Interaktion in Online-Kursen weniger effektiv ist als die Interaktion von Lernenden untereinander. Jedoch wurden in diese Analyse etwaige E-Moderating-Fähigkeiten nicht näher untersucht. Ein weiteres Resultat der Analyse ist das Ausbleiben von Unterschieden zwischen synchroner und asynchroner computervermittelter Kommunikation: hier gibt es keine statistisch überzufälligen Auswirkungen auf den Lernerfolg.

5.4 Massive Open Online Courses

Seit einigen Jahren bieten Universitäten und mittlerweile auch andere Bildungsanbieter ihre Kurse auch für die breite Öffentlichkeit über das Internet an. Diese Kursformen werden als *Massive Open Online Courses* (MOOCs; Yeager, Hurley-Dasgupta & Bliss, 2013) bezeichnet. In der Regel setzen sich diese Kurse aus einem Medienmix zusammen, der mit einem oder mehreren Online-Assessments kombiniert wird. Bei MOOCs werden grob zwei Arten voneinander unterschieden, die sog. xMOOCs und die cMOOCs. Generell steht das Akronym dafür, dass hier Online-Kurse zur Verfügung gestellt werden, die massentauglich sein sollen. Die Differenzierung zwischen den beiden hier skizzierten Varianten ist auf die unterschiedlichen Formen an Beteiligungsmöglichkeiten der Teilnehmenden zurückzuführen:

Die Erweiterung des »x« bei den *xMOOCs* geht auf eine an der Universität Harvard übliche Praxis zurück, Kurse, welche online verfügbar sind, im Vorlesungsverzeichnis mit einem »x« zu markieren. Dies setzte sich in der weiteren Bezeichnung durch (vgl. Bremer, 2013). xMOOCs folgen eher einer direkten Instruktion, bei der im Wesentlichen Inhalte präsentiert und/oder vorgetragen werden.

Die zweite Variante sind die *cMOOCs*, bei denen eher die kollaborative Komponente und der Austausch der Lernenden untereinander im Vordergrund stehen. Das »c« steht dabei für »connectivism«, denn zentral soll bei dieser Form von Online-Kursen die Verbindung (= Connection) zwischen allen Beteiligten sein. Bremer (2013) beziehungsweise Bremer und Weiß (2013) betrachten zudem die »konnektivistische« Auffassung als »Wissen, wo?«, also das Wissen um die Ressourcenallokation als zentrale Kompetenz im digitalen Zeitalter (»Wer könnte das wissen/mir helfen?« bzw. »Wo findet sich die Information«), und berufen sich dabei u. a. auf Siemens (2005).

Prinzipiell wird hier zwar ein neues Lernparadigma postuliert, bei genauerer Betrachtung finden sich aber keine nennenswerten theoretischen Weiterentwicklungen (vgl. Bremer, 2013) gegenüber bisherigen konstruktivistischen Ansätzen, wie etwa denen der Situated-Cognition-Bewegung und der Communities of Practice (vgl. Lave & Wenger, 1991; Resnick, 1987). Gerade aber die Einbindung von Individuen in soziale Netzwerke (also soziale Strukturen im eigentlichen Sinne) ist hier zentral, wie Lave und Wenger betonen (1991, S. 29):

»Learning viewed as situated activity has as its central defining characteristic a process that we call legitimate peripheral participation. By this we mean to draw attention to the point that learners inevitably participate in communities of practitioners and that the mastery of knowledge and skills requires newcomers to move toward full participation in the sociocultural practices of a community.«

Gemeinsam ist beiden Formen der MOOCs, dass es sich um Großveranstaltungen handelt (bzw. handeln soll), d. h., dass in der Regel mehr als 150 Lernende an solchen Kursen teilnehmen (vgl. Bremer & Weiß, 2013). Zudem ist der Zugang in aller Regel frei und nicht mit Kosten verbunden, wenngleich an verschiedenen Universitäten Prüfungs- oder Zertifizierungsgebühren anfallen können. Unterschiede zwischen cMOOCs und xMOOCs finden sich zumeist im Ausmaß der Beteiligung der Lernenden, in deren Möglichkeit, die Kursinhalte und den Kursverlauf zu beeinflussen, sowie in der Flexibilität der Lernenden, welche bei cMOOCs in aller Regel höher ist (einen detaillierten Vergleich gibt Bremer, 2013).

Bei den MOOCs scheint es sich – ähnlich wie bei den ersten breiteren Ansätzen des E-Learnings (vgl. Funke & Zumbach, 2005) – generell eher um einen Hype zu handeln, denn um ein wirkliches Alleinstellungsmerkmal. Wurde 2013 noch vereinzelt das Ende der Universitäten, wie wir sie kennen, ausgerufen, so scheint das Phänomen der MOOCs seine Nische in der bestehenden Hochschul- und Medienlandschaft gefunden zu haben. Systematische empirische Untersuchungen über die Nutzung sowie die Wirkung von MOOCs sind eher selten, und einschlägige Metaanalysen stehen hier noch aus (Bozkurt, Akgün-Özbek & Zawacki-Richter, 2017; Weinhardt & Sitzmann, 2019). Vielmehr dominieren hier Arbeiten, die sich eher mit technischen Aspekten (z. B. Plattformen), organisatorischen und curricularen Überlegungen, Inhalten sowie (medien-)didaktischen Auseinandersetzungen beschäftigen (Zawacki-Richter, Bozkurt, Alturki & Aldraiweesh, 2018).

5.5 Kollaboratives Schreiben im Internet: Blogs und Wikis

In den vergangenen Jahren wurde das Internet um zahlreiche Dienste bereichert, die es den NutzerInnen nicht nur erlauben, Informationen abzurufen, sondern auch aktiv eigene Materialen ohne größeren Aufwand (z. B. durch das Betreiben eines eigenen Webservers) online zu stellen. Hier gibt es je nach Medium und Zielgruppe die verschiedensten Anbieter, wie etwa »YouTube« (www.youtube.com) für Videos, »Flickr« (www.flickr.com) für Bilder, Online-Tagebücher (sog. *Web Logs*, oder kurz: *Blogs;* auch für Gruppen einsetzbar) oder auch Foren zum gemeinsamen Schreiben an Artikeln (sog. *Wikis;* das bekannteste Beispiel dürfte die »Wikipedia« sein: www.wikipedia.de).

Blogs und Wikis wurden in den vergangenen Jahren vermehrt zum kollaborativen Schreiben und Lernen eingesetzt. Besonders interessant ist dabei, dass sowohl die Technologie als auch die zentralen pädagogischen Konzepte bereits zur Routine im Bereich des Lernens mit digitalen Medien gehören. Grundsätzlich unterscheiden sie sich nämlich nicht vom »CSILE«-Ansatz, der schon zu Beginn der 1990er Jahre begründet und seitdem weiterentwickelt wurde (▶ Kap. 5.3). Aus diesem Grund ist der Euphorie, die der sog. *Web 2.0*-Technologie entgegengebracht wird, eher nüchtern zu begegnen. Dennoch ist der Ansatz per se aus didaktischen Gründen natürlich immer noch zu rechtfertigen: Die Externalisierung von Wissen sowie der Austausch und die Diskussion von Informationen können sowohl elaborative wie auch reflexive Prozesse Lernender fördern.

Blogs

So wurde in einer Studie von Xie, Ke und Sharma (2008) untersucht, ob die kontinuierliche Nutzung eines Blogs parallel zu einer universitären Lehrveranstaltung auch die selbstreflexiven und -regulativen Kompetenzen Lernender als Schlüsselqualifikation des selbstgesteuerten Lernens fördern kann. Die AutorInnen verglichen dabei eine Gruppe von »BloggerInnen«, welche dies allein taten, mit einer Gruppe, in welcher sich die Lernenden in Dyaden gegenseitig Feedback und Kommentare zu geben hatten. Die Ergebnisse zeigten, dass sich der Einsatz reflexiver Strategien durch die Nutzung eines Blogs über die Zeit hinweg tatsächlich signifikant steigern ließ. Allerdings zeigten die Ergebnisse auch, dass das gegenseitige Kommentieren sich eher ungünstig auswirkte, da hier deutlich weniger reflektiert wurde. Eine mögliche Erklärung könnte sein, dass die Kommentare von LernpartnerInnen die selbstkritische Auseinandersetzung mit den eigenen Blog-Inhalten nicht mehr notwendig erscheinen ließen. Zudem vermuten Xie et al. (2008) einen Anker-Effekt: Wenn eine Person keine selbstreflexiven Strategien einsetzt, kann dies dazu führen, dass auch die zweite Person in einer Dyade auf solche Blog-Einträge verzichtet. Dennoch zeigt sich die Nutzung eines Blogs allgemein als effektive elaborative und selbstreflexive Lernstrategie.

Generell benennt Kim (2008) verschiedene Vorteile von Blogs gegenüber bisherigen asynchronen Kommunikationswerkzeugen. Die Verwendung von Bildungstechnologien sieht Kim als soziotechnisches System, bei welchem insbesondere die Interaktion und Passung von Technik, persönlichen Voraussetzungen und Präferenzen, Umwelt, und den Arbeits- bzw. Lernbedingungen im Vordergrund stehen. Kim betont hier, dass die asynchrone computervermittelte Kommunikation (etwa durch Foren oder E-Mail) verschiedenen Aspekten eines soziotechnischen Systems nicht gerecht werden könne: Während die bisherigen Technologien schwer zu koordinieren sind, die Eigenaktivität der Lernenden eher extern motiviert werden muss, der Einsatz der computervermittelten Kommunikation primär von den Lehrkräften gesteuert wird und keine Eigenverantwortung resultiert, bieten Blogs eine Alternative. Blogs können ständig aktualisiert und deren NutzerInnen automatisch über diese Änderungen informiert werden. Ein Blog ist in der Regel ein individuell gestaltbarer Bereich, über den

Lernende eigenständig bestimmen und ihn auch gestalten können. Dadurch steigt die Eigenverantwortung. Des Weiteren ist ein Blog weniger durch die Lehrperson vorgegeben, sondern wird eher von Lernenden gestaltet und verwaltet.

Aus technischer Sicht erlauben Blogs auch eine (teil-)automatisierte Weiterverarbeitung der von den Lernenden generierten Daten. So entwickelten Wang, Huang, Jeng und Wang (2008) ein automatisiertes Werkzeug, bei welchem die Blog-Einträge hinsichtlich ihrer Relevanz zum Lösen eines vorgegebenen Problems analysiert und aggregiert werden. Dazu werden diese relevanten Beiträge extrahiert und in einer semigraphischen Karte visualisiert (ähnlich einer Concept Map). Gerade bei einer längerfristigen Kooperation zwischen Lernenden konnten die AutorInnen die Nützlichkeit dieser Zusammenfassungen zum Wiederholen bzw. Erfassen eines Gesamteindrucks nachweisen. Da diese Übersicht bei einer Vielzahl von Blog-Einträgen in konventioneller Blog-Software recht schnell verloren geht, kann diese Form der Visualisierung einer kognitiven Überlastung und Desorientierung entgegenwirken. Blogs können auch als Instrumente zur metakognitiven Reflexion des eigenen Lernens und zur kognitiven Elaboration von Lerninhalten dienen. In der Studie von Chua, Chana und Tiwarib (2012) kommen die AutorInnen zu dem Schluss, dass Blogs eine sinnvolle didaktische Begleitung von Praktika sein können und (meta-)kognitive Prozesse durch eigenes Schreiben bzw. Kommentieren anderer Blogs fördern können (vgl. auch Sun & Chang, 2012).

Wikis

Neben Blogs werden auch Wikis als Ansatz des kollaborativen Schreibens und Lernens eingesetzt. Wikis unterscheiden sich von Blogs in erster Linie dahingehend, dass bei ihnen die AutorInnen nicht eindeutig zu bestimmen sind. Während Blogs primär individuell verwendet bzw. verwaltet werden (auch eine kollaborative Nutzung ist möglich, s. o.; die Verwaltung obliegt aber jeweils einem Individuum), sind Wikis dezentral, d. h. alle BenutzerInnen können hier gleichberechtigt Beiträge verfassen, editieren und löschen, also auch die Beiträge anderer (vgl. Brahm, 2007). Ähnlich wie bei den Blogs erhofft man sich durch den Einsatz der Wikis eine aktive Auseinandersetzung mit den Inhalten durch die Lernenden und eine Förderung des Austauschs zwischen den Lernenden in virtuellen Lerngruppen (vgl. Brahm, 2007; Brahm, Ingold & Wenk, 2007).

Die Integration von Wikis in Lehr-Lernszenarien wird häufig positiv bewertet (vgl. Brahm et al., 2007; Sigala, 2007), allerdings gibt es auch hier Arbeiten, welche diesen Eindruck deutlich einschränken. Cole (2009) untersuchte, inwieweit ein einen Hochschulkurs begleitendes Wiki die Leistungen und die Zusammenarbeit der Lernenden fördern kann. Nach fünf Wochen wurde das Experiment abgebrochen, weil kein einziger Beitrag im Wiki veröffentlicht wurde. Dies unterstreicht die bisherigen Erfahrungen im Bereich des computerunterstützten kollaborativen Lernens: Die reine Verfügbarkeit von spezifischen Medien bzw. Kommunikationswerkzeugen ist keine didaktische Intervention per se, sondern muss sorgfältig geplant werden. Im Prozess der didaktischen Planung müssen hier sowohl die Bedürfnisse der Lernenden berücksichtigt werden (Benötigen diese tatsächlich ein Wiki, wenn sie sich auch face-to-face sehen?), als auch die Aufgaben und Medien aufeinander abgestimmt werden. Allerdings gibt es auch positive Befunde. So zeigen Miyazoea und Anderson (2010), dass das Schreiben etwa beim Sprachenlernen eine sinnvolle didaktische Bereicherung sein kann. In ihrer qualitativen Studie untersuchten sie die Nutzung und Präferenz für Wikis, Blogs und ein Forum. Lernende bevorzugten dabei die Wikis, und anhand der Einträge konnten die AutorInnen analysieren, dass die fremdsprachlichen Kompetenzen der Lernenden in diesen Werkzeugen sich nach und nach verbesserten. Auch die Metaanalyse von Xu, Banerjee, Ramirez, Zhu und Wijekumar (2019) belegt, dass Blogs und Wikis sich bei systematischer Verwendung positiv auf die Schreibkompetenzen von Lernenden auswirken können. Allerdings zeigen die Ergebnisse dieser Analyse auch, dass die individuelle Nutzung einer kollaborativen Nutzung überlegen ist.

Gegebenenfalls sind spezifische Fördermaßnahmen oder zusätzliche Aufgaben notwendig, damit eine bestimmte Technologie besser als eine andere zum Erreichen der spezifischen Lehrziele beiträgt. Sehr häufig findet man jedoch gerade im Bereich der Web 2.0-Anwendungen rein technologiebasierte Ansätze, die ohne ein theoretisch fundiertes Konzept zum Einsatz kommen. Auch zeigt sich in diesem Kontext häufig, dass etwaige pädagogische Überlegungen eher technologiegeleitet denn tatsächlich didaktisch motiviert sind. Schon vorliegende Erkenntnisse der lernpsychologischen Forschung werden dabei unter dem Deckmantel des Neuen häufig nicht wahrgenommen. Dabei zeigen verschiedene Studien, dass kognitive und metakognitive Unterstützung im Sinne eines Scaffolding die Effektivität solcher digitalen Lernansätze steigern können (Jumaat & Tasir, 2014).

> **Zusammenfassung und Fazit**
>
> Digitale Technologien ermöglichen verschiedenste Szenarien computerunterstützten kooperativen oder kollaborativen Lernens. Dabei ist der Einsatz computervermittelter Kommunikation nicht zwangsläufig notwendig, da die Kommunikation auch vor Ort, also face-to-face, erfolgen kann. Dennoch steht der Einsatz computervermittelter Kommunikation beim Großteil der hier dargestellten Ansätze zur Förderung kollaborativen Lernens im Zentrum. Bei der überwiegenden Mehrheit der empirischen Befunde zeigt sich, dass sich das computerunterstützte kollaborative Lernen im Vergleich zu individuellen Lernformen hinsichtlich Wissenserwerb und metakognitiver Kompetenzen und Strategien meist günstiger auswirkt. Allerdings sind unterschiedliche Personen- und Aufgabenmerkmale zu berücksichtigen, die bei Pauschalvergleichen zumeist wenig Würdigung finden. Entsprechend wichtig ist es, nicht nur das Ergebnis, sondern auch den Prozess kooperativer Wissenserwerbsprozesse näher zu betrachten. Hier spielen neben kognitiven Aspekten auch Prozesse der Motivation, des sozialen Austauschs und der personellen Interdepen-

denz eine wesentliche Rolle. Bei der Förderung technologiebasierten kollaborativen Lernens gibt es mittlerweile eine Vielzahl an Methoden und Ansätzen zur Förderung gemeinsamer Wissenskonstruktionen. Es kommen vornehmlich unterschiedliche Formen der Visualisierung von Lerninhalten und Interaktionsmöglichkeiten der Lernenden zum Tragen. Zudem werden verschiedene Möglichkeiten der computervermittelten Kommunikation (synchron wie asynchron) integriert.

Neben technischen Ansätzen zur Förderung kooperativen Lernens sind auch verhaltensbasierte Ansätze indiziert. Ein recht vielversprechender Weg ist die Nutzung von Online- oder E-ModeratorInnen, die Teilnehmende in Online-Lerngruppen betreuen und, wo notwendig, unterstützen. So breit gefächert wie die unterschiedlichen Ansätze zur Förderung sind auch die Methoden zur Analyse des kollaborativen Lernens mit digitalen Medien. Hier zeigt die Forschung ein breites Set an teilweise automatisierten Auswertungsverfahren, mit denen Prozesse des Lernens in der Gruppe analysiert und formal beschrieben werden können.

Problematisch ist bei vielen dieser empirischen Ansätze allerdings, dass zumeist nur Ad-hoc-Gruppen oder kurzfristig zusammenarbeitende Teams fokussiert werden. Gerade im Bereich des Lernens in Gruppen – sei es mit oder ohne technologische Unterstützung – ist es wünschenswert, auch längerfristig stabile Gemeinschaften zu untersuchen. Hier ist von sogenannten *Knowledge Building Communities* die Rede, also von wissensbildenden Lerngemeinschaften, die sich zum Zweck der gemeinsamen Wissensweiterentwicklung finden. Gerade in Zeiten der *Wissensgesellschaft* kommt solchen Teams eine immer größer werdende Bedeutung zu, da hier sowohl die gemeinsame Entwicklung von Expertise forciert als auch eine Form des interpersonellen Wissensmanagements betrieben wird.

6 Hybride Lernformen

Ob und wie wir digitale Technologien zum Lernen verwenden, hängt von verschiedenen Entscheidungsprozessen ab, die sowohl von denjenigen, die Bildungsangebote planen, als auch von den Lernenden selbst getroffen werden. Das »reine« Online-Lernen hat dabei die gleiche Berechtigung wie andere Formen des Lehrens und Lernens, bei denen »analoge« Lernphasen mit digitalen Lerneinheiten verknüpft werden. In diesem Zusammenhang spricht man dann von Blended Learning, bzw. von hybriden Lernformen. Mit mobilen Endgeräten ist das digitale Lernen, so wie etwa bei »analogen« Medien wie Lehrbüchern oder anderen tragbaren Medien, in verschiedensten Kombinationen, Orten und Zeiten möglich. Die Grenzen zwischen formalem und informellen Lernen verschwimmen damit zunehmend.

6.1 Hybrides Lernen und Blended Learning

Mit der Kombination digitalen Online-Lernens und analogen Offline-Lernens versucht man die jeweiligen Nachteile des einen wie auch des anderen zu kompensieren. Diese Lernform wird als *Blended Learning* oder auch als *Hybrides Lernen* bezeichnet. Der Begriff bezeichnet – in Anlehnung an den »Blended Whisky« oder andere Verschnitte – einen Methodenmix mit dem Ziel der geschmacklichen Verbesserung. Blended Learning ist dabei ein Überbegriff für verschiedene Mischformen zwischen Präsenzlehre und digitalen Lernangeboten. Es geht dabei zum einen um die Verbesserung von reinen Online-Kursen, zum andern um die Erweiterung der klassischen Präsenzlehre über das Klassenzimmer bzw. den Seminarraum hinaus. Die Kombination von Face-to-Face-Lehre und Online-Ausbildung kann unterschiedlichste Formen und Facetten annehmen: Von der Online-Diskussion, die sich an ein Wochenendseminar anschließt, über einen steten Wechsel zwischen Präsenzphasen und dem Online-Absolvieren von Kursmodulen bis hin zu längerfristigen Kursen. Blended Learning bedeutet folglich immer die Kombination verschiedener Lehr-Lernmethoden, die sich phasenweise abwechseln. Nach Back, Bendel und Stoller-Schai (2001) bezeichnen Blended Learning bzw. die synonymen Begriffe *Hybrides Lernen* oder *Multi-Method Learning* die Kombination verschiedener Lernmethoden und Maßnahmen, welche immer auch einen gewissen Online-Anteil enthalten. Verschiedene Kombinationen umfassen hier die Dimensionen Virtualität (vs. Nicht-Virtualität), Stationarität (lokal vs. verteilt), Dynamik (statisch vs. dynamisch), Synchronizität (synchron vs. asynchron) sowie Sozialform (individuell vs. kollaborativ).

Typische Kombinationsmöglichkeiten von Blended Learning sind in Tabelle 6.1 dargestellt, wobei der Einsatz der einzelnen Elemente phasenweise wechselt (▶ Tab. 6.1).

Tab. 6.1: Kombinationsmöglichkeiten verschiedener Lernmethoden (vereinfachte Darstellung auf drei Phasen reduziert, Anzahl der Phasen beliebig erweiterbar)

	Phase 1	Phase 2	Phase 3
Konventioneller Unterricht/ Seminar /Training		Präsenzkurs (face-to-face)	
Online-Lernen		Selbstlernkurs (digital online)	
Blended Learning (erweiterter Online-Kurs)	Präsenzphase (Vorstellung der Themen und Kennenlernen)	Selbstlernphase (Wissenserwerb und Übungen)	Präsenzphase (Nachbereitung, Diskussion)
Blended Learning (erweiterter Präsenzkurs)	Selbstlernphase (Vorbereitung)	Präsenzphase (Wissenserwerb und Übungen)	Selbstlernphase (Nachbereitung)

Wesentliche Vorteile in der Kombination von Online- und Präsenzphasen liegen darin, dass die Flexibilität des Online-Lernens (z. B. Aktualisierbarkeit von Inhalten, Zeit- und Ortsunabhängigkeit, Interaktivität etc.) mit den Vorteilen der Präsenzlehre (soziale Eingebundenheit in eine Gruppe, direkte Unterstützung) kombiniert werden kann. Schon allein die Möglichkeit, Informationen im digitalen Medium zu präsentieren, eröffnet ein weites Spektrum an Maßnahmen zur Unterstützung Lernender. Angefangen damit, dass Online-Skripte begleitend zu Lehrveranstaltungen auf Knopfdruck verfügbar sind, oder Selbstlernvideos einfach online gestellt werden können, bzw. verfügbar sind, bieten digitale Medien verschiedenste Gestaltungsformen, um Materialen lernendengerecht aufzubereiten (z. B. interaktiv und adaptiv; ▶ Kap. 2). Dies sind exemplarische Lernangebote und -gelegenheiten, für die in traditionellen Lernumgebungen in aller Regel wenig oder keine Zeit vorhanden ist. Darüber hinaus resultiert aus manchen Schulungen der Bedarf, sich weiterhin mit Lehrenden oder Mitlernenden auszutauschen. Sehr häufig ist dies aus organisatorischen oder finanziellen Gründen nicht möglich. Die Verlagerung einer solchen Diskussion vom Klassenzimmer in digitale Räume gibt die Gelegenheit, offengebliebene Frage zu klären, den Transfer des Gelernten in den Alltag zu erhöhen oder auch selbstorganisierte Lerngruppen zu fördern. All diese Gründe können letztlich dazu herangezogen werden, Teile einer Face-to-Face-Schulung in den virtuellen Raum zu verlagern. Die Bildung einer sozialen Gemeinschaft kann durch die Kombination von Face-to-Face-Phasen und Online-Lernphasen gefördert werden. Hier hilft das Blended Learning, entsprechende Defizite im Vorfeld durch Präsenztreffen aus dem Weg zu räumen, um anschließend beispielsweise die orts- und zeitunabhängigen Vorteile des Internets zu nutzen. Auf diese Weise können soziale, inhaltliche und methodische Grundlagen geschaffen werden, die alle Lernenden auf einen vergleichbaren Stand bringen.

Die Vor- und Nachteile von Face-to-Face- und Online-Seminaren eröffnen ein breites Spektrum an möglichen Verknüpfungen zwischen beiden Varianten. Im Wesentlichen hängt die Kombination Online/Offline davon ab, welchen zeitlichen Umfang eine Aus- und Weiterbildungsmaßnahme hat und welche kurz- oder längerfristigen Ziele damit verbunden sind. So kann eine Face-to-Face-Vorlesung im Bereich der Hochschulausbildung mit interaktiven Online-Übungen verbunden sein, welche bei der Nachbereitung des Vorlesungsinhalts helfen sollen. Die Vorlesung kann aber auch in digitaler Form vorliegen und anhand von Face-to-Face-Tutorien nachbereitet werden. In beiden Fällen erstreckt sich die Lernphase über ein komplettes Semester, wobei ein wöchentlicher zyklischer Wechsel zwischen Online und Offline stattfindet.

Ein Training beispielsweise im Rahmen einer Personalentwicklungsmaßnahme kann auch ein Wochenende in Form eines Präsenztreffens beinhalten, in welchem die Lernenden als *Kick-off* hinsichtlich notwendiger inhaltlicher und methodischer Voraussetzungen geschult werden, um dann anschließend für einen Zeitraum von ein paar Wochen individuell und kollaborativ Online-Kurse zu bearbeiten. Nach dieser Online-Phase trifft man sich erneut face-to-face, um die Inhalte nachzubereiten. In diesem Beispiel kann das Lernangebot zeitlich stark eingeschränkt sein (z. B. auf vier Wochen); der Zyklus ist dabei lediglich durch einen zweifachen Wechsel, von Offline zu Online und wieder zurück, geprägt.

Diese Beispiele verdeutlichen, dass unterschiedliche didaktische Überlegungen und Ziele auch unterschiedliche Kombinationen und Variationen eines Blended Learning zulassen. In Tabelle 6.2 sind einige mögliche Varianten sowie deren Dauer und Ziele dargestellt (▶ Tab. 6.2).

Die in Tabelle 6.2 dargestellten Variationen stellen selbstverständlich keinen Anspruch auf Vollständigkeit dar, da durchaus Binnenvariationen der hier skizzierten Online/Offline-Wechsel oder andere Kontexte, in denen diese stattfinden, möglich sind. Die Metaanalyse von Means, Toyama, Murphy und Jones (2009) zeigt, dass Online-Lernumgebungen über viele Studien hinweg einen stabil besseren Lernerfolg erzielen als die damit verglichenen Präsenzkurse. Dies betrifft auch Blended Learning-Angebote, welche ebenfalls signifikant besser abschnitten als vergleichbare Präsenzkurse, so dass vieles tatsächlich für den Einsatz hybrider Lernformen spricht.

6.1 Hybrides Lernen und Blended Learning

Tab. 6.2: Mögliche Varianten von Blended-Learning-Angeboten

Art der Lernumgebung (Zweck)	Kontext	Wechsel zwischen face-to-face (f) und online (o)	Dauer	Ziele des Einsatzes digitaler Medien	Beispiel/Erläuterung
Vorlesung (Wissensvermittlung)	Hochschule	f-o-f-o-f ...	Semester	Online-Nachbereitung der Face-to-Face-Veranstaltung	Studierende lesen den Lehrstoff nicht primär in Lehrbüchern, sondern lernen mit Internetquellen und Lernprogrammen.
Seminar/Übung (vertiefte Wissensvermittlung und -anwendung)	Hochschule	f-o-f-o-f-o-f ...	Semester	Verlagerung von Kleingruppenarbeit in das Internet (orts- und zeitunabhängig)	Die Studierenden treffen sich wöchentlich, bearbeiten Aufgaben zwischenzeitlich gemeinsam über eine Online-Plattform.
Training (Vermittlung von Grundlagenkenntnissen)	Wirtschaft/berufliche Weiterbildung	o-f	Eine bis mehrere Wochen	Gewährleistung eines vergleichbaren Vorwissens	Ein Web-Based-Training mit Abschlusstest dient als Vorbereitung für ein Praxisseminar.
Training (Vermittlung von Anwendungswissen)	Wirtschaft/berufliche Weiterbildung	f-o-f	Eine bis mehrere Wochen	Gewährleistung eines inhaltlichen und technischen Vorwissens und Ergebnisses	Teilnehmende treffen sich, lernen sich kennen und bekommen Aufgaben. Diese werden über Online-Module (Web-Based-Training) und gemeinsam über eine Online-Plattform bearbeitet. In der Abschlusssitzung werden die Ergebnisse und Erfahrungen vorgestellt und Anwendungsmöglichkeiten diskutiert.

Tab. 6.2: Mögliche Varianten von Blended-Learning-Angeboten – Fortsetzung

Art der Lernumgebung (Zweck)	Kontext	Wechsel zwischen face-to-face (f) und online (o)	Dauer	Ziele des Einsatzes digitaler Medien	Beispiel/Erläuterung
Training (Vermittlung von Spezialwissen und nachhaltiger Wissensaustausch)	Wirtschaft/berufliche Weiterbildung	f-o	Unbegrenzt	Schaffung einer Learning Community über das Training hinaus	ExpertInnen wird in einem Seminar eine neue Technologie vorgestellt. Anschließend tauschen sich diese untereinander über ihre Erfahrungen, Meinungen und Anwendungsprobleme aus.
Projekt- oder problembasierter Unterricht (selbstständiges, kooperatives und ganzheitliches Erarbeiten eines Wissensgebiets)	Schule/Hochschule	f-o-f	Tage bis Wochen	Wechsel zwischen klassischem Unterricht mit Phasen des selbstgesteuerten Wissenserwerbs und der Online-Recherche	Eine Gruppe erarbeitet gemeinsam ein Interessengebiet, um dies anderen bei einer Präsentation vorzustellen. Dazu treffen sie sich gelegentlich, arbeiten aber auch selbstständig Teilgebiete auf (Internetrecherchen) und koordinieren ihre Arbeit (E-Mail, Online-Plattform).

6.2 Mobiles Lernen

Aus der weiten Verbreitung von tragbaren, mobilen digitalen Geräten, zumeist in Form von Smartphones, resultieren vielfältige Möglichkeiten, nicht nur die Interaktion zwischen Lernenden und digitalen Inhalten, sondern auch jene mit der direkten Umwelt zu realisieren. Hier, also im Bereich des *mobilen Lernens*, verschmelzen sozusagen die Grenzen zwischen natürlicher und pädagogisch-arrangierter Umwelt. Da dabei quasi »überall« mit Rechnern gearbeitet wird, spricht man auch vom sogenannten *Ubiquitous Computing* bzw. *Ubiquitous Learning* (Hwang & Tsai, 2011; Tan, Liu & Chang, 2007). Dabei sind verschiedene Szenarien möglich, welche stark durch den jeweiligen technologischen Aufwand charakterisiert werden können. Beispielsweise können GPS-Daten (Global Positioning System) verwendet werden, um etwa ortsgebundene Informationen zu vermitteln oder digitale Schatzsuchen (z. B. Geocaching; z. B. Adanali & Alim, 2017; Brown, Hughes, Crowder & Brown, 2015) zu realisieren. Oder es können bspw. unterschiedliche Sensordaten direkt erfasst und weiterverarbeitet werden. Die Vielfalt an Anwendungen in diesem Bereich ist mittlerweile so groß, dass hier nur einige Beispiele vorgestellt werden können.

So beschreibt etwa Stanton-Fraser (2006) einen Ansatz, bei dem SchülerInnen im fächerübergreifenden naturwissenschaftlichen Unterricht auf Personal Digital Assistants (PDA) zurückgreifen können. Aufgabe der Lernenden ist es, Zusammenhänge in der Natur mit der Hilfe selbiger PDA zu erfassen, Sachverhalte zu messen (mit entsprechenden Sensoren für Temperatur, pH-Gehalt und Fließgeschwindigkeit von Gewässern etc.), vor Ort mit diesen Geräten – je nach Bedarf – Informationen zu recherchieren, diese Daten dann über einen Server zusammenzuführen und später im Klassenzimmer weiter auszuwerten und aufzubereiten. Hier wird beim forschenden Lernen oder Inquiry-Based Learning also die Ebene der Simulationen verlassen und stattdessen werden reale Umgebungen in Kombination mit digitalen Medien genutzt.

Im Bereich der Naturwissenschaftsdidaktik gibt es weitere Anwendungen, bei denen Smartphones durch weitere Accessoires ergänzt werden können. Kim et al. (2016) etwa beschreiben einen Mikroskopbausatz, der mit dem Smartphone gekoppelt werden kann. Lernende können hier durch eine spezielle Applikation angeleitet werden und auch einfache Experimente durchführen, indem sie mit Hilfe der App Mikroorganismen durch Lichtimpulse gezielt manipulieren können. In der Studie von Hochberg, Kuhn und Müller (2018) wurden Smartphones beim Experimentieren im Physikunterricht eingesetzt. SchülerInnen nutzten ein Smartphone als Pendel, wobei eine App kontinuierlich die Beschleunigung während der Pendelbewegung erfasste und sie den Lernenden in Form von Graphen zur Verfügung stellte. Ein Vergleich mit einer Kontrollgruppe (hier wurden Schrauben als Pendel eingesetzt) ergab zwar keine Unterschiede hinsichtlich des Lernerfolgs, allerdings zeigten Lernende in der Smartphone-Bedingung eine deutlich höhere sachbezogene Motivation.

Mobile Geräte werden auch in der Museumspädagogik eingesetzt. Vavoula, Sharples, Rudman, Meek und Lonsdale (2009) beschreiben den Einsatz von Mobiltelefonen zum explorativen Lernen in Museen. Die Lernenden sollen dabei Informationen zu einem Arbeitsauftrag im Museum mit Hilfe der Mobiltelefone sammeln. Dies kann entweder durch eigene Aufzeichnungen (mit der integrierten Kamera) oder durch den Abruf spezifischer Informationen zu Exponaten erfolgen. Hierzu werden alle Exponate mit einem Code versehen. Durch das Einlesen dieser Codes werden automatisch entsprechende Daten vom Museumsserver auf das Mobiltelefon der Lernenden übertragen. Die Daten des Mobiltelefons wiederum werden auf einem eigenen Serverbereich des Lernenden gespiegelt. In der Nachbereitung können die Lernenden dann gezielt aus ihrer »Sammlung« eine Zusammenschau der wesentlichen Informationen bezogen auf die Arbeitsaufgabe anfertigen, die dann allen Lernenden innerhalb einer Klasse zur Verfügung gestellt werden kann. Eine Evaluation dieses Ansatzes belegt dessen Wirksamkeit hinsichtlich des Lernerfolges, zeigt aber auch, dass damit ein zeitlicher und finanzieller Mehraufwand einhergeht. Des Weiteren schildern Vavoula et al. (2009), dass insbesondere die Art der Zusammenarbeit unter den SchülerInnen großen Einfluss auf den Lernprozess nimmt: Eng zusammenarbeitende Gruppen konnten die Inhalte deutlich besser verstehen und tiefer verarbeiten als die SchülerInnen, die ein eher kompetitives Arbeitsverhalten an den Tag legten. Ähnliche Ansätze berichten auch Hillman, Weilenmann, Jungselius und Lindell (2016), bei denen Kinder den Besuch eines Museums anhand von Aufgaben bearbeiten konnten und die Aufgabenlösungen anhand eigener Aufnahmen ihrer Smartphones dokumentierten.

Während das übergeordnete Ziel beim mobilen Lernen in Form von Ubiquitous Computing in der Verbindung mobiler Geräte mit der natürlichen Umwelt liegt, bestehen auch eher »klassische« Ansätze zum Lernen mittels der mobilen Nutzung digitaler Geräte, indem Audioaufzeichnungen oder Videos in Form von Streamingangeboten (in Form von Vod- oder Podcasts) oder als Download genutzt werden.

6.3 Vod- und Podcasts

Das Kunstwort *Podcast* setzt sich aus den Begriffen »iPod« (einem MP3-Player, dessen Bedeutung mit der breiten Verfügbarkeit von Smartphones nahezu verloren gegangen ist) und »Broadcast« zusammen. Gemeint ist dabei das Verfügbarmachen von Audio- oder Videodateien (auch als *Vodcast* bezeichnet, der Kombination von Video und Podcast) für die Wiedergabe auf mobilen Endgeräten (z. B. Walker, Cotner & Beermann, 2011). Dabei stehen in der Regel zwei Zugangswege zur Verfügung. Eine Datei wird aus dem Internet heruntergeladen und abgespielt, oder aber in Echtzeit aus dem Internet abgerufen und abgespielt (z. B. als RSS-Feed, das für »Really Simple Syndication« steht; vgl. Donnelly & Berge, 2006).

Gerade in der universitären Ausbildung nimmt die Aufzeichnung von Vorlesungen in Form von Podcasts oder Vodcasts in unterschiedlicher Form deutlich zu, dies nicht zuletzt bedingt durch die Corona-Pandemie. Vod- bzw. Podcasts umfassen reine Audioaufzeichnungen oder Audioaufzeichnungen mit entsprechenden Folien bis hin zu Komplettaufnahmen der Dozierenden, der Folien und des Vortrags (vgl. McKinney, Dyck & Luber, 2009; Walker et al., 2011). Interessant ist dabei weniger die Technologie selbst denn die tatsächliche Nutzung, die Wirksamkeit und die Einstellung zu solchen Medien. In einer Studie von Evans (2008) wird etwa berichtet, dass die eigentliche Nutzung von Podcasts weniger zum mobilen Lernen auf tragbaren Geräten genutzt wird, als vielmehr auf stationären Geräten zur gezielten Nachbereitung von Vorlesungen. Hinsichtlich der Präferenz zeigt beispielsweise die Studie von Stephenson, Brown und Griffin (2008), dass mehr als die Hälfte der befragten Studierenden (60 %) eine Präsenzvorlesung einer reinen Aufzeichnung vorziehen. Allerdings halten 93 % der Studierenden eine Kombination aus beidem für wünschenswert, um anhand des Podcasts die eigenen Aufzeichnungen aus der Präsenzlehre überarbeiten zu können. Diese Art der Nutzung, also zur Nachbereitung einer Lehrveranstaltung, scheint hinsichtlich des Lernerfolgs effektiver zu sein, als wenn keine solche Nachbereitung stattfindet, wie etwa die Studie von Cramer, Collins, Snider und Fawcett (2007) zeigt. Ähnliche Befunde liefert auch die Analyse von McKinney et al. (2009). Hier wurden die Testergebnisse von Lernenden verglichen, die entweder eine Vorlesung besucht oder ausschließlich die Aufzeichnung dieser Vorlesung zur Verfügung gestellt bekommen hatten. Es zeigte sich hinsichtlich der Prüfungsresultate der Studierenden eine Überlegenheit des Vodcasts gegenüber der Präsenzvorlesung. Dies allerdings nur, wenn die Lernenden zusätzlich zum Vodcast eigene schriftliche Aufzeichnungen anfertigten. Gerade durch die Möglichkeit, das Vodcast anzuhalten oder gezielt bestimmte Stellen zu wiederholen, haben die Lernenden die Chance, detailliertere Aufzeichnungen zu machen, als es in einer Präsenzveranstaltung der Fall wäre.

Nicht nur die Nutzung von Pod- bzw. Vodcasts nimmt Einfluss auf den Lernerfolg, sondern auch deren Gestaltung. Die unzähligen Kombinationsmöglichkeiten von Text, Bild und Ton ermöglichen unterschiedliche Freiheitsgrade bei der Gestaltung. Griffin, Mitchell und Thompson (2009) untersuchten, wie sich unterschiedliche Pod- bzw. Vodcasting-Szenarien auf die Lernleistung und Akzeptanz von Lernenden auswirken. In einer Bedingung wurde ein Vodcast realisiert, bei dem Vortragsfolien und Vortrag synchronisiert präsentiert wurden. In einer zweiten Bedingung wurde den Lernenden der Foliensatz und die Audioaufzeichnung separat zur Verfügung gestellt. Die Ergebnisse zeigen, dass der synchronisierte Vodcast sowohl zu besseren Lernleistungen als auch zu einer höheren Nutzungsakzeptanz aufseiten der Lernenden führte. Wenngleich die AutorInnen das Resultat nicht explizit darauf zurückführen, könnte die basale Erklärung für diesen Unterschied doch im Split-Attention-Effekt (vgl. Ayres & Sweller, 2014) liegen. Durch den zusätzlichen Koordinationsaufwand, den die Lernenden bei der Zuordnung der Folien zu den entsprechenden auditiven Informationen haben, werden kognitive Ressourcen beansprucht, die für die eigentliche Verarbeitung der präsentierten Inhalte nicht mehr zur Verfügung stehen. Dies wird in der vorliegenden Studie auch durch die größere Ablehnung der Lernmaterialien seitens der Lernenden in der Bedingung mit getrennter Audioaufzeichnung und Präsentation unterstrichen. In der Studie von Walker et al. (2011) wurde untersucht, inwieweit eine gezielte Produktion von Vodcasts mit medialer Anreicherung sich im Gegensatz zur reinen Aufzeichnung einer Vorlesung auf Lernende auswirkt. Direkte Wissenstests nach der Bearbeitung der Lernmaterialien zeigten Vorteile der multimedialen Produktion der Vodcasts gegenüber der Live-Aufzeichnung.

Bei reinen Podcasts, bei denen also rein auditive Informationen vermittelt werden, ist mit Einbußen gegenüber der multikodalen Präsentation via Vodcast zu rechnen. Die Ursachen liegen zum einen darin, dass bei Vodcasts gezielt der Multimedia-Effekt genutzt werden kann (▶ *Kap. 3*). Zum anderen ist es ein wesentliches Problem rein auditiver Informationen, dass sie recht schnell wieder aus dem Arbeitsgedächtnis verschwinden und ggf. der sog. *Transient-Information-Effekt* auftreten kann (Leahy & Sweller, 2011). Dieser Effekt besagt, dass Informationen aus dem Arbeitsgedächtnis gelöscht werden, wenn die (auditiv) präsentierte Information die Kapazität des Arbeitsgedächtnisses überschreitet, damit neue Informationen aufgenommen werden können. Dies kann dazu führen, dass diese »verlorenen« Informationen nicht dauerhaft weiterverarbeitet und im Arbeitsgedächtnis gespeichert werden. Problematisch ist das insbesondere dann, wenn ein auditiver Text nicht angehalten werden kann bzw. wird. Beim Lesen können Lernende diese Informationsverarbeitung selbst steuern und ggf. einfach an vorherige Textstellen zurückspringen. Dies ist bei auditiven Informationen deutlich schwieriger. Zudem zeigen verschiedene Forschungsbefunde, dass gelesener Text eher die Behaltensleistung einzelner Fakten und Informationen fördert, während man bei auditiven Informationen eher die übergeordnete Bedeutungsstruktur speichert (Kürschner & Schnotz, 2008; Kürschner, Schnotz & Eid, 2006; Zumbach & Schwartz, 2014). Vodcasts sind damit als effektiver als Podcasts einzustufen, wenngleich dies natürlich in hohem Maße von der didaktischen Gestaltung dieser digitalen Medien abhängt.

Insgesamt zeigen die Befunde zur Nutzung von Podcasts (so etwa in einer Studie von Fernandez, Simo & Sallan, 2009), dass diese eine sinnvolle Ergänzung zur Präsenzlehre sein können, wenn die Gestaltung kognitiven Aspekten entspricht und die Nutzung durch aktive Informationsverarbeitungsstrategien gefördert wird. Ein weiterer Effekt, der zumeist verschwiegen wird, betrifft die Erstellung von Podcasts und liegt weniger auf der Seite der Lernenden, sondern vielmehr auf der Seite der Lehrenden: So ist es durchaus denkbar, dass die bevorstehende Aufzeichnung einer Lehrveranstaltung die Dozierenden veranlasst, die mediale und didaktische Gestaltung ihrer Kurse zu revidieren und zu optimieren. Auch dies kann zur Verbesserung von Lehr-Lernangeboten maßgeblich beitragen.

Podcasts und Vodcasts ermöglichen ein mobiles Lernen, unabhängig von festen Arbeitsplätzen. Sie selbst sind wenig interaktiv, können aber durch Audience-Response-Systeme (▶ *Kap. 2*) oder durch didaktisch übergreifende, hybride Lernangebote wie etwa Flipped Classrooms interaktiver gestaltet werden.

6.4 Flipped Classrooms

Flipped Classroom (bzw. oft synonym verwendet: *Inverted Classroom*) ist eine spezifische hybride Lernform, deren Popularität in den vergangenen Jahren stark zugenommen hat. Wie bereits der Name andeutet, wird hier die Funktion bzw. Rolle von Klassenzimmer und außerunterrichtlichen Tätigkeiten getauscht. Konkret bedeutet dies, dass die (recht vereinfacht »klassische«) Rolle von Informationsvermittlung in Unterrichtssituationen bzw. deren Vertiefung bzw. Übung als Hausaufgabe vertauscht werden. Es handelt sich um eine spezifische Form des Blended Learning, bei der Vorträge von Lehrenden als digitale Lernressourcen für die Lernenden außerhalb der Unterrichtszeiten zur Verfügung gestellt werden und vertiefende Lernaktivitäten sowie Übungen aufbauend auf diesen Materialen (zumeist Videos oder Podcasts) in der eigentlichen Unterrichtszeit stattfinden (O'Flaherty & Phillips, 2015; Strayer, 2012). Auch wenn Texte oder andere Materialien zur Unterrichtsvorbereitung eingesetzt werden können, wird mit Flipped Classroom meist die Verwendung videobasierter Materialen in Form von Videolektionen oder »Erklärvideos« assoziiert. Diese müssen die Lernenden meist individuell bearbeiten, um dann in Präsenzphasen in der Gruppe und mit Lehrenden bspw. Transferprobleme zu lösen, sowie Übungen oder Vertiefungen durchzuführen (Dinse de Salas, Spannagel & Rohlfs, 2016; Sams & Bergmann, 2013). Bishop (2013) definiert das Konzept des Flipped Classroom als eine aus zwei Teilen bestehende, lehrbezogene Technik, welche sowohl interaktive Gruppenlern-Aktivitäten im Klassenzimmer als auch die direkte computerbasierte Instruktion außerhalb des Klassenzimmers beinhaltet. In der Regel liegt also eine beliebig fortsetzbare Kombination aus Präsenzphasen und Online-Selbstlernphasen vor (einen Überblick geben Geiger, Deibl & Zumbach, 2019; vgl. auch Deibl, Moser & Zumbach, 2016; Sams & Bergman, 2013). Zentral ist dabei der Übungscharakter in den Präsenzphasen als Vor- oder Nachbereitung zu den Online-Selbstlernphasen.

Eine noch nähere Eingrenzung des Flipped-Classroom-Ansatzes ist allerdings nicht möglich, da es sich nicht um ein einheitliches methodisches Modell handelt. Vielmehr bestehen unterschiedlichste Kombinationen von Medien sowie Freiheitsgrade hinsichtlich der verschiedenen Phasen und der Dauer (O'Flaherty & Phillips, 2015). Einigkeit bei diesen Ansätzen besteht darin, dass Lerninhalte im Voraus erarbeitet werden, Lehrende darauf achten, dass Lernende die zu bearbeitenden Inhalte auch verstehen und nicht einfach nur wiedergeben, und dass hieraus Lernprozesse höherer Ordnung resultieren. Dennoch liegt kein einheitliches didaktisches Modell vor, wenngleich dies bisweilen fälschlicherweise postuliert wird (Fallmann & Reinthaler, 2016; Lenz, Köttgen & Isenhardt, 2016).

Hinsichtlich der Wirksamkeit von Flipped Classrooms ist entsprechend auch die Interpretation etwaiger Befunde vorsichtig vorzunehmen, da unterschiedliche Gestaltungsformen je nach Umsetzung vorliegen können, und auch mögliche Versuchsleitereffekte die Ergebnisse beeinflussen können (Geiger et al., 2019). Dennoch liegen mittlerweile einige Metaanalysen vor, wie etwa die von Hew und Lo (2018) im Bereich des Gesundheitswesens. Die Studie kommt zu dem Ergebnis, dass Flipped Classroom bezüglich des Lernerfolges nicht nur effektiver ist als »klassischer« Unterricht. Darüber hinaus ist die Präferenz der Lernenden für dieses Format anstatt der klassischen Lehre eindeutig größer. Zu vergleichbaren Ergebnissen kommt auch die Metaanalyse von Cheng, Ritzhaupt und Antonenko (2019): Es gibt zwar Unterschiede in verschiedenen Einsatzdisziplinen von Flipped Classrooms, bezüglich der Effektivität gibt es aber einen signifikanten, wenngleich auch kleinen, Vorteil gegenüber klassischen Lernformaten. Auch die Metaanalyse von Shi, Ma, MacLeod und Yang (2020) bestätigt die Befunde der bereits skizzierten Analysen.

Dennoch gibt es auch kritische Stimmen in Bezug auf den Einsatz von Flipped Classrooms. So verweisen Geiger et al. (2019) darauf, dass Flipped Classrooms sowohl SchülerInnen als auch Lehrende durch einen deutlichen Mehraufwand belasten können, die Verantwortung auf die Lernenden abgewälzt werden kann und der dauerhafte Einsatz auch zu einer didaktischen Monotonie führen kann (wenn etwa kontinuierlich Videos rezipiert werden müssen). Auch äußern sich die AutorInnen kritisch zu der durchwegs positiven Befundlage, da in vielen Studien ein Versuchsleitereffekt nicht ausgeschlossen werden kann (z. B. aufgrund motivierter Lehrkräfte, die von Flipped Classroom begeistert sind). Weiterhin ist die Vergleichbarkeit unterschiedlicher didaktischer Zugänge per se problematisch. Dennoch können Flipped-Classroom-Ansätze durchaus eine sinnvolle Möglichkeit zur Bereicherung der didaktischen Landschaft im Sinne einer punktuellen Methode darstellen.

6.5 E-Portfolios

Mit *E-Portfolios* sind digitale Sammlungen von Informationen gemeint, die in aller Regel eine Dokumentationsfunktion ausüben. E-Portfolios bauen auf ihrem analogen Pendant auf, dem analogen Portfolio (von lateinisch portare = tragen, und folio = Blatt; tragbare Sammelmappe), und erlauben jenseits der analogen Möglichkeiten die Integration unterschiedlichster digitaler Dokumente (wie z. B. geschriebene oder gesprochene Texte, Videos, Präsentationen), sämtlicher digitaler Artefakte (z. B. Webseiten, Links, jegliche Art von Dateitypen) sowie auch die Möglichkeit, anderen Zugang zu Sichtung, Kommentierung oder auch Bereicherung zu geben (im Sinne einer kollaborativen Nutzung; Cooper & Love, 2007; Shin, 2013). Bezogen auf das Format können E-Portfolios als lokale Datei (z. B. in einer Präsentation) oder als Dateisammlung, oder auch auf Lernplattformen bzw. speziellen E-Portfolio-Systemen realisiert werden (z. B. über die Open-Source-Plattform »Mahara«; https://mahara.org/).

Die Funktionen von E-Portfolios können, wie bei ihren analogen Vorbildern, recht unterschiedlich sein. Stratmann, Preussler und Kerres (2009) nennen drei grundlegende Funktionen von Portfolios: Reflexion, Entwicklungsdokumentation und Präsentation (siehe auch van Treeck, Himpsl-Gutermann & Robes,

2013). Beim *Reflexionsportfolio* geht es primär darum, die eigene Entwicklung und eigene Fortschritte (z. B. während eines Studiums) zu dokumentieren. Anhand dieser Aufzeichnungen soll primär der Zuwachs an Kompetenzen über die Zeit hinweg deutlich werden. Daher können solche Portfolios auch zur Bewertung von Studienleistungen herangezogen werden. Das *Entwicklungsportfolio* dient eher der zukünftigen Entwicklungsplanung und -dokumentation. Das *Präsentationsportfolio* schließlich dient der Darstellung der eigenen Person, etwa im Rahmen von Bewerbungen oder Prüfungen, wenn die eigene Person und Kompetenzen bzw. Leistungen präsentiert werden sollen. Die Grenzen zwischen diesen Portfolios können fließend sein, bzw. können diese für unterschiedliche Zwecke leicht modifiziert werden.

Für Lehr- und Lernzwecke ist das Reflexionsportfolio die bestgeeignete Form. Dabei spielen insbesondere die namensgebenden Reflexionen eine zentrale Rolle: Reinmann und Hartung (2013) sehen einen wesentlichen Vorteil dieses Ansatzes in der Unterstützung des eigenen Wissensmanagements. In diesem Prozess – sofern sinnvoll genutzt – kommen dabei idealerweise sowohl kognitive als auch metakognitive Prozesse zum Tragen, die allesamt lernförderlich sein können. Auf kognitiver Ebene sind dies, den AutorInnen folgend, die Elaboration, die (Re-)Strukturierung und die Flexibilisierung. Auf metakognitiver Ebene sind es die Planung, Überwachung und Bewertung von Lernprozessen sowie die Selbstregulation des eigenen Lernprozesses.

Sollen E-Portfolios zur Bewertung herangezogen werden, so schlagen Stratmann et al. (2009) vor, dass hier ein Bewertungsraster zugrunde gelegt wird, anhand dessen die Bewertung vorgenommen werden kann. Zudem sollte diese Bewertung in Zusammenhang mit einem Portfoliogespräch erfolgen, so dass ein Austausch über die Inhalte stattfindet.

Die Bewertung von E-Portfolios im Sinne eines unterstützenden Werkzeugs im digitalen Lernen ist komplex, da kaum kontrollierte Studien vorliegen. Hinsichtlich der (zusätzlichen) Belastung von Lernenden durch die Portfolioarbeit finden sich keine Hinweise darauf, dass solche Belastungen die Lernenden beeinträchtigen würden (z. B. Shepherd & Bolliger, 2011). Weitere Befunde deuten darauf hin, dass auch die Arbeit mit E-Portfolios durch zusätzliche Unterstützung in Form von Prompts, also von Aufforderungen zur kognitiven wie metakognitiven Auseinandersetzung mit dem Portfolio und dessen Inhalten, förderlich sein können (Roberts, Maor & Herrington, 2016).

Zusammenfassung und Fazit

Hybride Lernformen und Blended Learning stellen Entwicklungen dar, die deutlich zeigen, dass digitale Medien keine Alternative zur »analogen« Welt bedeuten, sondern dass digitales und analoges Lernen immer mehr kombiniert werden. Diese Kombinationen aus analogen und digitalen Komponenten in Lernumgebungen sollen dazu beitragen, dass aus der jeweiligen Kombination heraus die bestmöglichen Resultate für Lernende im Sinne kognitiver, motivationaler und sozialer Aspekte erzielt werden können. Dort, wo diese Kombinationen sinnvoll gestaltet sind und ein Mehrwert ersichtlich wird, setzen sich entsprechende hybride Lernumgebungen auch tatsächlich durch. Zu einem großen Teil wird die Nutzung letztlich auch durch die Lernenden selbst bestimmt: Häufig entscheiden diese darüber, ob, wann und in welcher Form sie digitale Inhalte zum (selbstgesteuerten) Lernen heranziehen. Gerade wenn etwa Vod- oder Podcasts zur Verfügung stehen, liegt die Entscheidung für oder gegen deren Nutzung bei den Lernenden, sofern nicht institutionalisierte Formen, wie bei Flipped Classrooms, vorliegen. Bei Flipped Classrooms oder auch bei E-Portfolios stehen wiederum didaktische Überlegungen im Vordergrund, etwa hinsichtlich der Frage, ob und inwiefern sich diese Formate für spezifische Inhalte und Lernziele eignen. Weitere Überlegungen aus der Perspektive von Lehrenden sollten sich dabei vor allem auf die Frage fokussieren, welche Ziele für welche Zielgruppe mit welchem Medium am besten realisiert werden können. Dabei steht auch die Frage im Vordergrund, ob und wie Online-Elemente analoge Lernumgebungen bereichern können. Auch in umgekehrtem Sinne muss thematisiert werden, inwiefern Face-to-Face-Treffen eine Bereicherung der Online-Lehre sein können (auch unter Berücksichtigung des jeweiligen Aufwands).

Insgesamt zeigen die Befunde zu den unterschiedlichen Formaten des hybriden und mobilen Lernens, dass es sich um lernwirksame Ansätze handelt, die teilweise zu besseren Resultaten führen als klassische Face-to-Face- oder reine Online-Formate. Teilweise eröffnen digitale Technologien auch völlig neue Lernerfahrungen, wie beispielsweise beim mobilen Lernen, bei dem die Lernerfahrung direkt vor Ort und damit außerhalb traditioneller Klassenzimmer oder Seminarräume gemacht werden kann. Während hier die Technologie an spezifische Orte gebracht wird (z. B. ins Museum), so ermöglichen andere technologische Entwicklungen die Umkehrung genau dieses Prozesses. So bietet etwa die virtuelle Realität die Möglichkeit, ferne oder fiktive Orte direkt zu Lernenden zu bringen.

7 Augmented und Virtual Reality

In vielen Bereichen verschwimmen die Grenzen der Nutzung digitaler Technologien mit alltäglichen Handlungen. So sind digitale Aufzeichnungstechnologien im Alltagssport kaum mehr wegzudenken, und auch das Bezahlen an Kassen erfolgt kontakt- und bargeldlos, um hier nur zwei Beispiele zu nennen. In diesem Kapitel stehen Technologien im Vordergrund, welche die Grenzen zwischen der realen und der digitalen Welt zunehmend verschwinden lassen. Konkret geht es dabei zum einen um Technologien, die die reale Welt »bereichern« bzw. »erweitern«, also um sog. Augmented Reality. Zum anderen geht es um solche, bei denen die Umgebung rein virtuell umgesetzt wird. Dann liegt eine virtuelle Realität, also Virtual Reality, vor (▶ Abb. 7.1).

7.1 Augmented Reality

Von *Augmented Reality*, also *erweiterter Realität*, spricht man, wenn die natürliche Umgebung mit zusätzlichen digitalen Informationen angereichert wird (vgl. Rosenbaum, Klopfer & Perry, 2007; Yuen, Yaoyuneyong & Johnson, 2011). Bei all diesen Ansätzen geht es im Wesentlichen darum, dass Objekte, die wir in der realen Welt wahrnehmen, mit zusätzlichen digitalen Informationen angereichert bzw. überlagert werden. Diese digitalen Informationen können zwei- oder dreidimensionale Bilder, Videos, Animationen, aber auch Text, Audio und taktile, ja sogar olfaktorische Informationen sein (Wu, Wen-Yu Lee, Chang & Liang, 2013). Zentral ist dabei, dass die digitale Information nicht für sich allein steht, sondern immer in Kombination mit realen Objekten auftritt (Buchner & Zumbach, 2020; Kesim & Ozarslan, 2012; Radu, 2014). Bereits in den 1990er Jahren wurde das Konzept der Augmented Reality (AR) diskutiert. So schlugen Milgram und Kishino (1994) ein Kontinuum zwischen realer Welt und virtueller Realität (VR) vor, innerhalb dessen eine gemischte Realität existiert (▶ Abb. 7.1). Während bei der virtuellen Realität kein Bezug zur unmittelbaren realen Welt gegeben sein muss, greift die erweitere Virtualität auf reale Objekte (z. B. Objekte zum Anfassen) zurück. Bei der erweiterten Realität sind Objekte aus der realen Welt Bezugspunkte, die mittels digitaler Informationen erweitert werden.

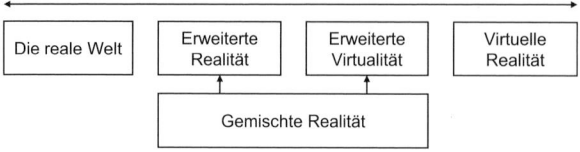

Abb. 7.1: Ein Kontinuum zwischen Realität und virtueller Realität in Anlehnung an Milgram und Kishino (1994)

AR hat sich in den vergangenen zwanzig Jahren rapide weiterentwickelt. So beschreiben noch Thomas und Piekarski (2002) einen Ansatz, bei welchem zu bestimmten Gegenständen mit Hilfe eines Head-up-Displays zusätzliche Informationen eingeblendet werden. Ein Datenhandschuh ermöglicht es NutzerInnen, in Interaktion mit diesen Informationen zu treten. Anwendungsbeispiele sind etwa der Nachschub- und Lagerbereich oder das Arbeiten mit speziellen Werkzeugen. Durch das Einblenden von Zusatzinformationen etwa zu bestimmten Werkzeugen können Nutzende je nach Bedarf mehr über dessen Zweck und Bestimmung erfahren. So wird ein Lernen mit dem echten Objekt ermöglicht, wobei Zusatzinformationen oder auch Gebrauchsanweisungen durch die erweiterte Realität abgerufen und eingeblendet werden. Waren solche Augmented Reality-Ansätze in ihren Anfängen noch sehr aufwändig (beispielsweise erforderten sie das Mitführen komplexer Rechengeräte; bei Thomas und Piekarski mussten NutzerInnen etwa einen kompletten Rechner im Rucksack mitführen), so sind mittlerweile mobile Endgeräte wie Smartphones oder Tablets, Spielkonsolen (z. B. »Nintendo 2DS« und »Nintendo 3DS«) oder auch Brillen (»Google Glass«) und spezielle Hardware (»Microsoft HoloLens«) in der Lage, AR-Inhalte wiederzugeben.

Während es in der industriellen Produktion und auch in der Logistik bereits verschiedene Anwendungsfelder für AR gibt (vgl. Lee, 2012), so haben sich diese im Bereich des Lehrens und Lernens in den vergangenen Jahren nach und nach entwickelt. Die Einsatzmöglichkeiten sind dabei breit gestreut: Etwa können unterschiedlich gestaltete QR-Codes in Schulbüchern, an Objekten in Museen oder an anderen Objekten dazu dienen, zusätzliche Informationen zu liefern – wie etwa ein Video zu einem Text oder eine dreidimensionale Darstellung eines Objektes. Meist werden diese zusätzlichen Informationen über das Kamerabild des Smartphones oder Tablets übergeblendet. Neben QR-Codes können beliebige Objekte, die mit der Kamera erfasst werden können, als Hinweistrigger dienen (z. B. auch Gebäude, Fotos etc.). Üblicherweise richtet man die Kamera eines digitalen Endgerätes auf diese Objekte. Eine Software erweitert dann die reale Welt durch hinterlegte Informationen. Neben diesen visuellen Hinweisen gibt es auch ortsgebundene Informationen, die dann mittels GPS-Daten abgerufen werden können (Dunleavy & Dede, 2014). Zudem gibt es auch Applikationen, bei denen die Erweiterungen von Nutzenden selbst aktiviert werden können. Abbildung 7.2 zeigt »Google AR« als Beispiel hierfür (▶ Abb. 7.2): Hier können unterschiedliche Wildtiere in Lebensgröße an einem beliebigen Ort angezeigt werden und man kann um die dreidimensional visualisierten und sich bewegenden Tiere herumgehen, um diese aus allen Perspektiven näher zu betrachten.

Abb. 7.2: Königstiger in »Google AR«

Wie Abbildung 7.2 (▶ Abb. 7.2) illustrieren soll, ermöglicht AR einen Zugang zu Informationen, der ohne diese Technologie nicht möglich wäre, und kann damit auch Lehr- und Lernprozesse beeinflussen (Billinghurst, Clark & Lee, 2015). Klopfer und Sheldon (2010, S. 86) fassen das Potenzial von AR als Bildungstechnologie wie folgt zusammen: »(…) to enable students to see the world around them in new ways and engage with realistic issues in a context with which the students are already connected.« Zentral ist dabei ein primär selbstgesteuertes Vorgehen der Lernenden, da ein lehrendenzentrierter Unterricht hier kontraindiziert wäre und dem Medium nicht gerecht wird (Dunleavy & Dede, 2014). Dies wird auch durch die Metaanalyse von Radu (2014) bestärkt: Eine zu rigide Anleitung von Lernenden kann etwaige positive Effekte korrumpieren. Andernfalls zeigt diese Analyse, dass unterschiedliche AR-Szenarien zu positiven und nachhaltigen Lernresultaten führen können. Solche positiven Effekte betreffen dabei nicht nur kognitive, sondern auch motivationale Aspekte. AR kann dazu beitragen, dass Lernende durch die multiple Informationspräsentation räumliche und zeitliche Bezüge zwischen unterschiedlichen Informationen einfacher herstellen können. Zudem können sie mit den Inhalten auch interagieren, bzw. kann die Aufmerksamkeit der Lernenden auf relevante Aspekte gelenkt werden (Bower, Howe, McCredie, Robinson & Grover, 2014; Radu, 2014). Auch die Metaanalyse von Tekedere und Göke (2016) zeigt, dass AR im Vergleich zu Nicht-AR zu signifikant besseren Lernleistungen führen kann (in dieser Studie mit einer mittleren Effektstärke von $d = 0{,}67$). Zu vergleichbaren Befunden kommen auch die Metaanalysen von Ozdemir, Sahin, Arcagok und Demir (2018) sowie die von Garzón, Pavón und Baldiris (2019; $d = 0{,}64$).

Die Anwendungsszenarien für AR sind breit gefächert. Sie reichen von zusätzlichen Dokumenten, die Besuchenden von Museen bei bestimmten Exponaten zur Verfügung gestellt werden (z. B. Videos), bis hin zu interaktiven 3D-Visualisierungen von Objekten bei Schulbüchern oder auf Kleidung u. a. (verschiedene Beispiele geben Buchner & Zumbach, 2020). Abbildung 7.3 (▶ Abb. 7.3) zeigt ein weiteres Beispiel im Rahmen naturwissenschaftlichen Experimentierens, bei welchem SchülerInnen sich mittels AR Hilfestellungen zu Aufbau und Durchführung von Experimenten geben lassen können (Fleischer et al., 2020).

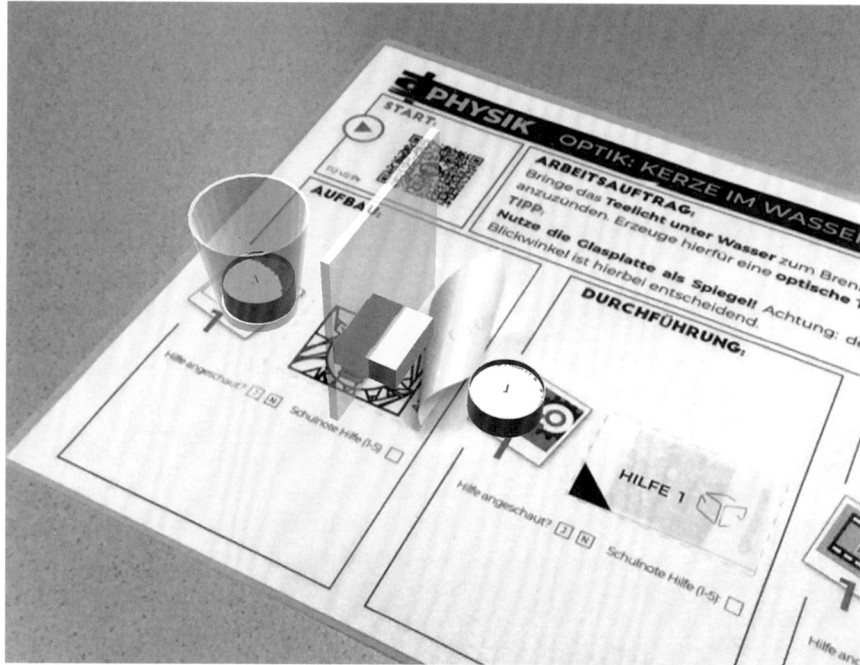

Abb. 7.3: Augmented Reality beim Experimentieren (Quelle: Universität Salzburg. http://exbox.uni-salzburg.at/)

Während die erweiterte Realität einen größeren oder kleineren Bezug zur realen Welt haben kann, haben sich in den vergangenen Jahren die Technologie und auch die Anzahl der Anwendungen für die rein virtuelle Welt rapide weiterentwickelt. Auch diese Variante digitaler Medien eröffnet viele Möglichkeiten, Lehren und Lernen in einer völlig neuen Form zu realisieren.

7.2 Virtual Reality

Bereits Ende der 1980er Jahre wurde mit großem Aufwand versucht, die Realität in dreidimensionaler Form abzubilden. Diese digitale Abbildung und Erweiterung der Realität wurde unter der Bezeichnung *Virtual Reality* oder *virtuelle Realität (VR)* bekannt. Gemeinsam ist diesen Ansätzen, dass sich die Nutzenden hier innerhalb einer physikalischen dreidimensionalen Umgebung bewegen, welche interaktiv auf etwaige Aktionen eingeht. Bailenson et al. (2008) sprechen auch von Immersive Virtual Environments (IVEs). Aufbauend auf der Definition herkömmlicher Virtual Environments (Bailenson et al., 2008, S. 103: »synthetic sensory information that leads to perceptions of environments and their contents as if they were not synthetic«), übernehmen Nutzende in Immersive Virtual Environments die zentrale Position der Handelnden. Ein klassisches Computerspiel, bei dem jemand eine Figur am Bildschirm steuert, ist dieser Definition zufolge ein Virtual Environment. Übernehmen Nutzende diese Rolle selbst, stehen im Zentrum des Geschehens also VR-Technologien, so spricht man von *Immersive Virtual Environments* (welche auch kollaborativ eingesetzt werden können, sog. *Collaborative Virtual Environments*). Die virtuelle Umgebung in IVEs wird dabei entweder mittels eines Projektionskubus (einer sog. Cave) oder mit Hilfe von VR-Brillen (entweder als spezielle Hardware wie etwa »Oculus Quest« oder »Oculus Rift«, »Playstation VR«, »HTC Vive« u. a., oder mittels Smartphones, die in spezielle Halterungen eingesetzt zur VR-Brille umfunktioniert werden können) realisiert, mit denen räumliches Sehen möglich ist. Die Dateneingabe erfolgt in der Regel durch Bewegungssensoren, virtuelle Tastaturen und Datenhandschuhe, welche die Bedienung virtueller Dateneingabeinterfaces bzw. die Interaktion mit der virtuellen Umgebung ermöglichen. Verschiedene Erweiterungen lassen beispielsweise auch das »Gehen« auf begrenztem Raum zu, bzw. ermöglichen die Nutzung anderer Geräte im Sinne einer Interaktion. Abbildung 7.4 zeigt ein Beispiel der gemeinsamen Nutzung einer VR-Umgebung mit einer Projektionsfläche. Eine Person steuert durch die Umgebung, die räumliche Wahrnehmung entsteht bei allen Betrachtenden mit einer entsprechenden Brille. Wird ein Raum komplett mit Projektionsflächen ausgestattet, so spricht man von einer *Cave*. Im vorliegenden Beispiel der Universität zu Köln kann etwa gemeinsam eine antike römische Grabstätte virtuell »begangen« werden (▶ Abb. 7.4).

Die Anwendung von VR findet immer mehr Einzug in den privaten Unterhaltungsbereich, da zum einen die Qualität der Darstellung gestiegen ist, zum anderen die Kosten für die Hardware deutlich gesunken sind. Im professionellen Bereich finden sich verschiedenste Anwendungsbereiche für VR. So findet VR u. a. auch in klinisch-therapeutischen Kontexten statt und ist dabei sehr effektiv. Etwa zeigt die Metaanalyse von Powers und Emmelkamp (2008), dass VR nicht nur erfolgreich zur Behandlung von Angststörungen eingesetzt werden kann, sondern im Bereich der Exposition mit angstauslösenden Objekten auch noch signifikant besser ist als die »echte« Exposition (wenngleich auch mit einer geringen Effektstärke; vgl. auch Opriş et al., 2012). Gerade bei spezifischen Angststörungen wie der Flugangst ist der Einsatz von VR über verschiedene Studien hinweg sehr ef-

Abb. 7.4: Gemeinsame Nutzung einer VR-Umgebung mit einer Projektionsfläche (links), bzw. individuelle Nutzung mit der »Oculus Rift« (rechts)

fektiv (Cardo, David & David, 2017). Jenseits solcher therapeutischen Angebote stellt sich die Frage, wie erfolgreich VR-Technologien im Bereich des Lehrens und Lernens mit digitalen Medien sind. Das Potenzial zur nachhaltigen Veränderung von Bildungsprozessen ist in jedem Fall gegeben. So gibt es mittlerweile verschiedenste VR-Bildungs-Apps, welche Erfahrungen zulassen, die so in der realen Welt kaum oder gar nicht möglich wären. Dazu gehören etwa Apps, in denen verschiedene Umgebungen erkundet werden können (z. B. das Weltall, diverse Städte der Erde, der menschliche Körper von innen, der Mount Everest, verschiedenste Museen etc.). In anderen Apps werden historische Ereignisse simuliert, innerhalb derer man sich bewegen kann (z. B. das antike Pompeji, das Forum Romanum der Antike, die Bürgerrechtsbewegung in den USA und viele mehr).

Eine systematische Bewertung solcher Bildungsangebote ist allerdings schwierig, da nur vereinzelte Studien vorliegen und Metaanalysen in diesen Bereichen nicht zwischen der »echten« VR-Nutzung (mit VR-Brillen) und einer rein dreidimensionalen Darstellung von simulierten Mikrowelten (z. B. »Second Life«), welche am Bildschirm betrachtet werden, unterscheiden (z. B. die Metaanalysen von Kyaw et al., 2019; oder Merchant, Goetz, Cifuentes, Keeney-Kennicutt & Davis, 2014). In manchen Bereichen liegen allerdings dennoch aussagekräftige Befunde vor. So berichten Alaker, Wynn und Arulampalam (2016) in ihrer Metaanalyse zur Nutzung von VR in der medizinischen Ausbildung im Bereich der Mikrochirurgie über durchweg positive Effekte von VR-Simulationen verglichen mit anderen didaktischen Szenarien. Hier haben sich vor allen Dingen gezielte didaktische Anweisungen und ein systematisches Feedback zu den Aktionen der Lernenden sowie ein haptisches Feedback als lernförderlich erwiesen. In einzelnen Studien finden sich auch Belege für die Wirksamkeit von VR-Lernumgebungen. So untersuchte Chen (2016) die Effektivität einer VR-Lernumgebung im Bereich Englisch als Fremdsprache. In der Studie konnte gezeigt werden, dass der Erwerb komplexer sprachlicher Kompetenzen nachhaltig gefördert werden konnte. Auch in anderen Bereichen gibt es Belege für die Wirksamkeit von VR: Orman, Price und Russell (2017) konnten zeigen, dass VR sich effektiver auf die

Ausbildung von DirigentInnen auswirkt als andere digitale Formate. Auch Lernende selbst schätzen VR-Lernumgebungen weitgehend als effektiver ein als andere Lernformate. Allerdings erfolgt dies nur, wenn es eine Passung zwischen den Inhalten und dem Präsentationsformat gibt, also wenn etwa die dreidimensionale räumliche Simulation einen Mehrwert mit sich bringt (Jou & Wang, 2013).

Allerdings gibt es auch Studien, in denen andere Formate der VR – zumindest den Lernerfolg betreffend – überlegen sind: Parong und Mayer (2018) verglichen eine reine Präsentation über die Funktionsweise des menschlichen Körpers mit einer VR-Umgebung mit den gleichen Inhalten. Der Lernerfolg war bei der Präsentation höher, allerdings waren sowohl die Motivation als auch das Interesse der Lernenden bei der VR-Variante höher. In einer zweiten Studie verglichen die AutorInnen die gleiche VR-Lernumgebung mit einer Version, in der die Lernenden nach inhaltlich kohärenten Themen eine Zusammenfassung der Inhalte machen mussten. Dieses Zusammenfassen führte zu besseren Lernerfolgen als die reine VR-Variante. In Bezug auf motivationale Parameter unterschieden sich beide Varianten nicht. Es gibt weitere Studien, die gerade die motivierende Wirkung von VR belegen (z. B. Ho, Sun & Tsai, 2019; Mei & Sheng, 2011). Allerdings kann hier ein »Neuigkeitseffekt« nicht ausgeschlossen werden.

Zusammenfassend ist zum Einsatz von Lernumgebungen, welche in virtueller Realität präsentiert werden, zu sagen, dass solche Lernumgebungen völlig neue Lernerlebnisse ermöglichen, welche mit »traditionellen« digitalen Medien nicht möglich sind. Die Befundlage spricht dafür, dass diese Form des Lernens, insbesondere bei zusätzlicher instruktioneller Unterstützung, effektiv ist und zusätzlich auch die Motivation fördern kann.

Zusammenfassung und Fazit

Mit Augmented und Virtual Reality verschwinden die Grenzen zwischen realer und digitaler Welt zunehmend. Während bei AR der Bezug zur realen Welt zentral ist, ermöglicht VR die Simulation nahezu aller denkbaren Inhalte. Beide Technologien sind hinsichtlich ihrer Lernwirksamkeit belegt und haben sowohl kognitiv als auch motivational positive Effekte zur Folge. Allerdings ist die Produktion von entsprechenden Lernmaterialien mitunter recht komplex. Während einfache AR-Lernumgebungen noch selbst gestaltet werden können, ist dies bei VR-Lernumgebungen derzeit kaum in der Breite möglich. Es bleibt abzuwarten, inwieweit sich diese Technologien im Bereich des digitalen Lehrens und Lernens etablieren, und welche zukünftigen Entwicklungen hier stattfinden. Bei virtueller Realität besteht grundsätzlich das Potenzial, völlig neue Lernerfahrungen – individuell wie auch kollaborativ – zu ermöglichen. Für Lehrende ist es zentral, sich mit diesen Entwicklungen vertraut zu machen und sowohl die allgemeinpädagogischen als auch fachdidaktischen und mediendidaktischen Einsatzmöglichkeiten abschätzen zu können (im englischen Sprachraum wird dies als Berücksichtigung der Schnittstelle von Technological Pedagogical und Content Knowledge, TPACK, spezifiziert; vgl. Mishra & Köhler, 2006). Gerade für Lehrkräfte sind hier – wie auch in anderen Bereichen des Lehrens und Lernens mit digitalen Medien – gezielte Aus- und Fortbildungen essenziell (Buchner & Zumbach, 2020).

Literatur

Adanali, R. & Alim, M. (2017). The Views of Preservice Teachers for Problem Based Learning Model Supported by Geocaching in Environmental Education. *Review of International Geographical Education Online, 7*(3), 264–292.

Ahern, T. C., Thomas, J. A., Tallent-Runnels, M. K., Lan, W. Y., Cooper, S., Lu, X. & Cyrus, J. (2006). The effect of social grounding on collaboration in a computer-mediated small group discussion. *The Internet and Higher Education, 9*(1), 37–46. http://dx.doi.org/10.1016/j.iheduc.2005.09.008

Alaker, M., Wynn, G. R. & Arulampalam, T. (2016). Virtual reality training in laparoscopic surgery: a systematic review & meta-analysis. International Journal of Surgery, 29, 85–94. http://doi.org/10.1016/j.ijsu.2016.03.034

Alberta. Alberta Learning. Learning and Teaching Resources Branch (2004). *Focus on inquiry: a teacher's guide to implementing inquiry-based learning.* Edmondton: Learning Resources Centre. http://www.learning.gov.ab.ca/k_12/curriculum/bySubject/focusoninquiry.pdf

Aronson, E. (1978). *The jigsaw classroom.* Beverly Hills, CA: Sage.

Astleitner, H. (2001). Web-based distance education from a socio-emotional perspective. In W. Frindte, T. Köhler, P. Marquet & E. Nissen (Eds.), *Internet-based teaching and learning (IN-TELE) 99* (pp. 164–179). Frankfurt: Peter Lang.

Atkinson, R. C. & Shiffrin, R. M. (1968). Human memory: A proposes system and its control processes. In K. W. Spence & J. T. Spence (Hrsg.), *The psychology of learning and motivation* (S. 90–197). London: Academic Press.

Ayres, P. & Sweller, J. (2014). The split-attention principle in multimedia learning. In R. E. Mayer (Ed.), *The Cambridge Handbook of Multimedia Learning* (2nd ed., pp. 206–226). New York, NY: Cambridge University Press.

Azevedo, R. & Chauncey Strain, A. D. (2011). Integrating cognitive, metacognitive, and affective regulatory processes with MetaTutor. In R. A. Calvo & S. K. D'Mello (Eds.), *New perspectives on affect and learning technologies* (pp. 141–154). Amsterdam: Springer.

Azevedo, R., Cromley, J. G., Winters, F. I., Moos, D. C. & Greene, J. A. (2005). Adaptive human scaffolding facilitates adolescents' self-regulated learning with hypermedia. *Instructional Science, 33*(5–6), 381–412. https://doi.org/10.1007/s11251-005-1273-8

Azevedo, R. & Gasevic, D. (2019). Analyzing multimodal multichannel data about self-regulated learning with advanced learning technologies: Issues and challenges. Computers in Human Behavior, 96, 207–210. http://doi.org/10.1016/j.chb.2019.03.025

Baddeley, A. (2012). Working memory: Theories, models, and controversies. *Annual Review of Psychology, 63,* 1–29. https://doi.org/10.1146/annurev-psych-120710-100422

Baddeley, A. D. (1998). *Human memory: Theory and practice.* Boston: Allyn and Bacon.

Baddeley, A. D. & Logie, R. H. (1999). Working memory: The multiple-component model. In A. Miyake & P. Shah (Eds.), *Models of working memory: Mechanisms of active maintenance and executive control* (pp. 28–61). New York: Cambridge University Press.

Back, A., Bendel, O. & Stoller-Schai, D. (2001). *E-Learning: Ein Wörterbuch.* Kappelrodeck: Achertäler Verlag.

Bahrick, H. P., Noble, M. & Fitts, P. M. (1954). Extra-task performance as a measure of learning a primary task. *Journal of Experimental Psychology, 48*(4), 298–302. https://psycnet.apa.org/doi/10.1037/h0059267

Bailenson, J. N., Yee, N., Blascovich, J., Beall, A. C., Lundblad, N. & Jin, M. (2008). The use of immersive Virtual Reality in the learning sciences: Digital transformations of teachers, students, and social context. *The Journal of the Learning Sciences, 17*(1), 102–141. http://doi.org/10.1080/10508400701793141

Bannert, M., Hildebrand, M. & Mengelkamp, C. (2009). Effects of a metacognitive support device in learning environments. *Computers in Human Behavior, 25*, 829–835. http://doi.org/10.1016/j.chb.2008.07.002

Bauernhansl, T. (2014). Die Vierte Industrielle Revolution – Der Weg in ein wertschaffendes Produktionsparadigma. In T. Bauernhansl, M. Ten Hompel & B. Vogel-Heuser (Hrsg.), *Industrie 4.0 in Produktion, Automatisierung und Logistik: Anwendung-Technologien-Migration* (S. 5–35). Wiesbaden: Springer Vieweg.

Bauernhansl, T., Ten Hompel, M. & Vogel-Heuser, B. (Hrsg.). (2014). *Industrie 4.0 in Produktion, Automatisierung und Logistik: Anwendung-Technologien-Migration*. Wiesbaden: Springer Vieweg.

Belland, B. R. (2014). Scaffolding: Definition, current debates, and future directions. In J. Spector, M. D. Merrill, J. Elen & M. J. Bishop (Eds.), *Handbook of Research on Educational Communications and Technology* (pp. 505–518). New York, NY: Springer.

Bernard, R. M., Abrami, P. C., Borokhovski, E., Wade, C. A., Tamim, R. M., Surkes, M. A. & Bethel, E. C. (2009). A meta-analysis of three types of interaction treatments in distance education. *Review of Educational research, 79*(3), 1243–1289. https://doi.org/10.3102%2F0034654309333844

Billinghurst, M., Clark, A. & Lee, G. (2015). A survey of augmented reality. *Foundations and Trends in Human-Computer Interaction, 8*(2/3), 73–272. http://dx.doi.org/10.1561/1100000049

Bishop, J. L. (2013). *The Flipped Classroom: A Survey of the Research.* American Society for Engineering Education. 120th ASEE Annual Conference & Exposition. Verfügbar unter https://www.asee.org/public/conferences/20/papers/6219/view

Blasco-Arcas, L., Buil, I., Hernández-Ortega, B. & Sese, F. J. (2006). Using clickers in class. The role of interactivity, active collaborative learning and engagement in learning performance. *Computers & Education, 62*, 102–110. http://dx.doi.org/10.1016/j.compedu.2012.10.019

Bluemke, M. & Zumbach, J. (2018). Enter the Matrix: Does Self-Activation Really Matter For Aggressiveness After Violence Exposure? *Psychology of Popular Media Culture, 8*(4), 444–453.

BMBWF (2016). *digi.komp: Digitale Kompetenzen Informatische Bildung*. Zugriff am 30.11.2020 unter https://digikomp.at/

Bobis, J., Sweller, J. & Cooper, M. (1993). Cognitive load effects in a primary school geometry task. *Learning and Instruction, 3*, 1–21. https://doi.org/10.1016/S0959-4752(09)80002-9

Bodemer, D., Ploetzner, R., Feuerlein, I. & Spada, H. (2004). The active integration of information during learning with dynamic and interactive visualizations. *Learning and Instruction, 14*, 317–338. http://doi.org/10.1016/j.learninstruc.2004.06.009

Boekaerts, M. & Martens, R. (2006). Motivated Learning: What is it and how can it be enhanced? In L. Verschaffel, F. Dochy, M. Boekaerts & S. Vosniadou (Eds.), *Instructional psychology: Past, present and future trends. A look back and a look forward* (pp. 113–130). London: Elsevier.

Borsch, F. (2015). *Kooperatives Lernen*. Stuttgart: Kohlhammer.

Bos, B. (2009). Virtual math objects with pedagogical, mathematical, and cognitive fidelity. *Computers in Human Behavior, 25*(2), 521–528. http://doi.org/10.1016/j.chb.2008.11.002

Bottge, B., Toland, M., Gassaway, L., Butler, M., Choo, S., Griffen, A. & Ma, X. (2015). Impact of Enhanced Anchored Instruction in Inclusive Math Classrooms. *Exceptional Children, 81*(2), 158–175.

Bower, M., Howe, C., McCredie, N., Robinson, A. & Grover, D. (2014). Augmented Reality in education–cases, places and potentials. *Educational Media International, 51*(1), 1–15. http://doi.org/10.1080/09523987.2014.889400

Bozkurt, A., Akgün-Özbek, E. & Zawacki-Richter, O. (2017). Trends and patterns in massive open online courses: Review and content analysis of research on MOOCs (2008–

2015). *International Review of Research in Open and Distributed Learning: IRRODL, 18*(5), 118–147. https://doi.org/10.19173/irrodl.v18i5.3080

Bradáč, V. & Kostolányová, K. (2016). Intelligent Tutoring Systems. *Journal of Intelligent Systems, 26*(4), 717–727. https://doi.org/10.1515/jisys-2015-0144

Brahm, T. (2007). WikiWiki: Technische Grundlagen und Pädagogisches Potential. In S. Seufert & T. Brahm (Hrsg.), »Ne(x)t Generation Learning«: *Wikis, Blogs, Mediacasts & Co. – Social Software und Personal Broadcasting auf der Spur* (S. 40–53). St. Gallen: SCIL, Universität St. Gallen.

Brahm, T., Ingold, S. & Wenk, B. (2007). Pädagogische Einsatzszenarien von Wikis unter der besonderen Berücksichtigung der Nutzung an der FHS St. Gallen – Hochschule für angewandte Wissenschaften. In S. Seufert & T. Brahm (Hrsg.), »Ne(x)t Generation Learning«: *Wikis, Blogs, Mediacasts & Co. – Social Software und Personal Broadcasting auf der Spur* (S. 54–68). St. Gallen: SCIL, Universität St. Gallen.

Bremer, C. (2013). Massive open online courses. In T. Kanus & O. Engel (Hrsg.), *fraMediale – digitale Medien in Bildungseinrichtungen* (S. 30–48). München: kopaed.

Bremer, C. & Weiß, D. (2013). Massive Open Online Courses: Kategorisierung und Analyse des Teilnehmerverhaltens am Beispiel der OPCOs 2011 und 2012. In T. Köhler & N. Kahnwald (Hrsg.), *Online Communities: Enterprise Networks, Open Education and Global Communication: 16. Workshop GeNeMe '13 Gemeinschaften in Neuen Medien*. Dresden: TUDpress.

Brown, K. B., Hughes, A. J., Crowder, I. G. & Brown, P. M. (2015). Hunting for treasures through learning: Using Geocaching to motivate young adolescent learners. *Gifted Child Today, 38*(2), 95–102.

Brünken, R., Plass, J. & Moreno, R. (2010). Current issues and open questions in cognitive load research. In J. Plass, R. Moreno & R. Brünken (Eds.), *Cognitive Load Theory* (pp. 253–272). Cambridge, MA: University Press.

Brünken, R., Seufert, T., Jänen, I. (2008). Multimodales Lernen. In J. Zumbach & H. Mandl (Hrsg.), *Pädagogische Psychologie in Theorie und Praxis* (S. 133–140). Göttingen: Hogrefe.

Brünken, R., Steinbacher, S., Schnotz, W. & Leutner, D. (2001). Mentale Modelle und Effekte der Präsentations- und Abrufkodalität beim Lernen mit Multimedia. *Zeitschrift für Pädagogische Psychologie, 15*(1), 16–27. https://doi.org/10.1024//1010-0652.15.1.16

Bruner, J. (1990). *Acts of Meaning*. Cambridge, MA: Harvard University Press.

Brusilovsky, P. & Millán, E. (2007). User models for adaptive hypermedia and adaptive educational systems. In P. Brusilovsky, A. Kobsa & W. Nejdl (Eds.), *The adaptive web* (pp. 3–53). Springer, Berlin, Heidelberg.

Brusilovsky, P. & Peylo, C. (2003). Adaptive and Intelligent Web-Based Educational Systems. *Journal Artificial Intelligence in Education, 13*, 156–169.

Buchner, J. & Zumbach, J. (2020). Augmented Reality in the Classroom: A Framework to Support Teachers' Technological Pedagogical Content Knowledge. *Italian Journal of Educational Technology*. doi.org/10.17471/2499-4324/1151

Butcher, K. R. (2014). The multimedia principle. In R. E. Mayer (Ed.), *The Cambridge Handbook of Multimedia Learning* (2nd ed., pp. 174–205). New York, NY: Cambridge University Press.

Cardo, R. A., David, O. A. & David, D. O. (2017). Virtual reality exposure therapy in flight anxiety: a quantitative meta-analysis. *Computers in Human Behavior, 72*, 371–380. https://doi.org/10.1016/j.chb.2017.03.007

Chandler, P. & Sweller, J. (1991). Cognitive load theory and the format of instruction. *Cognition and Instruction, 8*(4), 293–332. https://doi.org/10.1207/s1532690xci0804_2

Chang, Y. & Choi, S. (2014). Effects of seductive details evidenced by gaze duration. *Neurobiology of learning and memory, 109*, 131–138. https://doi.org/10.1016/j.nlm.2014.01.005

Chen, C., Fan, J.-P. & Macredie, R. D. (2006). Navigation in hypermedia learning system: Experts vs. novices. *Computers in Human Behavior, 22*(2), 251–266. https://doi.org/10.1016/j.chb.2004.06.004

Chen, C. & Rada, R. (1996). Interacting with hypertext: A meta-analysis of experimental studies. *Human-Computer Interaction, 11*(2), 125–156. https://doi.org/10.1207/s15327051hci1102_2

Chen, C., Shih, C. C. & Law, V. (2020). The effects of competition in digital game-based learning (DGBL): a meta-analysis. *Educational Technology Research and Development*, 1–19. http://doi.org/10.1007/s11423-019-09702-2

Chen, J., Wang, M., Kirschner, P. A. & Tsai, C. C. (2018). The role of collaboration, computer use, learning environments, and supporting strategies in CSCL: A meta-analysis. *Review of Educational Research*, 88(6), 799–843. https://doi.org/10.3102/0034654318791584

Chen, M. H., Tseng, W. T. & Hsiao, T. Y. (2018). The effectiveness of digital game-based vocabulary learning: A framework-based view of meta-analysis. *British Journal of Educational Technology*, 49(1), 69–77. https://doi.org/10.1111/bjet.12526

Chen, Y. L. (2016). The effects of virtual reality learning environment on student cognitive and linguistic development. *The Asia-Pacific Education Researcher*, 25(4), 637–646.

Cheng, L., Ritzhaupt, A. D. & Antonenko, P. (2019). Effects of the flipped classroom instructional strategy on students' learning outcomes: A meta-analysis. *Educational Technology Research and Development*, 67(4), 793–824. http://doi.org/10.1007/s11423-018-9633-7

Chiu, Y. H., Kao, C. W. & Reynolds, B. L. (2012). The relative effectiveness of digital game-based learning types in English as a foreign language setting: A meta-analysis. *British Journal of Educational Technology*, 43(4), 104–107. https://doi.org/10.1111/j.1467-8535.2012.01295.x

Chua, S., Chana, C. & Tiwarib, A. (2012). Using blogs to support learning during internship. *Computers & Education*, 58(3), 989–1000.

Clark, D., Tanner-Smith, E. & Killingsworth, S. (2014). *Digital Games, Design and Learning: A Systematic Review and Meta-Analysis (Executive Summary)*. Menlo Park, CA: SRI International.

Clark, H. H. & Brennan, S. E. (1991). Grounding in communication. In L. B. Resnick, J. M. Levine & S. D. Teasley (Eds.), *Perspectives on socially shared cognition* (pp. 127–149). Washington: American Psychological Association.

Cole, M. (2009). Using Wiki technology to support student engagement: Lessons from the trenches. *Computers & Education*, 52, 141–146. http://doi.org/10.1016/j.compedu.2008.07.003

Cook, D. A., Erwin, P. J. & Triola, M. M. (2010). Computerized virtual patients in health professions education: a systematic review and meta-analysis. *Academic Medicine*, 85(10), 1589–1602. http://doi.org/10.1097/ACM.0b013e3181edfe13

Cook, D. A., Hatala, R., Brydges, R., Zendejas, B., Szostek, J. H., Wang, A. T., Erwin, P. J. & Hamstra, S. J. (2011). Technology-enhanced simulation for health professions education: a systematic review and meta-analysis. *Jama*, 306(9), 978–988. http://doi.org/10.1001/jama.2011.1234

Cooper, T. & Love, T. (2007). E-Portfolios in e-Learning. In N. Buzetto-More (Ed.), *Advanced principles of effective e-learning* (pp. 267–292). Santa Ross, CA: Informing Science Press.

Cosden, M. & English, J. (1987). The effects of grouping, self-esteem, and locus of control on microcomputer performance and help seeking by mildly handicapped students. *Journal of Educational Computing Research*, 3(4), 443–460. https://doi.org/10.2190/WUMP-CFDY-JFPM-LW3C

Cowan, N. (1999). An embedded-processes model of working memory. In A. Miyake & P. Shah (Eds.), Models of working memory: Mechanisms of *active maintenance and executive control* (pp. 62–101). Cambridge: Cambridge University Press.

Cowan, N. (2001). The magical number 4 in short-term memory: A reconsideration of mental storage capacity. *Behavioral and Brain Sciences*, 25(1), 87–114.

Cramer, K. M., Collins, K. R., Snider, D. & Fawcett, G. (2007). The virtual lecture hall: Utilisation, effectiveness and student perceptions. *British Journal of Educational Technology*, 38(1), 106–115. https://doi.org/10.1111/j.1467-8535.2006.00598.x

Crowder, N. A. (1959). Automation tutoring by means of intrinsic programming. In E. Galanter (Ed.), *Automatic teaching: The state of the art* (pp. 109–116). New York, NY: Wiley.

Dahm, M. (2006). *Grundlagen der Mensch-Computer-Interaktion* (Informatik: Software-Ergonomie). München: Pearson.

Dang, T., Annaswamy, T. M. & Srinivasan, M. A. (2001). Development and evaluation of an epidural injection simulator with force feedback for medical training. *Studies in health technology and informatics, 81*, 97–102. http://doi.org/10.3233/978-1-60750-925-7-97

Darabi, A., Nelson, D. & Palanki, S. (2007). Acquisition of troubleshooting skills in a computer simulation: worked example vs. conventional problem solving instructional strategies. *Computers in Human Behavior, 23*(4), 1809–1819. http://doi.org/10.1016/j.chb.2005.11.001

De Bruyckere, P., Kirschner, P. A. & Hulshof, C. D. (2015). *Urban myths about learning and education.* London: Academic Press.

De Bruyckere, P., Kirschner, P. A. & Hulshof, C. D. (2020). *More urban myths about learning and education.* Ney York, NY: Routledge.

De Jong, T. & van Joolingen, W. R. (1998). Scientific discovery learning with computer simulations of conceptual domains. *Review of Educational Research, 68*(2), 179–201. https://doi.org/10.3102/00346543068002179

Deibl, I., Moser, S. & Zumbach, J. (2016). Der Einsatz Neuer Medien bei Hausaufgaben – Aufgaben-gestaltung neu gedacht. In C. Juen-Kretschmer, K. Mayr-Keiler, G. Örley & I. Plattner (Hrsg.), *transfer Forschung – Schule* (S. 27–43). Bad Heilbrunn: Julius Klinkhardt.

Deibl, I. & Zumbach, J. (2020). Digitales Lernen mit Pädagogischen AgentInnen. In J. Zumbach, G. Maresch, T. Fleischer & A. Strahl (Hrsg.), *Neue Impulse in der Naturwissenschaftsdidaktik* (S. 255–270). Münster: Waxmann.

Demetriadis, S. N., Papadopoulos, P. M., Stamelos, I. G. & Fischer, F. (2008). The effect of scaffolding students' context-generating cognitive activity in technology-enhanced case-based learning. *Computers & Education, 51*(2), 939–954. https://doi.org/10.1016/j.compedu.2007.09.012

Derks, D., Fischer, A. H. & Bos, A. E. (2008). The role of emotion in computer-mediated communication: A review. *Computers in human behavior, 24*(3), 766–785. http://doi.org/10.1016/j.chb.2007.04.004

Dermeval, D., Paiva, R., Bittencourt, I., Vassileva, J. & Borges, D. (2018). Authoring Tools for Designing Intelligent Tutoring Systems: A Systematic Review of the Literature. *International Journal of Artificial Intelligence in Education, 28*(3), 336–384. https://doi.org/10.1007/s40593-017-0157-9

Dicheva, D., Dichev, C., Agre, G. & Angelova, G. (2015). Gamification in education: A systematic mapping study. *Journal of Educational Technology & Society, 18*(3), 75–88.

Dinçer, S. & Doğanay, A. (2017). The effects of multiple-pedagogical agents on learners' academic success, motivation, and cognitive load. *Computers & Education, 111*, 74–100. https://doi.org/10.1016/j.compedu.2017.04.005

Dinse de Salas, S., Spannagel, C. & Rohlfs, C. (2016). Lernen durch Lehren in Kombination mit Flip-ped Classroom. Erklärvideos in der Hochschule. In J. Haag & C. F. Freisleben-Teutscher (Hrsg.), *Das Inverted Classroom Modell. Begleitband zur 5. Konferenz Inverted Classroom and Beyond 2016* (S. 35–44). St. Pölten: ikon Verlag.

Djaouti, D., Alvarez, J. & Jessel, J. P. (2011). Classifying serious games: the G/P/S model. In P. Felicia (Ed.), *Handbook of research on improving learning and motivation through educational games: Multidisciplinary approaches* (pp. 118–136). Hershey, PA: IGI Global.

Domagk, S., Schwartz, R. N. & Plass, J. L. (2010). Interactivity in multimedia learning: An integrated model. *Computers in Human Behavior, 26*(5), 1024–1033. https://doi.org/10.1016/j.chb.2010.03.003

Donnelly, K. M. & Berge, Z. (2006). Podcasting: Co-opting MP3 Players for Education and Training Purposes. *Online Journal of Distance Learning Administration, 9.* Zugriff am 01.12.2020 unter http://www.westga.edu/

Du Boulay, B. (2016). Recent meta-reviews and meta–analyses of AIED systems. *International Journal of Artificial Intelligence in Education, 26*(1), 536–537. https://doi.org/10.1007/s40593-015-0060-1

Duffy, M. C. & Azevedo, R. (2015). Motivation matters: Interactions between achievement goals and agent scaffolding for self-regulated learning within an intelligent tutoring system. *Computers in Human Behavior, 52*, 338–348. https://doi.org/10.1016/j.chb.2015.05.041

Dunleavy, M. & Dede, C. (2014). Augmented Reality Teaching and Learning. In J. M. Spector, M. D. Merrill, J. Elen & M. J. Bishop (Eds.), *Handbook of Research on Educational Communications and Technology* (pp. 735–745). New York, NY: Springer.

Edelson, D. C., Pea, R. D. & Gomez, L. (1995). Constructivism in the collaboratory. In B. G. Wilson (Ed.), *Constructivist learning environments: Case studies in instructional design* (pp. 151–164). Englewood Cliffs, NJ: Educational Technology Publications.

Egenfeldt-Nielsen, S. (2007). Third generation educational use of computer games. *Journal of Educational Multimedia and Hypermedia, 16*(3), 263–281.

Engelkamp, J. (1990). *Das menschliche Gedächtnis*. Göttingen: Verlag für Psychologie.

Esquembre, F. (2002). Computers in physics education. *Computer Physics Communications, 147*, 13–18. https://doi.org/10.1016/S0010-4655(02)00197-2

Ethel, S. & Jamet, E. (2013). Digital game-based learning: Impact of instructions and feedback on motivation and learning effectiveness. *Computers & Education, 67*, 156–167. http://doi.org/10.1016/j.compedu.2013.02.019

Evans, C. (2008). The effectiveness of m-learning in the form of podcast revision lectures in higher education. *Computers & Education, 50*, 491–498. http://doi.org/10.1016/j.compedu.2007.09.016

Evans, M. A. & Rick, J. (2014). Supporting Learning with Interactive Surfaces and Spaces. In J. Spector, M. D. Merrill, J. Elen & M. J. Bishop (Eds.), *Handbook of Research on Educational Communications and Technology* (pp. 689–701). New York, NY: Springer.

Fallmann, I. & Reinthaler, P. (2016). Bedeutung und Förderung von selbstreguliertem Lernen im In-verted Classroom. In J. Haag & C. Freisleben-Teutscher (Hrsg.), *Das Inverted Classroom Modell. Begleitband zur 5. Konferenz Inverted Classroom and Beyond 2016* (S. 45–54). St. Pölten: ikon.

Fernandez, V., Simo, P. & Sallan, J. M. (2009). Podcasting: A new technological tool to facilitate good practice in higher education. *Computers & Education, 53*(2), 385–392.

Fischer, F., Kollar, I., Mandl, H. & Haake, J. (2006). *Scripting computer supported communication of knowledge – Cognitive, computational, and educational perspectives*. Berlin: Springer.

Fleischer, T., Deibl, I., Strahl, A., Moser, S., Maier, S. & Zumbach, J. (2020). EXBOX-Digital – Praxisorientiertes Unterrichtskonzept zum Einsatz digitaler Medien im Chemie- und Physikunterricht. In J. Zumbach, G. Maresch, T. Fleischer & A. Strahl (Hrsg.), *Neue Impulse in der Naturwissenschaftsdidaktik* (S. 211–224). Münster: Waxmann.

Fletcher, J. D. & Tobias, S. (2005). The Multimedia Principle. In R. E. Mayer (Ed.), *The Cambridge Handbook of Multimedia Learning* (pp. 117–133). Cambridge: University Press.

FlugRevue (2020). *Top 10: Die teuersten Passagierflugzeuge der Welt*. Zugriff am 05.02.2020 unter https://www.flugrevue.de/zivil/flaggschiffe-im-liniendienst-top-10-die-teuersten-passagierflugzeuge-der-welt/

Frydenberg, J. (2007). Persistence in University Continuing Education Online Classes. *The International Review of Research in Open and Distributed Learning, 8*(3). https://doi.org/10.19173/irrodl.v8i3.375

Funke, J. & Zumbach, J. (2005). E-Learning an Hochschulen zwischen Angebot und Bedarf: Es muss nicht immer Kaviar sein. In J. Wiemeyer (Ed.), *Education, research, and new media. Chances and challenges for science* (pp. 223–228). Hamburg: Feldhaus.

Garzón, J., Pavón, J. & Baldiris, S. (2019). Systematic review and meta-analysis of augmented reality in educational settings. *Virtual Reality, 23*(4), 447–459. https://doi.org/10.1007/s10055-019-00379-9

Gegenfurtner, A., Quesada-Pallarès, C. & Knogler, M. (2014). Digital simulation-based training: A meta-analysis. *British Journal of Educational Technology, 45*(6), 1097–1114. https://doi.org/10.1111/bjet.12188

Geiger, V., Deibl, I. & Zumbach, J. (2019). Flipped-Classroom: Ein pädagogisches Fehlkonzept? *Erziehung & Unterricht, 1–2*, 169–179.

Gerrig, R. J. (2015). *Psychologie*. München: Pearson.

Ghali, F. & Cristea, A. I. (2009). Social Reference Model for Adaptive Web Learning. In M. Spaniol, Q. Li, R. Klamma & R. Lau (Eds.), *Advances in Web Based Learning (ICWL 2009)* (pp. 162–171). Dordrecht: Springer.

Ginns, P. (2006). Integrating information: A meta-analysis of the spatial contiguity and temporal contiguity effects. *Learning and Instruction, 16*(6), 511–525. https://doi.org/10.1016/j.learninstruc.2006.10.001

Glaser, R. (1977). *Adaptive Education: Individual, diversity and learning.* New York, NY: Holt.

Graesser, A.C., Hu, X., Nye, B.D., VanLehn, K., Kumar, R., Heffernan, C., Heffernan, N., Woolf, B., Olney, A. M., Rus, V., Andrasik, F., Pavlik, P., Cai, Z., Wetzel, J., Morgan, B., Hampton, A. J., Lippert, A. M., Wang, L., Cheng, Q., Vinson, J. E., Kelly, C. N., McGlown, C., Majmudar, C. A., Morshed, B. & Baer, W. (2018). ElectronixTutor: an intelligent tutoring system with multiple learning resources for electronics. *International Journal of STEM Education, 5*(15). https://doi.org/10.1186/s40594-018-0110-y

Grassinger, R., Dieckhäuser, O. & Dresel, M. (2019). Motivation. In D. Urhahne, M. Dresel & F. Fischer (Hrsg.), *Psychologie für den Lehrberuf* (S. 207–227). Berlin: Springer.

Griffin, D. K., Mitchell, D. & Thompson, S. J. (2009). Podcasting by synchronizing PowerPoint and voice: What are the pedagogical benefits? *Computers & Education, 53*(2), 532–539. doi.org/10.1016/j.compedu.2009.03.011

Gruber, H., Scheumann, M. & Krauss, S. (2019). Problemlösen und Expertiseerwerb. In D. Urhahne, M. Dresel & F. Fischer (Hrsg.), *Psychologie für den Lehrberuf* (S. 53–65). Berlin: Springer.

Haack, J. (2002). Interaktivität als Kennzeichen von Multimedia und Hypermedia. In L. J. Issing & P. Klimsa (Hrsg.), *Information und Lernen mit Multimedia und Internet* (S. 127–136). Weinheim: Beltz PVU.

Haake, J. M., Schwabe, G. & Wessner, M. (Hrsg.). (2004). *CSCL-Kompendium. Lehr- und Handbuch zum computerunterstützten kooperativen Lernen.* München: Oldenbourg.

Hamari, J., Shernoff, D. J., Rowe, E., Coller, B., Asbell-Clarke, J. & Edwards, T. (2016). Challenging games help students learn: An empirical study on engagement, flow and immersion in game-based learning. *Computers in Human Behavior, 54*, 170–179. http://doi.org/10.1016/j.chb.2015.07.045

Hannafin, M. J., Hill, J. R., Land, S. M. & Lee, E. (2014). Student-centered, open learning environments: Research, theory, and practice. In J. Spector, M. D. Merrill, J. Elen & M. J. Bishop (Eds.), *Handbook of research on educational communications and technology* (pp. 641–651). New York, NY: Springer.

Hannafin, M., Land, S. & Oliver, K. (1999). Open Learning Environments: Foundations, Methods, and Models. In C. M. Reigeluth (Ed.), *Instructional-Design Theories and Models* (pp. 115–140). Mahwah, NJ: Lawrence Erlbaum.

Hannafin, M. & Peck, K. L. (1988). *The Design, Development, and Evaluation of Instructional Software.* New York: Macmillan.

Hannon, J. & Atkins, P. (2002). *All about interactivity.* Zugriff am 02.07.2004 unter http://learnwebct.vetonline.vic.edu.au/IACTIVE/index.html

Hasselhorn, M. & Gold, A. (2017). *Pädagogische Psychologie: Erfolgreiches Lernen und Lehren.* Stuttgart: Kohlhammer.

Hattie, J. (2008). *Visible learning: A synthesis of over 800 meta-analyses relating to achievement.* London: Routledge.

Hattie, J. (2012). *Visible learning for teachers: Maximizing impact on learning.* London: Routledge.

Heijnes, D., van Joolingen, W. & Leenaars, F. (2018). Stimulating Scientific Reasoning with Drawing-Based Modeling. *Journal of Science Education and Technology, 27*(1), 45–56. https://doi.org/10.1007/s10956-017-9707-z

Herring, S. C., Stein, D. & Virtanen, T. (2013). Introduction to the pragmatics of computer-mediated communication. In S. C. Herring, D. Stein & T. Virtanen (Eds.), *Handbook of Pragmatics of Computer-Mediated Communication* (pp. 3–31). Berlin: de Gruyter.

Hew, K.F. & Lo, C.K. (2018). Flipped classroom improves student learning in health professions education: a meta-analysis. *BMC Medical Education, 18*(38). https://doi.org/10.1186/s12909-018-1144-z

Hillman, T., Weilenmann, A., Jungselius, B. & Lindell, T. L. (2016). Traces of engagement: narrative-making practices with smartphones on a museum field trip. *Learning, Media and Technology, 41*(2), 351–370.

Hmelo, C. E., Nagarajan, A. & Roger, S. (2000). Effects of high and low prior knowledge on construction of a joint problem space. *Journal of Experimental Education, 69*(1), 36–56. https://doi.org/10.1080/00220970009600648

Ho, L. H., Sun, H. & Tsai, T. H. (2019). Research on 3D Painting in Virtual Reality to Improve Students' Motivation of 3D Animation Learning. *Sustainability, 11*(6), 1605. https://doi.org/10.3390/su11061605

Hochberg, K., Kuhn, J. & Müller, A. (2018). Using smartphones as experimental tools–effects on interest, curiosity, and learning in physics education. *Journal of Science Education and Technology, 27*(5), 385–403.

Holmes, J. D. (2016). *Great Myths of Education and Learning.* Chichester: Wiley Blackwell.

Homer, B. D. & Plass, J. L. (2014). Level of interactivity and executive functions as predictors of learning in computer-based chemistry simulations. *Computers in Human Behavior, 36*, 365–375. http://doi.org/10.1016/j.chb.2014.03.041

Hunsu, N. J., Adesope, O. & Bayly, D. J. (2016). A meta-analysis of the effects of audience response systems (clicker-based technologies) on cognition and affect. *Computers & Education, 94*, 102–119. https://doi.org/10.1016/j.compedu.2015.11.013

Hwang, G. J. & Tsai, C. C. (2011). Research trends in mobile and ubiquitous learning: A review of publications in selected journals from 2001 to 2010. *British Journal of Educational Technology, 42*(4), E65–E70. https://doi.org/10.1111/j.1467-8535.2011.01183.x

Jacobson, M. J., Maouri, C., Mishra, P. & Kolar, C. (1996). Learning with hypertext learning environments: Theory, design, and research. *Journal of Educational Multimedia and Hypermedia, 5*(3/4), 239–281.

Jacobson, M. J. & Spiro, R. J. (1995). Hypertext learning environments, cognitive flexibility, and the transfer of complex knowledge: An empirical investigation. *Journal of Educational Computing Research, 12*(4), 301–333. https://doi.org/10.2190/4T1B-HBP0-3F7E-J4PN

Järvelä, S. & Hadwin, A. F. (2013). New frontiers: Regulating learning in CSCL. *Educational Psychologist, 48*(1), 25–39. https://doi.org/10.1080/00461520.2012.748006

Johnson, N. A., Cooper, R. B. & Chin, W. W. (2009). Anger and flaming in computer-mediated negotiation among strangers. *Decision Support Systems, 46*(3), 660–672. https://doi.org/10.1016/j.dss.2008.10.008

Johnson, D. W. & Johnson, R. T. (2004). Cooperation and the use of technology. In D. H. Jonassen (Ed.), *Handbook of research on educational communications and technology* (pp. 785–812). Mahwah, NJ: Lawrence Erlbaum Associates.

Johnson, D. W. & Johnson, R. T. (1996). Cooperation and the use of technology. In D.H. Jonassen (Ed.), *Handbook of research for educational communication and technology* (pp. 1017–1044). New York: Macmillan.

Johnson, W.L. & Lester, J. C. (2016). Face-to-Face Interaction with Pedagogical Agents, Twenty Years Later. *International Journal of Artificial Intelligence in Education, 26*, 25–36.

Jonassen, D. (2000). *Computers as mindtools for schools: engaging critical thinking.* Upper Saddle River, NJ: Merrill.

Jou, M. & Wang, J. (2013). Investigation of effects of virtual reality environments on learning performance of technical skills. *Computers in Human Behavior, 29*(2), 433–438. https://doi.org/10.1016/j.chb.2012.04.020

Jumaat, N. & Tasir, Z. (2014). Instructional Scaffolding in Online Learning Environment: A Meta-analysis. In IEEEE (Ed.), *International Conference on Teaching and Learning in Computing and Engineering 2014* (pp. 74–77). Kuching: IEEE.

Kalyuga, S. (2014). The expertise reversal principle in multimedia learning. In R. E. Mayer (Ed.), *The Cambridge Handbook of Multimedia Learning* (2nd ed., pp. 547–575). New York, NY: Cambridge University Press.

Kalyuga, S., Ayres, P., Chandler, P. & Sweller, J. (2003). The Expertise Reversal Effect. *Educational Psychologist, 38*(1), 23–31. https://doi.org/10.1207/S15326985EP3801_4

Kalyuga, S., Chandler, P. & Sweller, J. (2000). Incorporating learner experience into the design of multimedia instruction. *Journal of Educational Psychology, 92*, 126–136. http://doi.org/10.1037//0022-0663.92.1.126

Kalyuga, S. & Sweller, J. (2014). The redundancy principle in multimedia learning. In R. E. Mayer (Ed.), *The Cambridge Handbook of Multimedia Learning* (2nd ed., pp. 247–262). New York, NY: Cambridge University Press.

Karpov, A. & Yusupov, R. (2018). Multimodal Interfaces of Human–Computer Interaction. *Herald of the Russian Academy of Sciences*, 88(1), 67–74. http://doi.org/10.1134/S1019 331618010094

Kesim, M. & Ozarslan, Y. (2012). Augmented reality in education: Current technologies and the potential for education. *Procedia – Social and Behavioral Sciences*, 47, 297–302. https://doi.org/10.1016/j.sbspro.2012.06.654

Kiemer, K., Wekerle C., Kollar I. (2020) Kooperationsskripts beim technologieunterstützten Lernen. In H. Niegemann & A. Weinberger (Hrsg.), *Handbuch Bildungstechnologie* (S. 305–319). Berlin, Heidelberg: Springer.

Kim, H. N. (2008). The phenomenon of blogs and theoretical model of blog use in educational contexts. *Computers & Education*, 51, 1342–1352. http://doi.org/10.1016/j.compe du.2007.12.005

Kim, H., Gerber, L. C., Chiu, D., Lee, S. A., Cira, N. J., Xia, S. Y. & Riedel-Kruse, I. H. (2016). LudusScope: accessible interactive smartphone microscopy for life-science education. *PloS one*, 11(12), e0162602. https://doi.org/10.1371/journal.pone.0162602

Kim, B., Park, H. & Baek, Y. (2009). Not just fun, but serious strategies: Using meta-cognitive strategies in game-based learning. *Computers & Education*, 52(4), 800–810. http://doi.org/10.1016/j.compedu.2008.12.004

Kirschner, P. (2002). Cognitive load theory: implications of cognitive load theory on the design of learning. *Learning and Instruction*, 12(1), 1–10. http://doi.org/10.1016/S0959-4752(01)00014-7

Kirschner, P., Kirschner, F. & Janssen, J. (2014). The collaboration principle in multimedia learning. In R. E. Mayer (Ed.), *The Cambridge Handbook of Multimedia Learning* (2nd ed., pp. 547–575). New York, NY: Cambridge University Press.

Klahr, D. & Dunbar, K. (1988). Dual space search during scientific reasoning. *Cognitive Science*, 12(1), 1–48. https://doi.org/10.1207/s15516709cog1201_1

Klieme, E. & Maichle, U. (1994). Erprobung eines Systems zur Modellbildung und Simulation im Unterricht. *Informatik Fachberichte*, 251–258.

Klopfer, E. & Sheldon, J. (2010). Augmenting your own reality: Student authoring of science-based augmented reality games. *New Directions for Youth Development*, 128, 85–94. http://doi.org/10.1002/yd.378

KMK (2017). *Bildung in der digitalen Welt. Strategie der Kultusministerkonferenz.* Zugriff am 30.11.2020 unter https://www.kmk.org/fileadmin/Dateien/veroeffentlichungen_beschlues se/2018/Strategie_Bildung_in_der_digitalen_Welt_idF._vom_07.12.2017.pdf

Kollar, I. & Fischer, F. (2019). Lehren und Unterrichten. In D. Urhahne, M. Dresel & F. Fischer (Hrsg.), *Psychologie für den Lehrberuf* (S. 333–351). Berlin: Springer.

Koschmann, T. (Ed.). (1996). *CSCL. Theory and Practice of an emerging paradigm*. Mahwah, NJ: Lawrence Erlbaum.

Kuhbander, C. & Frenzel, A. (2019). Emotionen. In D. Urhahne, M. Dresel & F. Fischer (Hrsg.), *Psychologie für den Lehrberuf* (S. 285–206). Berlin: Springer.

Kulik, J. & Fletcher, J. (2016). Effectiveness of Intelligent Tutoring Systems: A Meta-Analytic Review. *Review of Educational Research*, 86(1), 42–78. http://doi.org/10.3102/0034654315581420

Kunter, M. & Trautwein, U. (2013). *Psychologie des Unterrichts*. Stuttgart: UTB.

Kürschner, C. & Schnotz, W. (2008). Das Verhältnis gesprochener und geschriebener Sprache bei der Konstruktion mentaler Repräsentationen. *Psychologische Rundschau*, 59(3), 139–149. http://doi.org/10.1026/0012-1924.59.3.139

Kürschner, C., Schnotz, W. & Eid, M. (2006). Konstruktion mentaler Repräsentationen beim Hör- und Leseverstehen. *Zeitschrift für Medienpsychologie*, 18(2), 48–59.

Kyaw, B. M., Saxena, N., Posadzki, P., Vseteckova, J., Nikolaou, C. K., George, P. P., Divakar, U., Masiello, I., Kononowicz, A. A., Zary, N. & Tudor Car, L. (2019). Virtual reality for health professions education: systematic review and meta-analysis by the digital health education collaboration. *Journal of medical Internet research, 21*(1), e12959. http://doi.org/10.2196/12959.

Kyndt, E., Raes, E., Lismont, B., Timmers, F., Cascallar, E. & Dochy, F. (2013). A meta-analysis of the effects of face-to-face cooperative learning. Do recent studies falsify or verify earlier findings? *Educational Research Review, 10*, 133–149. http://doi.org/10.1016/j.edurev.2013.02.002

Lajoie, S. (2014). Multimedia Learning of Cognitive Processes. In R. E. Mayer (Ed.), *The Cambridge Handbook of Multimedia Learning* (2nd ed., pp. 623–646). New York, NY: Cambridge University Press.

Larkin, J. H. & Simon, H. A. (1987). Why a diagram is (sometimes) worth ten thousand words. *Cognitive Science, 11*, 65–99.

Lave, J. & Wenger, E. (1991). *Situated learning: Legitimate peripheral participation.* Cambridge, MA: University Press.

Lazonder, A. W., Hagemans, M. G. & de Jong, T. (2010). Offering and discovering domain information in simulation-based inquiry learning. *Learning and Instruction, 20*(6), 511–520. http://doi.org/10.1016/j.learninstruc.2009.08.001

Lazonder, A. W., Wilhelm, P. & Hagemans, M. G. (2008). The influence of domain knowledge on strategy use during simulation-based inquiry learning. *Learning and Instruction, 18*(6), 580–592. http://doi.org/10.1016/j.learninstruc.2007.12.001

Leahy, W. & Sweller, J. (2011). Cognitive Load Theory, Modality of Presentation and the Transient Information Effect. *Applied Cognitive Psychology, 25*, 943–951. https://doi.org/10.1002/acp.1787

Lee, K. (2012). Augmented reality in education and training. *TechTrends, 56*(2), 13–21. https://doi.org/10.1007/s11528-012-0559-3

Lee, Y., Choi, J. & Kim, T. (2013). Discriminating factors between completers of and dropouts from online learning courses. *British Journal of Educational Technology, 44*(2), 328–337. http://doi.org/10.1111/j.1467-8535.2012.01306.x

Lehman, S., Schraw, G., McCrudden, M. & Hartley, K. (2007). Processing and recall of seductive details text. *Contemporary Educational Psychology, 32*, 569–587. http://doi.org/10.1016/j.cedpsych.2006.07.002

Lehtinen, A. & Viiri, J. (2017). Guidance provided by teacher and simulation for inquiry-based learning: A case study. *Journal of science education and technology, 26*(2), 193–206. http://doi.org/10.1007/s10956-016-9672-y

Lenz, L., Köttgen, L. & Isenhardt, I. (2016). Blended Learning and Beyond. In J. Haag & C. F. Freisleben-Teutscher (Hrsg.), *Das Inverted Classroom Modell. Begleitband zur 5. Konferenz Inverted Classroom and Beyond 2016* (S. 5–16). St. Pölten: ikon.

Leutner, D. (2002). Adaptivität und Adaptierbarkeit multimedialer Lehr- und Informationssysteme. In L. Issing & P. Klimsa (Hrsg.), *Information und Lernen mit Multimedia und Internet* (3., vollst. überarb. Aufl., S. 115–125). Weinheim: Beltz PVU.

Leutner, D., Opfermann, M. & Schmeck, A. (2014). Lernen mit Medien. In T. Seidel & A. Krapp (Eds.), *Pädagogische Psychologie* (pp. 297–322). Weinheim: Beltz.

Lewandowski, J., Rosenberg, B. D., Parks, M. J. & Siegel, J. T. (2011). The effect of informal social support: Face-to-face versus computer-mediated communication. *Computers in Human Behavior, 27*(5), 1806–1814. https://doi.org/10.1016/j.chb.2011.03.008

Lin, L., Atkinson, R., Christopherson, R., Joseph, S. & Harrison, C. (2013). Animated agents and learning: Does the type of verbal feedback they provide matter? *Computers & Education 67*, 239–249. 10.1016/j.compedu.2013.04.017

Linn, M. C., Clark, D. & Slotta, J. D. (2003). WISE design for knowledge integration. *Science education, 87*(4), 517–538.

Lin, L. F., Hsu, Y. S. & Yeh, Y. F. (2012). The role of computer simulation in an inquiry-based learning environment: Reconstructing geological events as geologists. *Journal of Science Education and Technology, 21*(3), 370–383. 10.1007/s10956-011-9330-3

Löhner, S., van Joolingen, W. R., Savelsbergh, E. R. & van Hout-Wolters, B. (2005). Students' reasoning during modeling in an inquiry learning environment. *Computers in Human Behavior, 21*(3), 441–461. http://doi.org/10.1016/j.chb.2004.10.037

Lou, Y., Abrami, P. C. & d'Apollonia, S. (2001). Small group and individual learning with technology: A meta-analysis. *Review of educational research, 71*(3), 449–521. https://doi.org/10.3102/00346543071003449

Louca, L. T. & Zacharia, Z. C. (2015). Examining learning through modeling in K-6 science education. *Journal of Science Education and Technology, 24*(2–3), 192–215. http://doi.org/10.1007/s10956-014-9533-5

Low, R. & Sweller, J. (2014). The modality principle in multimedia learning. In R. E. Mayer (Ed.), *The Cambridge Handbook of Multimedia Learning* (2nd ed., pp. 227–246). New York, NY: Cambridge University Press.

Low, R. & Sweller, J. (2005). The Modality Principle in Multimedia Learning. In R. E. Mayer (Ed.), *The Cambridge Handbook of Multimedia Learning* (pp. 147–158). Cambridge: University Press.

Lowrey, W. & Kim, K. S. (2009). Online News Media and Advanced Learning: A Test of Cognitive Flexibility Theory. *Journal of Broadcasting & Electronic Media 53*(4), 547–566. http://doi.org/10.1080/08838150903323388

Lucke, U. & Specht, M. (2012). Mobilität, Adaptivität und Kontextbewusstsein im E-Learning. *i-com, 11*(1), 26–29. http://doi.org/https://doi.org/10.1524/icom.2012.0008

Ma, W., Adesope, O. O., Nesbit, J. C. & Liu, Q. (2014). Intelligent tutoring systems and learning outcomes: A meta-analysis. *Journal of educational psychology, 106*(4), 901. http://dx.doi.org/10.1037/a0037123

Magner, U., Schwonke, R., Aleven, V., Popescu, O. & Renkl, A. (2014). Triggering situational interest by decorative illustrations both fosters and hinders learning in computer-based learning environments. *Learning and Instruction, 29*, 141–152. http://doi.org/10.1016/j.learninstruc.2012.07.002

Mattern, F. & Flörkemeier, C. (2010). Vom Internet der Computer zum Internet der Dinge. *Informatik-Spektrum, 33*(2), 107–121. http://doi.org/10.1007/s00287-010-0417-7

Mayer, R. E. (2014a). Introduction to Multimedia Learning. In R. E. Mayer (Ed.), *The Cambridge Handbook of Multimedia Learning* (2nd ed., pp. 1–24). New York, NY: Cambridge University Press.

Mayer, R. E. (2014b). Multimedia Instruction. In J. Spector, M. D. Merrill, J. Elen & M. J. Bishop (Eds.), *Handbook of Research on Educational Communications and Technology* (pp. 385–399). New York, NY: Springer.

Mayer, R. E. (2005a). Cognitive Theory of Multimedia Learning. In R. E. Mayer (Ed.), *The Cambridge Handbook of Multimedia Learning* (pp. 31–48). Cambridge: University Press.

Mayer, R. E. (2005b). Principles for Reducing Extraneous Processing in Multimedia Learning: Coherence, Signaling, Redundancy, Spatial Contiguity, and Temporal Contiguity Principles. In R. E. Mayer (Ed.), *The Cambridge Handbook of Multimedia Learning* (pp. 183–200). Cambridge: University Press.

Mayer, R. E. (2001). *Multimedia learning*. Cambridge, MA: Cambridge University Press.

Mayer; R. E. & Fiorella, L. (2014). Principles for reducing extraneous processing in multimedia learning: Coherence, signaling, redundancy, spatial contiguity, and temporal contiguity principles. In R. E. Mayer (Ed.), *The Cambridge Handbook of Multimedia Learning* (2nd ed., pp. 279–315). New York, NY: Cambridge University Press.

Mayer, R. E., Heiser, J. & Lon, S. (2001). Cognitive constraints on multimedia learning: When presenting more material results in less understanding. *Journal of Educational Psychology, 93*(1), 187–198. http://doi.org/10.1037/0022-0663.93.1.187

McGrath, J. E. (1991). Time, Interaction, and Performance (TIP). A Theory of Groups. *Small Group Research, 22*, 147–174. https://doi.org/10.1177/1046496491222001

McKinney, D., Dyck, J. L. & Luber, E. S. (2009). iTunes University and the classroom: Can podcasts replace professors? *Computers & Education, 52*(3), 617–623. http://doi.org/10.1016/j.compedu.2008.11.004

Means, B., Toyama, Y., Murphy, R., Bakia, M. & Jones, K. (2009). *Evaluation of evidence-based practices in online learning: A meta-analysis and review of online learning studies*. Washington, DC: US Department of Education.

Mei, H. H. & Sheng, L. S. (2011). Applying situated learning in a virtual reality system to enhance learning motivation. *International journal of information and education technology, 1*(4), 298–302. http://doi.org/10.7763/IJIET.2011.V1.48

Meluso, A., Zheng, M., Spires, H. A. & Lester, J. (2012). Enhancing 5th graders' science content knowledge and self-efficacy through game-based learning. *Computers & Education, 59*(2), 497–504. http://doi.org/10.1016/j.compedu.2011.12.019

Merchant, Z., Goetz, E. T., Cifuentes, L., Keeney-Kennicutt, W. & Davis, T. J. (2014). Effectiveness of virtual reality-based instruction on students' learning outcomes in K-12 and higher education: A meta-analysis. *Computers & Education, 70*, 29–40. https://doi.org/10.1016/j.compedu.2013.07.033

Metrailler, Y., Reijnen, E., Kneser, C. & Opwis, K. (2008). Scientific problem solving in a virtual laboratory: A comparison between individuals and pairs. *Swiss Journal of Psychology, 67*(2), 71–83.

Meurers, D., De Kuthy, K., Nuxoll, F., Rudzewitz, B. & Ziai, R. (2019). Scaling Up Intervention Studies to Investigate Real-Life Foreign Language Learning in School. *Annual Review of Applied Linguistics, 39*, 161–188. http://doi.org/10.1017/S0267190519000126

Milgram, P. & Kishino, F. (1994). A taxonomy of mixed reality visual displays. *IEICE TRANSACTIONS on Information and Systems, 77*(12), 1321–1329.

Miller, G. A. (1956). The magical number seven plus or minus two: Some limits on our capacity for processing information. *Psychological Review, 63*(2), 81–97. https://doi.org/10.1037/h0043158

Miller, M. & Hadwin, A. (2015). Scripting and awareness tools for regulating collaborative learning: Changing the landscape of support in CSCL. *Computers in Human Behavior, 52*, 573–588. https://doi.org/10.1016/j.chb.2015.01.050

Mishra, P. & Köhler, T. (2006). Technological pedagogical content knowledge: A framework for teacher knowledge. *Teachers College Record, 108*(6), 1017–1054. http://doi.org/10.1111/j.1467-9620.2006.00684.x

Miyazoea, T. & Anderson, T. (2010). Learning outcomes and students' perceptions of online writing: Simultaneous implementation of a forum, blog, and wiki in an EFL blended learning setting. *System, 38*(2), 185–199. http://doi.org/10.1016/j.system.2010.08.002

Moos, D. C. & Azevedo, R. (2008). Monitoring, planning, and self-efficacy during learning with hypermedia: The impact of conceptual scaffolds. *Computers in Human Behavior, 24*(4), 1686–1706. https://doi.org/10.1016/j.chb.2007.07.001

Moos, D. C. & Marroquin, E. (2010). Multimedia, hypermedia, and hypertext: Motivation considered and reconsidered. *Computers in Human Behavior, 26*(3), 265–276. http://doi.org/10.1016/j.chb.2009.11.004

Moreno, R. (2006). Does the modality principle hold for different media? A test of the method-affects-learning hypothesis. *Journal of Computer Assisted Learning, 22*, 149–158. https://doi.org/10.1111/j.1365-2729.2006.00170.x

Moreno, R. & Mayer, R. (2007). Interactive multimodal learning environments. *Educational Psychology Review, 19*(3), 309–326.

Moreno, R. & Mayer, R. (1999). Cognitive principles of multimedia learning: The role of modality and contiguity. *Journal of Educational Psychology, 91*(2), 358–368. http://doi.org/10.1037/0022-0663.91.2.358

Moser, S. & Zumbach, J. (2018). Exploring the development and impact of learning styles: An empirical investigation based on explicit and implicit measures. *Computers & Education, 125*, 146–157. https://doi.org/10.1016/j.compedu.2018.05.003

Moser, S., Zumbach, J. & Deibl, I. (2017). The Effect of Metacognitive Training and Prompting on Learning Success in Simulation-based Physics Learning. *Science Education, 101*(6), 944–967. http://doi.org/10.1002/sce.21295

MPFS (2019). *JIM-Studie 2019*. Stuttgart: Medienpädagogischer Forschungsverbund Südwest. Verfügbar unter: https://www.mpfs.de/fileadmin/files/Studien/JIM/2019/JIM_2019.pdf

Nah, F. F. H., Zeng, Q., Telaprolu, V. R., Ayyappa, A. P. & Eschenbrenner, B. (2014). Gamification of education: a review of literature. In Nah, F. F.-H. (Ed.), *International conference on hci in business* (pp. 401–409). Cham: Springer.

Nelson, D. L. (1979). Remembering pictures and words: Appearance, significance, and name. In L. S. Cermak & F. I. M. Craik (Eds.), *Levels of processing in human memory* (pp. 45–76). Hillsdale, NJ: Erlbaum.

Nett, U. E. & Götz, T. (2019). Selbstreguliertes Lernen. In D. Urhahne, M. Dresel & F. Fischer (Hrsg.), *Psychologie für den Lehrberuf* (S. 67–84). Berlin: Springer.

Niegemann, H. M., Domagk, S., Hessel, S., Hein, A., Hupfer, M. & Zobel, A. (2008). *Kompendium multimediales Lernen*. Berlin: Springer.

Nückles, M. & Wittwer, J. (2014). Lernen und Wissenserwerb. In T. Seidel & A. Krapp (Hrsg.), *Pädagogische Psychologie* (S. 225–252). Weinheim: Beltz.

O'Flaherty, J. & Phillips, C. (2015). The use of flipped classrooms in higher education: A scoping re-view. *Internet and Higher Education, 25*, 85–95. http://doi.org/10.1016/j.iheduc.2015.02.002

Olney, A. M., D'Mello, S., Person, N., Cade, W., Hays, P., Williams, C., Lehman, B. & Graesser, A. (2012). Guru: A computer tutor that models expert human tutors. *International Conference on Intelligent Tutoring Systems* (pp. 256–261). Springer, Berlin, Heidelberg. http://doi.org/10.1007/978-3-642-30950-2_32

Opriş, D., Pintea, S., García-Palacios, A., Botella, C., Szamosközi, Ş. & David, D. (2012). Virtual reality exposure therapy in anxiety disorders: a quantitative meta-analysis. *Depression and anxiety, 29*(2), 85–93. http://doi.org/10.1002/da.20910

Orman, E. K., Price, H. E. & Russell, C. R. (2017). Feasibility of using an augmented immersive virtual reality learning environment to enhance music conducting skills. *Journal of Music Teacher Education, 27*(1), 24–35. https://doi.org/10.1177/1057083717697962

Ozdemir, M., Sahin, C., Arcagok, S. & Demir, M. K. (2018). The Effect of Augmented Reality Applications in the Learning Process: A Meta-Analysis Study. *Eurasian Journal of Educational Research, 74*, 165–186. http://doi.org/10.14689/ejer.2018.74.9

Paas, F. & Sweller, J. (2014). Implications of Cognitive Load Theory for Multimedia Learning. In R. E. Mayer (Ed.), *The Cambridge Handbook of Multimedia Learning* (2nd ed., pp. 27–42). New York, NY: Cambridge University Press.

Paivio, A. (1978). A dual coding approach to perception and cognition. In H. L. Pick & E Salzman (Eds.), *Modes of perceiving and processing information* (pp. 39–51). Hillsdale, NJ: Erlbaum.

Paivio, A. (1971). *Imagery and verbal processes*. New York: Holt, Rinehart & Winston.

Paivio, A. (1983). The empirical case for dual coding. In J. C. Yuille (Ed.), *Imagery, memory and cognition* (pp. 307–332). Hillsdale, NJ: Erlbaum.

Palincsar, A. S. & Brown, A. L. (1984). Reciprocal teaching of comprehension fostering and comprehension-monitoring activities. *Cognition and Instruction, 1*, 117–175. https://doi.org/10.1207/s1532690xci0102_1

Papadimitriou, A., Grigoriadou, M. & Gyftodimos, G. (2008). Adaptive Group Formation and Interactive Problem Solving Support in the Adaptive Educational Hypermedia System MATHEMA. In: Proceedings of 20th World Conference on Educational Multimedia, Hypermedia and Telecommunications 2008 (ED-MEDIA 2008, Vienna, Austria) (pp. 2182–2191).Chesapeake, VA: AACE.

Park, B., Flowerday, T. & Brünken, R. (2015). Cognitive and affective effects of seductive details in multimedia learning. *Learning and Individual Differences, 51*, 59–68.

Park, B., Moreno, R., Seufert, T. & Brünken, R. (2011). Does cognitive load moderate the seductive details effect? A multimedia study. *Computers in Human Behavior, 27*, 5–10. http://doi.org/10.1016/j.chb.2010.05.006

Parong, J. & Mayer, R. E. (2018). Learning science in immersive virtual reality. *Journal of Educational Psychology, 110*(6), 785–797. https://doi.org/10.1037/edu0000241

Pastötter, B., Oberauer, K. & Bäuml, K.-H. (2018). Gedächtnis und Wissen. In A. Kiesel & H. Spada (Hrsg.), *Lehrbuch Allgemeine Psychologie* (S. 121–196), Bern: Hogrefe.

Pedaste, M., Mäeots, M., Siiman, L. A., de Jong, T., van Riesen, S. A., Kamp, E. T., Manoli, C. C., Zacharia, Z. C. & Tsourlidaki, E. (2015). Phases of inquiry-based learning: Definitions and the inquiry cycle. *Educational research review, 14*, 47–61. http://dx.doi.org/10.1016/j.edurev.2015.02.003

Peshkam, A., Mensink, M., Putnam, A. & Rapp, D. (2011). Warning readers to avoid irrelevant information: When being vague might be valuable. *Contemporary Educational Psychology, 36*, 219–231. http://doi.org/10.1016/j.cedpsych.2010.10.006

Petko, D. (2012). Hemmende und förderliche Faktoren des Einsatzes digitaler Medien im Unterricht: Empirische Befunde und forschungsmethodische Probleme. In R. Schulz-Zander, B. Eickelmann, H. Moser, H. Niesyto & P. Grell (Hrsg.), *Jahrbuch Medienpädagogik 9* (S. 29–50). Wiesbaden: Springer VS.

Petko, D., Prasse, D. & Döbeli Honegger, B. (2018). Digitale Transformation in Bildung und Schule: Facetten, Entwicklungslinien und Herausforderungen für die Lehrerinnen- und Lehrerbildung. *Beiträge zur Lehrerinnen- und Lehrerbildung, 36*(2), 157–174.

Pettit, R. K. (2018). Ten tips to encourage student interaction with screen-capture type vodcasts. *Advances in Medical Education and Practice, 9*, 535–540. http://doi.org/10.2147/AMEP.S164751

Pinkwart, N. (2003). A Plug-In Architecture for Graph Based Collaborative Modeling Systems. In U. Hoppe, F. Verdejo & J. Kay (Eds.), *Shaping the Future of Learning through Intelligent Technologies. Proceedings of the 11th Conference on Artificial Intelligence in Education* (pp. 535–536). Amsterdam, The Netherlands: IOS Press.

Plass, J. L., Heidig, S., Hayward, E. O., Homer, B. D. & Um, E. (2014). Emotional design in multimedia learning: effects of shape and color on affect and learning. *Learning and Instruction, 29*, 128–140. http://doi.org/10.1016/j.learninstruc.2013.02.006

Posner, M. I., Nissen, M. J. & Klein, R. M. (1976). Visual dominance: An information processing account of its origins and significance. *Psychological Review, 83*, 157–171. https://doi.org/10.1037/0033-295X.83.2.157

Powers, M. B. & Emmelkamp, P. M. (2008). Virtual reality exposure therapy for anxiety disorders: A meta-analysis. *Journal of anxiety disorders, 22*(3), 561–569. http://doi.org/10.1016/j.janxdis.2007.04.006

Psotka, J. & Mutter, S. A. (1988). *Intelligent Tutoring Systems: Lessons Learned*. Mahwah, NJ: Lawrence Erlbaum.

Radu, I. (2014). Augmented reality in education: A meta-review and cross-media analysis. *Personal and Ubiquitous Computing, 18*(6), 1533–1543. http://doi.org/10.1007/s00779-013-0747-y

Reinmann, G. & Hartung, S. (2013). E-Portfolios und persönliches Wissensmanagement. In D. Miller & B. Volk (Hrsg.), *E-Portfolio an der Schnittstelle von Studium und Beruf* (pp. 43–59). Münster: Waxmann.

Resnick, L. B. (1991). Shared cognition: Thinking as social practice. In L. B. Resnick, J. M. Levi-one & S. D. Teasley (Eds.), *Perspectives on socially shared cognition* (pp. 1–20). Washington, DC: American Psychological Association.

Resnick, L. B. (1987). *Education and learning to think*. Washington: National Academic Press.

Rey, G.D. (2014). Seductive details and attention distraction – An eye tracker experiment. *Computers in Human Behavior, 32*, 133–144. https://doi.org/10.1016/j.chb.2013.11.017

Rey, G.D. (2012). A review of research and a meta-analysis of the seductive detail effect. *Educational Research Review, 7*, 216–237.

Rieber, L. P. (1996). Animation as feedback in a computer-based simulation: Representation matters. *Educational Technology Research & Development, 44*(1), 5–22. https://doi.org/10.1007/BF02300323.

Roberts, P., Maor, D. & Herrington, J. (2016). ePortfolio-Based Learning Environments: Recommendations for Effective Scaffolding of Reflective Thinking in Higher Education. *Educational Technology & Society, 19*(4), 22–33.

Rosenbaum, E., Klopfer, E. & Perry, J. (2007). On location learning: Authentic applied science with networked augmented realities. *Journal of Science Education and Technology, 16*(1), 31–45.

Roth, W.-M. & Bowen, G. M. (2003). When are graphs worth ten thousand words? An expert-expert study. *Cognition and Instruction, 21*(4), 429–473. http://doi.org/10.1207/s1532690xci2104_3

Rowland, E., Skinner, C., Richards, K., Saudargas, R. & Robinson, D. (2008). An Investigation of Placement and Type of Seductive Details: The Primacy Effect of Seductive Details on Text Recall. *Research in the school, 15*(2), 80–90.

Rummer, R., Schweppe, J., Fürstenberg, A., Scheiter, K. & Zindler, A. (2011). The perceptual basis of the modality effect in multimedia learning. *Journal of Experimental Psychology: Applied, 17*(2), 159–173. https://doi.org/10.1037/a0023588

Rummer, R., Schweppe, J., Scheiter, K. & Gerjets, P. (2008). Lernen mit Multimedia. Die kognitiven Grundlagen des Modalitätseffektes. *Psychologische Rundschau, 59*(2), 98–107. http://doi.org/10.1026/0033-3042.59.2.98

Ryan, R. M. & Deci, E. L. (2017). *Self-determination theory: Basic psychological needs in motivation, development, and wellness.* New York, NY: Guilford Publications.

Saettler, P. (1990). *The evolution of American educational technology.* Englewood, CO: Libraries Unlimited.

Sailer, M., Hense, J. U., Mayr, S. K. & Mandl, H. (2017). How gamification motivates: An experimental study of the effects of specific game design elements on psychological need satisfaction. *Computers in Human Behavior, 69*, 371–380. http://doi.org/10.1016/j.chb.2016.12.033

Salmon, G. (2012). *E-moderating: The key to online teaching and learning.* London: Routledge.

Salmon, G. (2000). *E-moderating.* London: Kogan Page.

Sams, A. & Bergmann, J. (2013). Flip Your Students' Learning. *Educational Leadership, 70* (6), 16–20.

Saputra, E, Ulya, K, Wahyuni, S, Rahmadhani, E & Hakim, H. (2020). Media Application in Anchored Instruction to Support Mathematics Teachers' Pedagogical Content Knowledge. *Journal of Physics. Conference Series 1460* (2020): 12042.

Scardamalia, M. & Bereiter, C. (1994). Computer Support for Knowledge-Building Communities. *The Journal of the Learning Sciences, 3*(3), 265–283. https://doi.org/10.1207/s15327809jls0303_3

Scheiter, K., (2014). The Learner Control Principle in Multimedia Learning. In R. E. Mayer (Ed.), *The Cambridge Handbook of Multimedia Learning* (2nd ed., pp. 487–512). New York, NY: Cambridge University Press.

Schmidt-Weigand, F. (2011). Does Animation Amplify the Modality Effect – or is there any Modality Effect at All? *Zeitschrift für Pädagogische Psychologie, 25*(4), 245–256. http://doi.org/10.1024/1010-0652/a000049

Schnotz, W. (2005). An integrated Model of text and picture comprehension. In R. E. Mayer (Ed.), *The Cambridge Handbook of Multimedia Learning* (pp. 49–69). Cambridge: University Press.

Schnotz, W. (2014). Integrated Model of text and picture comprehension. In R. E. Mayer (Ed.), *The Cambridge Handbook of Multimedia Learning* (2nd Ed.) (pp. 72–103). New York, NY: Cambridge University Press.

Schnotz, W. & Bannert, M. (2003). Einflüsse der Visualisierungsform auf die Konstruktion mentaler Modelle beim Text- und Bildverstehen. *Zeitschrift für Experimentelle Psychologie, 46*(3), 217–236.

Schroeder, N., Adesope, O. & Gilpert, R. (2013). How effective are pedagogical agents for learning? A meta-analytic review. *Journal of Educational Computing Research, 49*(1), 1–39. http://doi.org/10.2190/ec.49.1.a

Schweppe, J. & Rummer, R. (2014). Attention, working memory, and long-term memory in multimedia learning: An integrated perspective based on process models of working memory. *Educational Psychology Review, 26*(2), 285–306. https://doi.org/10.1007/s10648-013-9242-2

Shachar, H. & Sharan, S. (1994). Talking, relating, and achieving: Effects of cooperative learning in the classroom. In S. Sharan, P. Harew, C. Webb & R. Hertz-Lazarowitz (Eds.), *Cooperation in education* (pp. 14–46). Provo, UT: Brigham Young University Press.

Shepherd, C. E. & Bolliger, D. U. (2011). The effects of electronic portfolio tools on online students' perceived support and cognitive load. *The Internet and Higher Education, 14*(3), 142–149.

Shi, Y., Ma, Y., MacLeod, J. & Yang, H. H. (2020). College students' cognitive learning outcomes in flipped classroom instruction: a meta-analysis of the empirical literature. *Journal of Computers in Education, 7*(1), 79–103. https://doi.org/10.1177/0735633119881477

Shiffrin, R. M. (1977). Commentary on »Human memory: a proposed system and its control processes.« In G. Bower (Ed.), *Human memory: Basic processes* (pp. 1–5). New York: Academic Press.

Shin, S. Y. (2013). Developing a framework for using E-portfolios as a research and assessment tool. *ReCALL: the Journal of EUROCALL, 25*(3), 359. https://doi.org/10.1017/S0958344013000189

Siemens, G. (2005). Connectivism: A Learning Theory for the Digital Age. *International Journal of Instructional Technology and Distance Learning, 2*. Zugriff am 1.12.2020 unter http://www.itdl.org/Journal/Jan_05/article01.htm

Siemens, G. & Matheos, K. (2010). Systematic changes in higher education. *education, 16* (1), 3–18.

Sigala, M. (2007). Integrating Web 2.0 in e-learning environments; a socio-technical approach. *International Journal of Knowledge and Learning, 3*(6), 628–648. http://doi.org/10.1504/IJKL.2007.016837

Sitzmann, T. (2011). A meta-analytic examination of the instructional effectiveness of computer-based simulation games. *Personnel Psychology, 64*, 489–528. http://doi.org/10.1111/j.1744-6570.2011.01190.x

Skinner, B. F. (1971). *Erziehung als Verhaltensformung. Grundlagen einer Technologie des Lehrens*. München: Verlag E. Keimer.

Slavin, R. (1986). *Using student team learning*. Baltimore, MD: Center for Social Organization of Schools, Johns Hopkins University.

Spiro, R. J., Feltovich, P. J., Jacobson, M. J. & Coulson, R. L. (1992). Cognitive flexibility, con-struktivism and hypertext: Random access instruction for advanced knowledge acquisition in ill-structured domains. In T. Duffy & D. Jonassen (Eds.), *Constructivism and the Technology of Instruction* (pp. 57–76). Hillsdale, NJ: Erlbaum.

Spiro, R. & Jehng, J.-C. (1990). Cognitive flexibility and hypertext: Theory and technology for the nonlinear and multidimensional traversal of complex subject matter. In D. Nix, D. & R. Spiro (Eds.), *Cognition, education, and multimedia: Exploring ideas in high technology* (pp. 163–205). Hillsdale, NJ: Lawrence Erlbaum.

Stanton-Fraser, D. (2006). Creating engaging scientific investigations for schools using mobile technologies. In G. Clarebout & J. Elen (Eds.), *Avoiding simplicity, confronting complexity* (pp. 27–36). Rotterdam: Sense.

Steenbergen-Hu, S. & Cooper, H. (2014). A meta-analysis of the effectiveness of intelligent tutoring systems on college students' academic learning. *Journal of Educational Psychology, 106*(2), 331. http://doi.org/10.1037/a0034752

Steenbergen-Hu, S. & Cooper, H. (2013). A meta-analysis of the effectiveness of intelligent tutoring systems on K–12 students' mathematical learning. *Journal of Educational Psychology, 105*(4), 970–987. https://doi.org/10.1037/a0032447

Stegmann, K., Wecker, C., Mandl, H. & Fischer, F. (2018). Lehren und Lernen mit digitalen Medien. Ansätze und Befunde der empirischen Bildungsforschung. In R. Tippelt & B. Schmidt-Hertha (Hrsg.), *Handbuch Bildungsforschung* (S. 967–988). Wiesbaden: VS Verlag.

Stephenson, S., Brown, C. & Griffin, D. (2008). Electronic delivery of lectures in the university environment: An empirical comparison of three delivery styles. *Computers & Education, 50*, 640–651. http://doi.org/10.1016/j.compedu.2006.08.007

Stratmann, J., Preussler, A. & Kerres, M. (2009). Lernerfolg und Kompetenz bewerten. Didaktische Potenziale von Portfolios in Lehr-/Lernkontext. *MedienPädagogik: Zeitschrift für Theorie und Praxis der Medienbildung, 18*, 1–19. https://doi.org/10.21240/mpaed/18/2009.12.18.X

Strayer, J. F. (2012). How learning in an inverted classroom influences cooperation, innovation and task orientation. *Learning environments research, 15*(2), 171–193. http://doi.org/10.1007/s10984-012-9108-4

Strzebkowski, R. & Kleeberg, N. (2002). Interaktivität und Präsentation als Komponenten multimedialer Lernumgebungen. In L. Issing & P. Klimsa (Hrsg.), *Informationen und Lernen mit Multimedia* (S. 229–246). Weinheim: Beltz PVU.

Sun, Y. C. & Chang, Y. J. (2012). Blogging to learn: Becoming EFL academic writers through collaborative dialogues. *Language Learning & Technology, 16*(1), 43–61.

Sung, H. Y. & Hwang, G. J. (2013). A collaborative game-based learning approach to improving students' learning performance in science courses. *Computers & Education, 63*, 43–51. http://dx.doi.org/10.1016/j.compedu.2012.11.019

Sweller, J. (2005). The Redundancy Principle in Multimedia Learning. In R. E. Mayer (Ed.), *The Cambridge Handbook of Multimedia Learning* (pp. 159–167). Cambridge: University Press.

Sweller, J. (1999). *Instructional design in technical areas.* Camberwell: ACER Press.

Sweller, J., van Merriënboer, J. J. G. & Paas, F. (1998). Cognitive architecture and instructional design. *Educational Psychology Review, 10*, 251–296.

Tabak, I., Ben-Zvi, D. & Kali, Y. (2019) Technology-Enhanced Learning Communities on a Continuum Between Spontaneous and Designed Environments. In Y. Kali, A. Baram-Tsabari & A. Schejter (Eds), *Learning In a Networked Society* (pp. 25–37). Cham: Springer.

Tabbers, H. K. & van der Spoel, W. (2011). Where did the Modality Principle in Multimedia Learning Go? A Double Replication Failure that Questions Both Theory and Practical Use. *Zeitschrift für Pädagogische Psychologie, 25*(4), 221–230. https://doi.org/10.1024/1010-0652/a000047

Tan, T.-H., Liu, T.-Y. & Chang, C.-C. (2007). Development and evaluation of an RFID-based ubiquitous learning environment for outdoor learning. *Interactive Learning Environments, 15*(3), 253–269. https://doi.org/10.1080/10494820701281431

Tan, J., Skirvin, N., Biswas, G. & Catley, K. (2007). *Providing Guidance and Opportunities for Self-Assessment and Transfer in a Simulation Environment for Discovery Learning.* The 29th Annual Meeting of the Cognitive Science Society, Nashville, Tennessee (pp. 1539).

Tandoc Jr, E. C., Lim, Z. W. & Ling, R. (2018). Defining »fake news« A typology of scholarly definitions. *Digital journalism, 6*(2), 137–153. https://doi.org/10.1080/21670811.2017.1360143

Tekedere, H. & Göke, H. (2016). Examining the effectiveness of augmented reality applications in education: A meta-analysis. *International Journal of Environmental and Science Education, 11*(16), 9469–9481.

The Cognition and Technology Group at Vanderbilt (1990). Anchored instruction and its relationship to situated cognition. *Educational Researcher, 19*(6), 2–10. http://doi.org/10.3102/0013189X019006002

The Cognition and Technology Group at Vanderbilt (1991). Technology and the design of generative learning environments. *Educational Technology, 31*(5), 34–40.

The Cognition and Technology Group at Vanderbilt (1992). The Jasper series as an example of anchored instruction: Theory, program, description, and assessment data. *Educational Psychologist, 27*, 291–315.

The Science Bank (2020). *Froguts.* Zugriff am 05.02.2020 unter https://thesciencebank.org/index.php?route=information/information&information_id=10

Thomas, B.H. & Piekarski, W. (2002). Glove based user interaction techniques for augmented reality in an outdoor environment. *Virtual Reality, 6*, 167–180. https://doi.org/10.1007/s100550200017

Tindall-Ford, S., Chandler, P. & Sweller, J. (1997). When two sensory modes are better than one. *Journal of Experimental Psychology: Applied, 3*(4), 257–287. https://doi.org/10.1037/1076-898X.3.4.257

Tokac, U., Novak, E. & Thompson, C. G. (2019). Effects of game-based learning on students' mathematics achievement: A meta-analysis. *Journal of Computer Assisted Learning, 35*(3), 407–420. https://doi.org/10.1111/jcal.12547

Towler, A., Kraiger, K., Sitzmann, T., Van Overberghe, C., Cruz, J., Ronen, E. & Stewart, D. (2008). The seductive details effect in technology-delivered instruction. *Performance Improvement Quarterly, 21*(2), 65–86. http://doi.org/10.1002/piq.20023

Trevors, G., Duffy, M. & Azevedo, R. (2014). Note-taking within MetaTutor: interactions between an intelligent tutoring system and prior knowledge on note-taking and learning. *Educational Technology Research and Development, 62*(5), 507–528. https://doi.org/10.1007/s11423-014-9343-8

Tulodziecki, G., Herzig, B. & Graf, S. (2019). *Medienbildung in Schule und Unterricht* (2. Auflage). Bad Heilbrunn: Julius Klinkhardt.

Um, E. R., Plass, J. L., Hayward, E. O. & Homer, B. D. (2012). Emotional design in multimedia learning. *Journal of Educational Psychology, 104*(2), 485–498. https://doi.org/10.1037/a0026609

University of Colorado Boulder (2020). *PhET*. Zugriff am 05.02.2020 unter https://phet.colorado.edu/de/

Urhahne, D. (2019). Lernen und Verhalten. In D. Urhahne, M. Dresel & F. Fischer (Hrsg.), *Psychologie für den Lehrberuf* (S. 3–22). Berlin: Springer.

Van der Meij, J. & de Jong, T. (2006). Supporting students' learning with multiple representations in a dynamic simulation-based learning environment. *Learning and Instruction, 16*, 199–212. 10.1016/j.learninstruc.2006.03.007

Van Joolingen, W. & de Jong, T. (1997). An extended dual search space model of learning with computer simulations. *Instructional Science, 25*, 307–346.

Van Joolingen, W., de Jong, T. & Dimitracopoulou, A. (2007). Issues in computer supported inquiry learning in science. *Journal of Computer Assisted Learning, 23*(2), 111–119. http://doi.org/10.1111/j.1365-2729.2006.00216.x.

Van Joolingen, W.R., Schouten, J. & Leenaars, F. A. J. (2019). Drawing-based modeling in teaching elementary biology as a diagnostic tool. In A. Upmeier zu Belzen, D. Krüger & J. van Driel (Eds.), *Towards a competence-based view on models and modeling in science* education (pp. 131–145). Cham: Springer Nature.

Van Merriënboer, J. G. & de Bruin, A. B. (2014). Research Paradigms and Perspectives on Learning. In J. Spector, M. D. Merrill, J. Elen & M. J. Bishop (Eds.), *Handbook of Research on Educational Communications and Technology* (pp. 21–30). New York, NY: Springer.

Van Merriënboer, J. G. & Kester, L. (2014). The four-component Instructional Design Model. In R. E. Mayer (Ed.), *The Cambridge Handbook of Multimedia Learning* (2nd ed., pp. 104–148). New York, NY: Cambridge University Press.

Van Treeck, T., Himpsl-Gutermann, K. & Robes, J. (2013). Offene und partizipative Lernkonzepte-E-Portfolios, MOOCs und Flipped Classrooms. In M. Ebner & S. Schön (Hrsg.), *L3T. Lehrbuch für Lernen und Lehren mit Technologien.* Zugriff am 20.08.2020 unter http://l3t.tugraz.at/index.php/LehrbuchEbner10/article/download/149/104

Vandewaetere, M. & Clarebout, G. (2014). Advanced Technologies for Personalized Learning Environments. In J. Spector, M. D. Merrill, J. Elen & M. J. Bishop (Eds.), *Handbook of Research on Educational Communications and Technology* (pp. 425–437). New York, NY: Springer.

Vandewaetere, M., Cornillie, F., Clarebout, G. & Desmet, P. (2013). Adaptivity in Educational Games: Including Player and Gameplay Characteristics. *International Journal of Higher Education, 2*(2), 106–114. http://doi.org/10.5430/ijhe.v2n2p106

Vandewaetere, M., Vandercruysse, S. & Clarebout, G. (2012). Learners' perceptions and illusions of adaptivity in computer-based learning environments. *Educational Technology Research and Development, 60*(2), 307–324. https://doi.org/10.1007/s11423-011-9225-2

VanLehn, K. (2011). The relative effectiveness of human tutoring, intelligent tutoring systems, and other tutoring systems. *Educational Psychologist, 46*(4), 197–221. http://doi.org/10.1080/00461520.2011.611369

Vavoula, G., Sharples, M., Rudman, P., Meek, J. & Lonsdale, P. (2009). Myartspace: Design and evaluation of support for learning with multimedia phones between classrooms and museums. *Computers & Education, 53*(2), 286–299. http://doi.org/10.1016/j.compedu.2009.02.007

Veletsianos, G. (2012). How do learners respond to pedagogical agents that deliver social-oriented non-task messages? Impact on student learning, perceptions, and experiences. *Computers in Human Behavior, 28*(1), 275–283. http://doi.org/10.1016/j.chb.2011.09.010

Veletsianos, G., Miller, C. & Doering, A. (2009). ENALI: A research and design framework for virtual characters and pedagogical agents. *Journal of Educational Computing Research*, *41*(2), 171–194. http://doi.org/10.2190/EC.41.2.c

Vogel, J. J., Vogel, D. S., Cannon-Bowers, J., Bowers, C. A., Muse, K. & Wright, M. (2006). Computer gaming and interactive simulations for learning: a meta-analysis. *Journal of Educational Computing Research*, *34*, 229–243. https://doi.org/10.2190/FLHV-K4WA-WPVQ-H0YM

Vogel, F., Wecker, C., Kollar, I. & Fischer, F. (2017). Socio-cognitive scaffolding with computer-supported collaboration scripts: A meta-analysis. *Educational Psychology Review*, *29* (3), 477–511. https://doi.org/10.1007/s10648-016-9361-7

Walker, J. D., Cotner, S. & Beermann, N. (2011). Vodcasts and captures: Using multimedia to improve student learning in introductory biology. *Journal of Educational Multimedia and Hypermedia*, *20*(1), 97–111.

Wang, Z. & Adesope, O. (2016). Exploring the effects of seductive details with the 4-phase-model of interest. *Learning and Motivation*, *55*, 65–77. https://doi.org/10.1016/j.lmot.2016.06.003

Wang, K. T., Huang, Y.-M., Jeng, Y.-L. & Wang, T.-I. (2008). A blog-based dynamic learning map. *Computers & Education*, *51*(1), 262–278. http://dx.doi.org/10.1016/j.compedu.2007.06.005

Wang, F.X., Li, W.J., Xie, H. P. & Liu, H. S. (2017). Is pedagogical agent in multimedia learning good for learning? A meta-analysis. *Advances in Psychological Science*, *25*, 12–28. http://doi.org/10.3724/SP.J.1042.2017.00012

Wecker, C. & Stegmann, K. (2019). Medien im Unterricht. In D. Urhahne, F. Dresel & F. Fischer (Hrsg.), *Psychologie für den Lehrberuf* (S. 373–393). Heidelberg: Springer.

Weidenmann, B. (1997). Multicodierung und Multimodalität im Lernprozess. In L. Issing & P. Klimsa (Hrsg.), *Informationen und Lernen mit Multimedia* (S. 65–84). Weinheim: Beltz.

Weinberger, A., Kollar, I., Dimitriadis, Y., Mäkitalo-Siegl, K. & Fischer, F. (2009). Computer-supported collaboration scripts. In N. Balacheff, S. Ludvigsen, T. de Jong, A. Lazonder & S. Barnes (Eds.), *Technology-enhanced learning* (pp. 155–173). Springer, Dordrecht.

Weinhardt, J. M. & Sitzmann, T. (2019). Revolutionizing training and education? Three questions regarding massive open online courses (MOOCs). *Human resource management review*, *29*(2), 218–225. http://doi.org/10.1016/J.HRMR.2018.06.004

Wenga, C., Otangaa, S., Wengb, A. & Coxa, J. (2018). Effects of interactivity in E-textbooks on 7th graders science learning and cognitive load. *Computers & Education*, *120*, 172–184. https://doi.org/10.1016/j.compedu.2018.02.008

Wildt, J. (2009). Forschendes Lernen: Lernen im »Format« der Forschung. *Journal Hochschuldidaktik*, *20*(2), 4–7.

Willging, P. A. & Johnson, S. D. (2009). Factors that influence students' decision to drop-out of online courses. *Journal of Asynchronous Learning Networks*, *13*(3), 115–127.

Wirth, J. & Leutner, D. (2006). Selbstregulation beim Lernen in interaktiven Lernumgebungen. In H. Mandl & H. F. Friedrich (Eds.), *Handbuch Lernstrategien* (pp.172–184). Göttingen: Hogrefe.

Wise, K. & Pepple, K. (2008). The effect of available choice on the cognitive processing of pictures. *Computers in Human Behavior*, *24*(2), 388–402. https://doi.org/10.1016/j.chb.2007.01.027

Wolff, C. (2008). Die Halbwertszeit der Wissenszwerge. Anmerkungen zu einigen »Mythen« der Wissensgesellschaft. In A. Geisenhanslücke & H. Rott (Hrsg.), *Ignoranz, Nichtwissen, Vergessen und Missverstehen in Prozessen kultureller Transformationen* (S. 203–228). Bielefeld: transcript Verlag.

Wong, A., Leahy, W., Marcus, N. & Sweller, J. (2012). Cognitive load theory, the transient information effect and e-learning. *Learning and instruction*, *22*(6), 449–457. https://doi.org/10.1016/j.learninstruc.2012.05.004

Woods, D. R. (2014). Problem-oriented learning, problem-based learning, problem-based synthesis, process oriented guided inquiry learning, peer-led team learning, model-eliciting activities, and project-based learning: what is best for you? *Industrial & Engineering Chemistry Research, 53*(13), 5337–5354. https://doi.org/10.1021/ie401202k

Wouters, P. & van Oostendorp, H. (2013). A meta-analytic review of the role of instructional support in game-based learning. *Computers & Education, 60*(1), 412–425. https://doi.org/10.1016/j.compedu.2012.07.018

Wu, H.-K., Wen-Yu Lee, S., Chang, H.-Y. & Liang, J.-C. (2013). Current status, opportunities and challenges of augmented reality in education. *Computers & Education, 62*, 41–49. http://dx.doi.org/10.1016/j.compedu.2012.10.024

Wu, S. (2020). A Meta-Analysis on the Effect of Adaptive Hypermedia Learning Systems using Learning Style Adaptor. In P. Kommers, A. Viana, T. Issa & P., Isaias (Eds.), *ICEduTech 2020* (pp. 87–94). Sao Paolo: Iadis.

Xie, Y., Ke, F. & Sharma, P. (2008). The effect of peer feedback for blogging on college students' reflective learning processes. *Internet and Higher Education, 11*, 18–25. http://doi.org/10.1016/j.iheduc.2007.11.001

Xu, Z., Banerjee, M., Ramirez, G., Zhu, G. & Wijekumar, K. (2019). The effectiveness of educational technology applications on adult English language learners' writing quality: a meta-analysis, *Computer Assisted Language Learning, 32*(1–2), 132–162. http://doi.org/10.1080/09588221.2018.1501069

Yang, F. & Shen, F. (2018). Effects of Web Interactivity: A Meta-Analysis. *Communication Research, 45*(5), 635–658. https://doi.org/10.1177/0093650217700748

Yeager, C., Hurley-Dasgupta, B. & Bliss, C. A. (2013). cMOOCs and Global Learning: An Authentic Alternative. *Journal of Asynchronous Learning Network 17*(2):133–147, http://doi.org/10.24059/olj.v17i2.347

Yuen, S. C. Y., Yaoyuneyong, G. & Johnson, E. (2011). Augmented reality: An overview and five directions for AR in education. *Journal of Educational Technology Development and Exchange, 4*(1), 119–140. http://doi.org/10.18785/jetde.0401.10

Yuliati, L., Riantoni, C. & Mufti, N. (2018). Problem Solving Skills on Direct Current Electricity through Inquiry-Based Learning with PhET Simulations. *International Journal of Instruction, 11*(4), 123–138. https://doi.org/10.12973/iji.2018.1149a

Zawacki-Richter, O., Bozkurt, A., Alturki, U. & Aldraiweesh, A. (2018). What Research Says About MOOCs – An Explorative Content Analysis. *The International Review of Research in Open and Distributed Learning, 19*(1). https://doi.org/10.19173/irrodl.v19i1.3356

Zoelch, C., Berner, V.-D. & Thomas, J. (2019). Gedächtnis und Wissenserwerb. In D. Urhahne, M. Dresel & F. Fischer (Hrsg.), *Psychologie für den Lehrberuf* (S. 23–52). Berlin: Springer.

Zumbach, J. (2003). *Problembasiertes Lernen.* Münster: Waxmann.

Zumbach, J. (2009). The role of graphical and text based argumentation tools in hypermedia learning. *Computers in Human Behavior, 25*(4), 811–817. https://doi.org/10.1016/j.chb.2008.07.005

Zumbach, J. (2010). *Instruktionspsychologische Grundlagen des Lernens mit Neuen Medien.* Stuttgart: Kohlhammer.

Zumbach, J. & Astleitner, H. (2016). *Effektives Lehren an der Hochschule. Ein Handbuch zur Hochschuldidaktik.* Stuttgart: Kohlhammer.

Zumbach, J., Kumpf, D. & Koch, S. (2004). Using Multimedia to Enhance Problem-Based Learning in Elementary School. *Information Technology in Childhood Education Annual, 2004* (1), 25–37.

Zumbach J. & Moser, S. (2016). Examining the Effectiveness of Hyperaudio Learning Environments. In R. Castro de Souza & A. S. Gomes (Eds.), *Handbook of Research on 3-D Virtual Environments and Hypermedia for Ubiquitous Learning* (pp. 433–450). Hershey, PA: IGI-global.

Zumbach, J., Rammerstorfer, L. & Deibl, I. (2020). Cognitive and metacognitive support in learning with a serious game about demographic change. *Computers in Human Behavior, 103*, 120–129.

Zumbach, J., Reimann, P. & Koch, S. (2006). Monitoring Students' Collaboration in Computer-Mediated Collaborative Problem-Solving: Applied Feedback Approaches. *Journal of*

Educational Computing Research, 35(4), 399–424. http://doi.org/10.2190/2G3G-5M86-8474-76NV

Zumbach, J., Schmitt, S., Reimann, P. & Starkloff, P. (2006). Learning Life Sciences: Design and Development of a Virtual Molecular Biology Learning Lab. *Journal of Computers in Mathematics and Science Teaching, 25*(3), 281–300.

Zumbach, J. & Schwartz, N. (2014). Hyperaudio Learning for Non-Linear Auditory Knowledge Acquisition: A Comparison of Text Type, Presentation Format, and Modality. *Computers in Human Behavior, 41*, 365–373. http://dx.doi.org/10.1016/j.chb.2014.10.024

Zydney, J. M. (2010). The effect of multiple scaffolding tools on students' understanding, consideration of different perspectives, and misconceptions of a complex problem. *Computers & Education, 54*(2), 360–370. http://doi.org/10.1016/j.compedu.2009.08.017

Stichwortverzeichnis

A

Adaptivität   16, 21, 26, 36–38, 40–42
Aktualisierbarkeit   101
Anchored-Instruction   24, 73 f.
Animationen   16–18, 21, 32–34, 44, 53–55, 60 f., 93, 113
Augmented Reality   19, 21 f., 113–116, 119
Authentizität   30, 32

B

Behaviorismus   22 f.
Bildüberlegenheitseffekt   49 f., 52
Bildungstechnologien   9, 20, 25, 74, 96
Blended Learning   21 f., 100–102, 109, 111
Blog   95–97

C

Cognitive Affective Theory of Multimedia Learning   62
Cognitive Flexibility Theory   24, 31
Cognitive Load
– Extraneous   47, 59–61
– Germane   47
– Intrinsic   47, 57
– Theory   32, 46, 59, 61, 66
Cognitive Theory of Multimedia Learning   62
Community-of-Practice-Ansatz   24, 94
Computerunterstützes kollaboratives Lernen   21, 85, 89, 91 f.
Computervermittelte Kommunikation (CvK)   82 f.
Concept Map   93, 97

D

Data Mining   39
Diagramme   61
Didaktik   89
Drop-out   82

E

E-Moderating   93
Emotion   11, 31, 38, 62, 84
E-Portfolio   110–112
Evaluation   39, 70, 74, 106
Expertise-Reversal-Effekt   52, 60–62
Externalisierung   96

F

Film   15 f., 21, 24, 27, 30, 32, 43 f., 48, 73, 95, 106, 109 f., 113 f., 116
Flipped Classroom   108–110, 112

G

Game-Based Learning   21, 67, 75–80
Gedächtnis
– Arbeits-   32, 44–48, 50, 55, 57–62, 108
– Kurzzeit-   46
– Langzeit-   44–46, 48, 52, 62
Gefahrenvermeidung   16
Global Position System (GPS)   105, 114
Gruppenarbeit   87
Gruppenklima   83, 93
Gruppenpuzzle   87

H

Hybrides Lernen   22, 100
Hypermedia   24, 31 f., 35 f., 38, 40, 42
Hypertext   90

I

Informationsverarbeitung   11, 23, 32, 35, 44–46, 48, 55, 59–62, 108
Inquiry-Based Learning   67, 69, 105
Instruktion   37, 72, 94, 109
Intelligente Tutorielle Systeme (ITS)   23, 28, 38–41
Interaktivität   16, 21, 26–30, 32–37, 42, 57, 61, 101

K

Kodalität 43, 52
Kognitivismus 23
Kollaboratives Lernen 21
Konnektivismus 24
Konstruktivismus 23, 29, 31, 75
Kooperatives Lernen 85, 91
Kosten 15, 67, 79, 84, 95, 117

L

Learning Communities 86
Lehrziele 24, 86, 98
Lernendenkontrolle 31
Lernplattform 28, 90, 110
Lernumgebung 17, 19–21, 24–33, 35–38, 40, 42, 47, 64, 69, 73, 77–79, 83, 89–92, 101 f., 111, 118 f.
Lernziele 21, 23, 37, 39 f., 63, 72, 77, 86, 112
Lösungsbeispiel 78

M

Mensch-Computer-Interaktion 26
Metaanalyse 23, 34, 39, 41, 60, 63, 66, 76, 78, 89, 91, 93, 95, 98, 109, 115, 117 f.
Metakognition 36, 45
Mobiles Lernen (M-Learning) 20, 22, 105
MOOC 94 f.
Motivation 11, 30, 35, 38, 62 f., 69, 91, 93, 98, 105, 119
Multikodalität 43
Multimedia 21, 43 f., 47 f., 53, 57, 61, 66
Multimodalität 43

N

Navigation 28

P

Pädagogische AgentInnen 65
Planung 21, 36, 70, 98, 111
Podcast 106–109

Praxis 9, 40, 43, 94
Problemlösen 52, 68, 72, 74, 77
Prompts 36, 41, 111

R

Relevanz 30, 97
Ressourcen 16, 18, 32, 35, 46, 48, 61, 68, 73, 92, 107
Rückmeldung 17, 23, 26, 28–30, 34 f., 40, 66, 75 f., 78, 85, 89, 93, 96, 118

S

Scaffolding 36, 88, 98
Schema 46
Seductive Details 53, 59, 63 f.
Simulation 12, 21, 32–34, 67–69, 71 f., 76 f., 119
Situated Cognition 24, 94
Skript 46, 88, 93
Split-Attention-Effekt 57 f., 60, 62, 66, 107

T

Training 76, 101–104
Transfer 101

U

Ubiquitous Computing 105 f.
Unterricht 9, 22 f., 41, 72, 74, 80, 86, 90, 101, 104 f., 110, 115

V

Video 15 f., 21, 24, 27, 30, 32, 43 f., 73, 95, 106, 109 f., 113 f., 116
Virtual Reality 21 f., 75, 113, 117–119
Vodcast 16, 106–108

W

Weiterbildung 75, 84, 103 f.
Wiki 95–97
Wissensgesellschaft 99